Dennis Eick
Noch mehr Exposees, Treatments und Konzepte

Dennis Eick

Noch mehr Exposees, Treatments und Konzepte

Erfolgreiche Beispiele aus Film und Fernsehen

UVK Verlagsgesellschaft mbH

Praxis Film
Band 43

Herausgegeben von Béatrice Ottersbach

Bibliografische Information der Deutschen Nationalbibliothek
Die Deutsche Nationalbibliothek verzeichnet diese Publikation in der Deutschen
Nationalbibliografie; detaillierte bibliografische Daten sind im Internet über
http://dnb.d-nb.de abrufbar.

ISSN 1617-951X
ISBN 978-3-86764-090-9

© UVK Verlagsgesellschaft mbH, Konstanz 2008

Einbandgestaltung: Susanne Fuellhaas, Konstanz
Lektorat: Marit Borcherding, Göttingen
Druck: fgb · freiburger graphische betriebe, Freiburg

UVK Verlagsgesellschaft mbH
Schützenstr. 24 · D-78462 Konstanz
Tel.: 07531-9053-0 · Fax: 07531-9053-98
www.uvk.de

Inhalt

Einführung

In diesem Buch geht es um Textsorten, die geschrieben werden müssen, bevor man auch nur einen Zentimeter Film belichtet.[1] Bevor es jedoch um die einzelnen Textarten gehen soll, hier noch einmal ein wichtiger, keinesfalls zu vernachlässigender Grundsatz:

> **Vor dem Drehbuch kommt das Treatment, kommt das Exposee, kommt vielleicht auch die Outline oder das Serienkonzept!**

Obwohl diese Texte nicht wirklich fixiert werden, da an ihrer Stelle später das fertige Filmwerk steht, sind sie doch entscheidend, wenn es darum geht, einen Filmstoff auf den Weg zu bringen. So kosten sie die Autoren und alle anderen am Stoffentwicklungsprozess Beteiligten viel Arbeit, Energie, Kreativität, Nerven, Belastbarkeit, Einsatz, Herzblut ... und vor allem Schweiß. Denn was sich in den kurzen Papieren oft locker und leicht liest, hat sich schon in vorangehenden Besprechungen und Diskussionen manchmal heftiger Kritik stellen müssen, hat sich bereits mit anderen Ansichten und Meinungen, neuen Ideen und vielleicht auch ganz abwegigen Vorschlägen auseinandersetzen müssen – auch dann, wenn außer dem Autor noch niemand den Stoff kennt.

Texte wie die hier versammelten Exposees, Treatments und Konzepte tragen immer die Handschrift ihrer Autoren. Trotz vieler anderer Meinungen wird der jeweilige Autor immer zu identifizieren sein. Es geht dabei nicht nur um einen bestimmten Stil, der herauszulesen ist, sondern gleichfalls um die Kreativität, die Originalität der Ideen und deren Qualität. Diese Handschrift eines Autors findet man nicht nur in den Texten selbst, sondern auch in den Endprodukten, die auf der Grundlage dieser Texte hergestellt werden. Natürlich ist das Ergebnis in gewisser Weise verwässert, denn zu viele Arbeitsschritte verstellen hier zum Teil den Blick. Aber das ist genau der Grund dafür, warum ich Ihnen hier »noch mehr Exposees, Treatments und Konzepte« präsentiere, die die Grundlage für sehr originelle Kinofilme, erfolgreiche TV-Movies, herausragende Eventfilme oder prämierte und ungewöhnliche Serien waren.

Ich möchte Sie auf eine Reise einladen, die wir allerdings nur zum Teil gemeinsam machen können. Dieses Buch versammelt Exposees, Treatments und Konzepte von bekannten Film- und Fernsehformaten. Indem es jeweils ein be-

---

1   Ich habe bereits ein erstes Buch zu diesem Thema verfasst, mit dem Titel »Exposee, Treatment und Konzept«, Konstanz: UVK, 2005. 182 S., das sich vornehmlich mit den praktischen und theoretischen Grundlagen dieser Texte auseinander setzt.

stimmtes Stadium des Werkes präsentiert, ist es sozusagen eine Blitzlichtaufnahme des Stoffentwicklungsprozesses. Es handelt sich um einen bestimmten Moment in der Phase der Gedankenfindung und -formulierung. Für einige Elemente existieren erste gedankliche Überlegungen, andere werden gerade vorsichtig entwickelt, wieder andere, die hier noch in voller Breite episch ausgewälzt werden, sind im späteren Film nicht mehr zu finden.

Den Weg zum fertigen Produkt, das Sie vielleicht schon im Kino oder im Fernsehen genossen haben oder sich nun im Nachhinein auf DVD ansehen können, müssen Sie alleine beschreiten. Sie müssen die Verbindung zwischen dem Ausgangsmaterial und dem Film herstellen, bei dem alles zu Ende gedacht worden ist und bei dessen Realisierung man sich für einen bestimmten Weg entschlossen hat. Warum die jeweiligen Entscheidungen getroffen wurden? Warum man sich für eine Marschrichtung und nicht für die andere entschieden hat? Zu einem Teil können Sie es nur erahnen, zu einem anderen Teil gibt dieses Buch darüber Aufschluss.

Denn hier kommen auch diejenigen zu Wort, die für die jeweilige Entwicklung der Stoffe (mit-) verantwortlich sind: Autoren, Produzenten und Regisseure. Sie werden sich in kurzen Statements zu den Texten und der weiteren Entwicklung äußern und einen Einblick in den Herstellungsprozess erfolgreicher Filme und Serien geben.

Primär geht es auch in diesem Buch darum, Beispiele für Textsorten aufzuzeigen, die sonst der Öffentlichkeit verborgen bleiben. Damit leistet es eigentlich eine Art Grundlagenforschung: Indem das Buch die Texte sammelt, die bekannten und teilweise ausgezeichneten Film- und Fernsehstoffen zugrunde lagen, vollführt es den Schritt von der »oralen« bzw. visuellen Überlieferung zurück zum Schriftlichen.

Ein weitaus konkreterer Grund für die Veröffentlichung dieses Buches ist aber auch, dass es jungen Autoren und Produzenten/Producern Beispiele an die Hand gibt, an denen sie sich orientieren können und die zudem gutes Analysematerial bieten. Wo sonst kann man den Ursprung von herausragenden Filmen derart aus der Nähe beobachten?

Zudem komplettiert dieses Buch den Stoffentwicklungsprozess sozusagen sinnbildlich: Wir beginnen mit dem Pitch, also der allerersten schriftlichen Fixierung einer Idee, schlagen einen Bogen über Exposee, Treatment und Konzept, wobei wir sogar ins dokumentarische Genre wechseln, und schließen mit der Autorenbibel – also dem Dokument, das neue Autoren an ein bestehendes Format heranführt. Es ist das Dokument, das im Unterschied zu allen anderen nicht *vor* einem erfolgreichen Auftrag geschrieben wird, sondern *danach*. Wenn Sie einen solchen Text schreiben können, haben Sie es geschafft.

In jedem Kapitel werden zunächst jeweils die »Grundregeln« der einzelnen Textsorten kurz dargestellt. Sie werden mit Blick auf die Beispiele feststellen können, dass man auch Erfolg haben kann, wenn man sich nicht sklavisch an diese Regeln hält. Denn schließlich, und das ist das Allerwichtigste, zählen nur der Stoff und die Idee selbst.

1. Das Pitch-Papier

»To pitch« bedeutet unter anderem »werfen, schleudern« und damit ist das Grundprinzip eines Pitches relativ klar umschrieben.[2] Es geht in unserem Sinne darum, einem Geschäftspartner die Idee für einen Film, einen Stoff, eine Serie kurz zu präsentieren, in dem man sie »in den Ring« wirft, um auf dieser Grundlage gemeinsam darüber zu reden. Vielfach sind die Ideen kaum weiter durchdacht, sondern lediglich kleine Rohdiamanten, die erst später zurechtgefeilt werden. Aber der Kern der Idee ist schon vorhanden. Ihn zu formulieren und in einem kurzen Text schriftlich zu fixieren, ist der Sinn eines Pitches, der oft als Pitch-Papier angeboten wird.

Ein **Pitch-Papier**
- dient dazu, eine Idee schnell und umstandslos zu formulieren.
- stellt vor allem den *Hook*, also das Besondere an der Idee in den Vordergrund. Der *USP* (Unique Selling Point) muss deutlich werden, also das Grundkonzept des Formats oder des Films. Insofern ist das Pitch-Papier sozusagen die Verlängerung der *Logline*. Diese beschreibt die essentielle Idee bzw. Handlung eines Films in einem einzigen Satz.
- fasst in wenigen groben Federstrichen die Handlung zusammen. Dabei werden die Grundsituation und womöglich die Entwicklung beschrieben – wie man von Punkt A zu Punkt B kommt, spielt hier oft noch keine Rolle. Dies liegt nur zum einen daran, dass kein Platz vorhanden ist. Zum anderen sind solche Dinge in diesem Entwicklungsstadium noch nicht relevant und werden deshalb nur angedeutet. Nebenhandlungen fehlen beinahe völlig.
- reißt die Figuren nur an. Sie sind reine Funktionsträger und werden nicht en détail präsentiert. Allenfalls die Eckpunkte ihres Weges, den sie in der Geschichte vollziehen, hält man fest. Protagonist und Antagonist sind klar erkennbar. Sie bekommen ihr Profil vornehmlich dadurch, dass ihre Geschichte bewegt. Von »fesseln« kann hier noch keine Rede sein, denn damit eine Geschichte den Leser emotional bindet, muss man sich den Figuren stärker nähern, als das in so einem kurzen Text wie dem Pitch-Papier möglich ist.
- kommt dann zustande, wenn es bereits einen näheren Kontakt zwischen Autor, Produktionsfirma und womöglich Sender gibt. Nur wenn schon ein Gesprächsangebot existiert, für das das Pitch-Papier die Vorlage sein kann,

---

2   Siehe dazu Sibylle Kurz: Pitch it! Die Kunst, Filmprojekte erfolgreich zu verkaufen. 2., überarbeitete Auflage. Konstanz: UVK 2008.

lohnt es sich, ein solches zu verfassen. Gerade junge Autoren ohne jede Schreibbiografie sehen besser von der alleinigen Präsentation eines Pitch-Papiers ab – zu schnell werden Nachfragen nach einem Drehbuch kommen, das die Fähigkeiten des Autors beweisen soll. Eine Kombination von beidem ist möglicherweise sehr nützlich – wenn der Pitch überzeugt, wird das Drehbuch umso schneller (oder überhaupt) gelesen. Bei einem Erstkontakt kann der Pitch das Exposee nicht ersetzen, dafür ist sein Inhalt und seine Darreichungsform zu rudimentär.

- lässt viele Fragen offen, aber es ist ein Versprechen auf das, was zu erwarten ist – wenn man sich auf die Grundidee einlässt.

Beispiel *Dörtes Dancing*

Dörtes Dancing lief auf ProSieben am 11.03.08 mit sehr erfolgreichen 22,8 % Marktanteil in der Zielgruppe der 14–49-jährigen Zuschauer (3,82 Mio. Zuschauer in der Gesamtzielgruppe der Zuschauer ab drei Jahren).

Drehbuch: Tommy Krappweis
Produzent: Mathias Lösel (ausführend), Christian Becker, Anita Schneider
Produktionsfirma: Rat Pack Filmproduktion GmbH
Redaktion ProSieben: Edda Sonnemann und Eva Franz

Dörtes Dancing – Kurzinhalt

»Seit Dörte Brandt klein ist, hat sie nur einen einzigen Traum: Sie will tanzen – und zwar so wie Baby und Ponnie in ihrem Lieblingsfilm *Dirty Dancing*! Doch leider hat ihr realer Freund rein gar nichts gemeinsam mit dem schönen Patrick Swayze: Jens Meier kann und will nicht tanzen und hat sich nur mit allergrößtem Widerwillen bereiterklärt, seiner Dörte ihren Herzenswunsch zu erfüllen – einmal Urlaub in Virginia, dem Originaldrehort ihres Lieblingsfilms.

Doch kurz nach ihrer Ankunft in den USA macht ein schwerer Autounfall Dörtes romantische Urlaubsplanung zunichte – so scheint es. Denn statt auf der Kühlerhaube ihres Mietwagens findet sich Dörte plötzlich an einem ganz besonderen Ort wieder – im wirklichen und wahrhaftigen Killerman's Resort! Und alle sind sie da: Mr. und Mrs. Mouseman, Liesl, Neil, Robbie, Rex Killerman, die Dressmans ... und tatsächlich auch Jimmy, der mambohüftige Mädchenschwarm, der mit seiner Tanzpartnerin Ponnie der Star des Resorts ist! Dörte kann es kaum fassen: Sie ist tatsächlich mitten in ihrem Lieblingsfilm gelandet – und alle sprechen sie mit ›Baby‹ an!

Während Jens sich auf die verzweifelte Suche nach seiner Freundin macht und in immer haarsträubendere Abenteuer gerät, muss Dörte zu ihrer großen Verwunderung feststellen, dass in Killerman's Resort längst nicht alles so rund läuft, wie sie es dachte. Keiner der ihr so vertrauten Protagonisten will sich an das Drehbuch ihres Lieblingsfilms halten. Vor allem Ponnie scheint aber auch so was von überhaupt nicht schwanger zu werden – die große Romanze zwischen Baby und Jimmy ist somit in ernsthafter Gefahr, ganz zu schweigen von all den heiß geliebten Kuscheleien in Jimmys Hütte und den großen Auftritten im Sheldrake Hotel!

Doch Dörte wäre kein echter Fan, wenn sie nicht Rat wüsste: Mit charmanter Raffinesse nimmt sie die Zügel in die Hand und lenkt die Geschehnisse wieder in die geregelten Bahnen ihres Lieblingsfilmes ... wäre da nicht Jens, den es inzwischen ebenfalls in die ihm verhasste Welt des größten Tanzfilms aller Zeiten verschlagen hat. Und Jens stellt schon bald fest, dass er eine Mission hat: Er muss seine romantische Dörte zurückerobern, bevor sie endgültig in den Armen und im Bett des schönen Jimmy landet. Doch dafür gibt es nur einen Weg: Er muss tanzen lernen – und dabei kann ihm nur Ponnie helfen, die allmählich Dörtes Spiel durchschaut...

Und so müssen noch einige Mambosandalen durchgetanzt und viele Polyesterhemden durchgeschwitzt werden, bevor Jens seine geliebte Dörte wieder in die Arme schließen kann, um kurz vor der berühmten Hebefigur die legendären Worte zu sprechen: ›Mein Baby gehört zu mir ...‹

(Mathias Lösel)

Statement Mathias Lösel

Entgegen der häufig bei Konsumenten und Rezensenten vorzufindenden Grundmeinung, Unterhaltungs- und Komödienstoffe seien sowohl inhaltlich als auch dramaturgisch im Grunde simpel und in der Entstehung wenig arbeitsintensiv, stellte uns die Entwicklungsarbeit zu *Dörtes Dancing* vor eine ganze Reihe schwieriger Aufgaben.

Verschiedene Grundplots wurden immer wieder durchgespielt und verworfen – einer davon basierte z.B. auf der Idee, die Welt des Kellerman's Resort aus *Dirty Dancing* 45 Jahre später, also in der heutigen Gegenwart zu erzählen, als degenerierte Seniorenveranstaltung mit den allen Beteiligten zur Qual gewordenen immer gleichen Ritualen. Vermutlich wäre dies als *Film-Spoof* allerdings wenig charmant geworden.

Das vorliegende Pitch-Papier umreißt nun die Geschichte, wie sie von unserem Autor Tommy Krappweis ursprünglich erdacht war – nämlich als eine durch ein Unfallkoma verursachte Zeitreise des *Dirty Dancing*-Fans Dörte an den Originalschauplatz ihres Lieblingsfilms – und auf welche wir uns schlussendlich richtigerweise festgelegt haben. Damit war zwar die größte inhaltliche Hürde genommen, doch die Detailarbeit an den verschiedenen Handlungssträngen, die bis unmittelbar vor Drehbeginn andauerte, warf immer wieder neue Fragen auf: Was passiert mit Dörtes Freund Jens, auf dessen Reise wir weitere Tanzfilme parodieren wollten (u. a. *Rocky Horror Picture Show, Footlose, 8 Mile*)? Wie nah am Original legen wir die restlichen Figuren an, allen voran die Charaktere von Patrick Swayze, Cynthia Rhodes und Jerry Orbach? Wie sehr darf Dörte die *Dirty Dancing*-Welt mit dem Chaos, das sie anrichtet, auf den Kopf stellen? Und wie kommen wir auf charmante Weise zu einem romantischen Finale inklusive Tanzshow, Hebefigur und allem, was ein Millionenpublikum von einer solchen Parodie erwartet?

Glücklicherweise konnten all diese Fragen durch die intensive Zusammenarbeit zwischen Tommy Krappweis, unserem Regisseur Andi Niessner, der Pro-Sieben-Redaktion und uns als Produzenten gelöst werden. An die Dreharbeiten auf Mallorca und in Berlin im November und Dezember 2007 denken alle Beteiligten bis heute mit viel Freude zurück – und noch mehr natürlich an die traumhaften 22,8 % Marktanteil bei den 14–49-jährigen Zuschauern, mit denen uns ein Millionenpublikum bei der TV-Premiere in der Primetime für unsere Arbeit belohnt hat.

2. Die Synopsis

Die Synopsis ähnelt vor allem aufgrund ihrer Länge dem Exposee, wird aber oft im Nachhinein erstellt. Sie ist weniger ein Verkaufsargument, das den Leser mitreißen muss, sondern eher eine nüchterne Zusammenfassung des Stoffes, die ungeschönt die Fakten darlegt. Die Synopsis dient oft der Information, etwa um Mitarbeiter des Marketings, der Presse o. Ä. über den Inhalt des Stoffes zu unterrichten. Denn sie resümiert die Handlung kurz und knapp und stellt dabei die wichtigsten Figuren und Entwicklungen vor. Immer häufiger wird gefordert, dem Drehbuch eine einseitige Synopsis voranzustellen, damit sich der Leser schnell über das zu Erwartende informieren kann – in diesem Fall ist die Synopsis natürlich Teil des »Verkaufspakets«.

Beispiel *Die Flucht*

Der erfolgreiche ARD-Zweiteiler *Die Flucht* wurde vielfach ausgezeichnet. Die Preise im Einzelnen: Deutscher Fernsehpreis 2007 (Beste Musik, Beste Ausstattung, Beste Nebenrolle); Bambi 2007; Bayerischer Fernsehpreis 2007; DIVA – Deutscher Entertainment Preis 2008; Jupiter 2008; Shanghai Television Festival Goldene Magnolie 2007.

Autorin: Dr. Gabriela Sperl
Produzenten: Dr. Gabriela Sperl, Nico Hofmann, Joachim Kosack, Jürgen Schuster
Produktionsfirma: teamWorx Television & Film GmbH
Redaktion ARD Degeto / BR: Hans-Wolfgang Jurgan, Jörn Klamroth, Bettina Reitz, Bettina Ricklefs

Flucht und Vertreibung – Synopsis

Teil 1: *Abschied vom Sommer*
Teil 2: *Vertreibung in einen Neuanfang*

Flucht und Vertreibung ist politisch relevant vor dem Hintergrund der heutigen europäischen Öffnung nach Osten. Deutsche wurden nach Jahrhunderten aus ihrer Heimat vertrieben. Polen wurden vertrieben und in die deutschen Gebiete umgesiedelt. Insgesamt verloren über 12 Millionen Menschen durch Vertreibung und Flucht ihr Zuhause.

Flucht und Vertreibung ist historisch relevant als große gesellschaftliche Umwälzung mit tiefgreifenden Folgen für die Nachkriegsordnung in Deutschland. Nicht nur steht am Ende des Zweiten Weltkriegs Europa vor einer kompletten Neuordnung, die Flucht hat die Voraussetzungen für eine erfolgreiche Demokratisierung Nachkriegsdeutschlands geschaffen.

Privilegien, Standesdünkel, überkommene autokratische Herrschafts-Gefüge sind im Strudel der Umsiedlung Makulatur geworden. Die Menschen, einst von Geburt, Sozialisation und Herkunft weit voneinander entfernt und verschieden, sind durch die erzwungene Völkerwanderung gleicher geworden. Sie stehen alle vor dem Nichts, den Trümmern ihrer Existenzen und müssen gemeinsam neu beginnen.

In zwei Episoden von jeweils 90 Minuten erzählen wir die Geschichte der befreundeten Familien von Mahlenberg und von Gernstorff. Ihre Lebensschicksale setzen sich mosaikförmig aus vielen unterschiedlichen Einzelbiografien zusammen, der von Dönhoffs, von Lehndorffs, der Fürsten Dohna und Grafen Maltzan, der von Krockows, der von Kessels, der Grafen Stosch und anderer, die uns lebendig diese Zeit überliefert haben. Und es sind die Geschichten von ganz »unten«, von vielen, vielen Zeitzeugen, die im Dienste dieser Familien und anderer standen.

Lena Gräfin von Mahlenberg kommt im Sommer 1944 aus Berlin, das schon von schweren Bombenangriffen heimgesucht ist, zurück in ihre Heimat nach Ostpreußen. Diese hatte sie acht Jahre zuvor verlassen. Sie war nach einer Liaison mit einem Schriftsteller schwanger geworden und zum Entsetzen ihrer Familie dem Vater ihres Kindes nach Berlin gefolgt, ohne ihn zu heiraten. Ihr Vater hatte allerdings ganz andere Pläne für sie vorgesehen. Schon lange war sie Heinrich Graf von Gernstorff »versprochen«, den sie allerdings nie geliebt hatte. Ihr Fehltritt und ihre Entscheidung, in Berlin ihre Tochter Viktoria groß zu ziehen, hatte zum Bruch mit dem Vater Berthold Graf von Mahlenberg geführt.

Gleich zu Beginn des Krieges fiel der Schriftsteller im Frankreichfeldzug. Nun lebt sie als alleinerziehende Mutter und Hilfslehrerin in der Reichshauptstadt. Nachdem sie im Juni 1944 ihre Tochter in die Kinderlandverschickung nach Bayern verabschieden musste, ereilt sie die Nachricht, dass ihr Vater sterbenskrank ist. Mit dem dringlichen Wunsch, sich vor seinem Tod mit ihm zu versöhnen, fährt sie nach Hause. Doch der Vater ist schroff und abweisend. Um ihm zu beweisen, dass sie eine gute Tochter ist, taucht sie wieder in die Welt des ostpreußischen Adels ein. Alle Männer sind im Krieg, Lena übernimmt daher die Verantwortung für das väterliche Gut. Sie holt ihre Tochter zu sich und entscheidet sich sogar, als sie Heinrich wieder trifft, ihn nun doch noch zu heiraten. Der Selbstmord von Heinrichs Bruder Ferdinand verhindert aber zunächst die Hochzeit.

Während die Trecks von Flüchtenden aus dem Memelland zunehmen und die Front immer näher rückt, versucht Lena, den drohenden Untergang zu verdrängen. Doch einer auf ihrem Hof macht sie immer wieder auf die nahende Katastrophe aufmerksam: François Beauvois, der französischer Kriegsgefangene. Zwischen ihm und Lena entsteht eine – für diese Zeit – unmögliche emotionale Verbindung.

Lena steht mehr und mehr zwischen ihrer traditionsreichen Erziehung und einer neuen Zeit, in die sie mit ihrer Tochter und den Menschen ihres Gutes im Januar 1945 aufbrechen muss, nach dem sie sich endlich mit ihrem Vater aussöhnen konnte.

Der alte Graf von Mahlenberg steht für clairvoyance[3], er glaubt nicht mehr an den Endsieg und sieht den Untergang der alten Welt unweigerlich heraufziehen. Er steht aber auch für die Unfähigkeit, sich von der alten Welt lösen zu können, um in eine neue aufzubrechen.

Die von Gernstorffs, vor allem ihr Familienoberhaupt, Rüdiger Graf von Gernstorff, repräsentieren die untergehende paternalistische Gesellschaftsordnung, den Glauben an die militärische Übermacht Deutschlands, an die Berechtigung, diesen Krieg zu führen und die Überzeugung, dass nur eine streng hierarchisch gegliederte Gesellschaftsordnung eine funktionierende Ordnung sein könne.

In Thüringen angekommen, wird Lena den einstmals so harschen unerbittlichen Schwiegervater in spe lieben gelernt haben, so wie er sie. Sie wird ihn in seinem Schloss in Thüringen begraben und, nachdem die Russen in Thüringen die Amerikaner ablösen, mit ihren und seinen Schutzbefohlenen nach Bayern weiter fliehen.

Statement Gabriela Sperl

Eine Vision für eine Geschichte zu haben, ist noch lange keine Geschichte. Und wenn diese historisch fundiert und genau sein soll, begibt man sich auf eine lange Wegstrecke.

Sich Jahre einem einzigen Stoff zu verschreiben, ist kaum möglich und nicht finanzierbar. Die Kinder wollen versorgt, die Miete, die Versicherung müssen bezahlt werden. Und so arbeitet man parallel an anderem. Weil so ein Projekt wachsen muss. In einem selbst reifen. Es schreibt sich nicht einfach. Man muss sich erst einleben in diese ferne Welt.

Die lange Durststrecke der Entwicklung übersteht man nur, wenn man geschützt ist. Wenn man begleitet wird. Ich hatte großes Glück – mit Joachim

---

3   Clairvoyance (frz.) bedeutet »Hellseherei«, »Prophezeiung«, Anm. d. A.

Kosack, meinem Mitproduzenten neben und hinter mir, der mir als Lektor und Sparringspartner zur Seite stand. Und der mir half, mich von vielen »Darlings« zu trennen. Von vielen, vielen Geschichten, die ich so gerne auch und mit erzählt hätte.

Wenn man das alles hinter sich hat und zwei fast fertige Bücher vorliegen, beginnt der steinige Weg der Finanzierung. Das Sammeln von neuen Partnern, die zu den alten dazu kommen, weil es sonst einfach nicht funktioniert. Und immer wieder gerät man an den Punkt, an dem die Produzentin zur Autorin sagen muss: »Streich Aufwand aus dem Buch, das ist so nie im Leben finanzierbar.« Und so streicht man wieder und wieder und ersetzt Wunderbares durch weniger Wunderbares, weil es funktionaler ist und die Geschichte realisierbarer macht.

Ein harter Weg. Ohne treue, verlässliche Partner, die einen begleiten und die einen vor allem irgendwann machen lassen, im Vertrauen darauf, dass alles schon wird, entsteht ein so komplexer Film niemals.

3. Das Exposee

Zumeist steht an erster Stelle der Stoffentwicklung das Exposee. Es ist das Dokument, was den Erstkontakt mit dem potenziellen Geschäftspartner prägt, sobald auf inhaltlicher Ebene gesprochen wird. Deshalb ist es von besonderer Wichtigkeit. Mit einem Exposee »bewirbt« man sich bei einer Produktionsfirma, mit einem Exposee versucht die Produktionsfirma, einen Sender von einer Idee zu überzeugen usw. Zunächst sollen hier in aller Kürze die wichtigsten Anforderungen das Exposee betreffend aufgelistet werden:

Das **Exposee**
- macht deutlich, wer die Zielgruppe der Geschichte ist. An wen richtet sich der Stoff? Wer soll sich dafür interessieren?
- macht zumindest in Ansätzen das Thema der Geschichte deutlich. Vielfach allerdings vermittelt sich das Thema in diesem Stadium nicht zuerst den Autoren, sondern viel schneller noch den ersten Lesern. Selbst wenn die Geschichte jetzt noch kein klar umrissenes Thema vorweist, muss das kein Nachteil sein. Ein Solches zu definieren und in einem weiteren Entwicklungsprozess auszubauen und in die Handlung einfließen zu lassen, ist in einem späteren Textstadium ohnehin sinnvoller.
- macht den *USP*, den *Unique Selling Point*, klar erkennbar. Was ist das Besondere an dieser Geschichte? Warum wird der Zuschauer gerade sie sehen wollen?
- präsentiert klar erkennbare Hauptfiguren. Protagonist und Antagonist sind aktiv, ihre Motivationen deutlich, ihre Ziele definiert und ihre Handlungen nachvollziehbar.
- verdeutlicht die Wahl des *Point of View*. Aus welcher Warte heraus wird erzählt? Wie ist das Identifikationspotenzial des Protagonisten? Welches Publikum wird bereit sein, sich mit ihm und seiner Geschichte zu identifizieren?
- lässt die wichtigsten Figuren der Geschichte zumindest rudimentär erkennen. Auf andere Figuren wird hier noch verzichtet.
- definiert den zentralen Konflikt. Es wird klar, worum es in der Geschichte geht und wer aus welchen Gründen beteiligt ist.
- macht klar, ob sich die Geschichte eher auf psychologische Konflikte fokussiert oder ob äußere Handlung im Vordergrund steht.
- zeigt den groben Verlauf der Geschichte. Vielleicht ist manches noch nicht im Detail ausformuliert, weil in diesem Stadium der Entwicklung Ideen

lediglich angerissen sind, aber die entscheidenden Verläufe sind klar: die ausschlaggebenden Wendepunkte der Geschichte, der Anstoß oder Beginn der Handlung und ihr Ende. Im Gegensatz zum Pitch muss der Ausgang der Geschichte hier eindeutig dargestellt werden.

- formuliert das Setting, d.h. die Zeit, in der die Geschichte spielt und der oder die Orte (und damit sind nicht etwa die unterschiedlichen Schauplätze der einzelnen Szenen gemeint, sofern sie von dem Grundmotiv (etwa Dresden 1945 oder London der 1960er-Jahre) abweichen.

- gibt Aufschluss über die Tonalität der Geschichte. Eine Komödie muss schon im Exposee erkennen lassen, dass sie Humor verspricht, auch ohne die Wiedergabe einzelner Dialoge. Die Grundsituation an sich sollte bereits witzig sein.

Unchronologisch erzählte Stoffe sind schwierig auf diese Weise zu formulieren[4]. Auch bei Episodenfilmen oder Ensembledramen kann es nützlich sein, direkt eine weitere Werkstufe in Angriff zu nehmen: das Treatment. Andernfalls müsste sich das Exposee viel stärker auf umschreibende und womöglich theoretisierende Aspekte oder auf die Beschreibung von intendierten Emotionen konzentrieren, anstatt die Handlung selbst zu erzählen. Gerade darin liegt das Problem dieser Darstellungsform: Nur eine »erzählte« Handlung kann Emotionen wecken, eine »beschriebene« Handlung kann das nicht. Und wozu dienen Exposees in erster Linie?

Richtig. Sie sind Verkaufsargumente. Und wie jeder Kundenberater schon in der ersten Lehrstunde lernt: Den potenziellen Käufer spricht man am besten dadurch an, dass man an seine Gefühle appelliert. Vor allem, wenn es darum geht, ihm eine Geschichte zu verkaufen, die später die Gefühle des Publikums anrühren soll. Zu abstrakte Darstellungen sind im Exposee also fehl am Platz, da sollte man eher kürzer und knapper formulieren.

Beispiel *Auf der anderen Seite*

Hier folgt das sehr ausführliche Exposee zu Fatih Akins Film *Auf der anderen Seite*. Der Film kann u.a. Nominierungen, Teilnahmen und Preise verzeichnen bei: Festival de Cannes 2007, offizieller Wettbewerb (Preis für das Beste Drehbuch; Preis der Ökumenischen Jury), Deutscher Filmpreis 2008 (»Bester Film«, »Beste Regie«, »Bester Schnitt«); Deutscher Beitrag im Auswahlverfahren um den Oscar in der Kategorie »Bester fremdsprachiger Spielfilm« 2007; Filmfestival Bangkok 2007; Filmfestival Cinemanila 2007 (Preis als Bester Film); Sarajevo Filmfestival

---

4   Vgl. dazu als positives Beispiel *Lola rennt* in: Eick, Exposee 2005, S. 65-68.

2007; Karlovy Vary 2007; Toronto Filmfestival 2007; Brüssel, Europäisches Parlament 2007 (Prix Lux); St. Petersburg Filmfestival 2007; Ghent Filmfestival 2007; Reykjavik International Filmfestival 2007; Antalya Golden Orange 2007 (Preis der Jury; Beste Regie; Beste Nebendarstellerin; Bester Nebendarsteller; Bester Schnitt); Sao Paulo International Filmfestival 2007; Norddeutscher Filmpreis 2007 (Bester Spielfilm 2007); Europäischer Filmpreis 2007 (Europäisches Drehbuch 2007); Berlinale, Deutsche Reihe 2008.

Autor: Fatih Akin
Produzenten: Andreas Thiel, Klaus Maeck
Produktionsfirma: corazón international GmbH & Co KG

Auf der anderen Seite – Exposee

Irgendwo im Nirgendwo, an einer türkischen Landstraße, steht eine Tankstelle. Es ist ein heißer, trockener Tag – kein Mensch zu sehen. Ein weißer Hyundai fährt vor und hält an einer Tanksäule. Ein Junge in einem Overall erscheint und begrüßt Nejat mit den Worten: »Bayram mubarak olsun. (Frohes Bayram.)« *Nejat grüßt zurück und geht in einen kleinen Laden. Auch hier wird Nejat mit frommen Wünschen für die Festtage bedacht. Er kauft eine Flasche Wasser, ein paar Kekse und schaut sich den Ständer mit Musikkassetten an. Aber all die Namen sagen ihm nichts. Im Hintergrund läuft eine sanfte Ballade. Nejat fragt den Inhaber, was denn das für eine Musik sei. Es ist ein Musiker namens Kazim Koyuncu.* »Haben Sie nie von dem gehört?« *Nejat schüttelt den Kopf. Der Inhaber erzählt, dass Koyuncu letztes Jahr mit nur 30 Jahren an Krebs gestorben sei.* »Viele Menschen am Schwarzen Meer haben Krebs.« *Wie das komme, will Nejat wissen.* »Wegen Tschernobyl...«*

Nejat steigt wieder in seinen Wagen und fährt davon. Er legt die Kassette ein und folgt der Fernstraße, die durch eine karge und trockene Landschaft führt. In der Ferne ist das Meer zu sehen.

Wie jedes Jahr liefern sich radikale Studenten in Istanbul zum 1. Mai blutige Auseinandersetzungen mit der Polizei. In einer Seitengasse gerät ein Polizist in einen Hinterhalt und wird von einer Gruppe vermummter Linker brutal zusammengeschlagen. Eine der vermummten Gestalten entreißt dem am Boden liegenden Polizisten die Dienstwaffe. Ein Polizeihubschrauber schwebt plötzlich über der Aktion und die fünf Studenten rennen davon. Eine Polizeitrupp ist ihnen auf den Fersen und die Gruppe der Flüchtenden splittert sich auf. Einer nach dem anderen wird von den Beamten erwischt. Nur einem der Vermummten gelingt die Flucht nach einer Odyssee über Hinterhöfe und Treppenhäuser auf die Dächer. Dort gerät der Flüchtige ins Straucheln. Ein Mobiltelefon fällt ihm aus der Jackentasche, schlittert eine Dachschräge hinab, um dann in der Tiefe zu verschwinden.

Die vermummte Gestalt nimmt ihre Motorradmaske ab: Es ist Zozan. Sie schaut sich um, scheint die Verfolger abgehängt zu haben. Sie nimmt ihr Palästinensertuch ab, wickelt die Pistole hinein und versteckt die Waffe in einem Belüftungsschacht.

Am selben Abend kommt Zozan mit der Fähre in Üsküdar an. Als sie in ihre Straße einbiegt, sieht sie, dass ihr Wohnhaus von Polizisten umstellt ist. Beamte führen junge Leute ab und tragen Kisten mit Beweismaterial aus dem Gebäude.

Auf dem Marktplatz von Bremen findet eine friedliche DGB-Kundgebung zum 1. Mai statt. Ein paar tausend Leute haben sich versammelt. Ali Aksu geht an der Menge vorbei, spaziert durch ein paar Gassen und landet im Rotlichtviertel. Es ist ein großer Hof, von barackenartigen Häuschen gesäumt, in denen Prostituierte hinter Schaufenstern auf Freier warten. Ali fällt eine dunkelhaarige Frau mit türkischen Zügen auf. Sie lächelt ihm zu. Der Alte tritt an ihr Fenster und kommt mit ihr ins Gespräch. Die Dame heißt Yeter. Ali verhandelt einen Preis und folgt ihr ins Hinterzimmer. Sie haben Sex. Hinterher sitzen sie noch einen Moment zusammen und plaudern. Der Alte bringt Yeter zum Lachen.

Marianne Staub räumt das Jugendzimmer ihrer Tochter auf, das sie in letzter Zeit als Abstellraum benutzt hat. Sie klappt Bügelbrett und Wäscheständer zusammen und bezieht das Bett. Der Raum ist von Überbleibseln aus Kindheit und Jugend der Tochter geprägt. Pop-Poster, ein paar Schallplatten, eine billige Stereoanlage, ein Regal mit Schulbüchern und Teenagerutensilien. Marianne stellt einen Aschenbecher und eine Sonnenblume ins Zimmer.

Kurz darauf sitzt sie in ihrem Audi und steckt an einer Straßenkreuzung fest, denn der Zug einer Mai-Demo blockiert den Verkehr. Ein Verkehrspolizist tritt an ihr Fenster und meint, dass die Kreuzung für eine halbe Stunde gesperrt sein werde.

Etwas später hastet Marianne durch den Hamburger Hauptbahnhof, schaut suchend um sich und zückt verärgert ihr Mobiltelefon. Nejat Aksu kreuzt ihren Weg und wir folgen ihm. Er fährt mit der Rolltreppe auf das Gleis Richtung Bremen hinunter.

Kurze Zeit später sitzt Nejat in einem Waggon der 1. Klasse und dreht sich einen Joint. Am Bremer Hauptbahnhof steigt er aus, nimmt einen Linienbus und hat schließlich sein Ziel erreicht: Die Wohnung seines Vaters Ali Aksu. Die beiden begrüßen sich knapp, aber vertraut. Der Vater hat schon den Tisch gedeckt, sie speisen und trinken Raki. Dabei reden sie nicht viel, doch die Situation ist entspannt.

In der Nacht notiert sich der Alte die Lottozahlen, während Nejat noch einen Joint raucht. Beim *Wort zum Sonntag* pennt der Alte ein, ermahnt – schon im Halbschlaf – den Sohn, darauf zu achten, nicht mit brennender Kippe einzuschlafen.

Am nächsten Morgen sind die beiden auf der Bremer Trabrennbahn und wetten. Sie verlieren und zanken. Aber es ist ein Streit von kindlicher Harmlosigkeit. Man spürt, dass sich Vater und Sohn lieben. Ziemlich angeschickert verabschieden sie sich später am Bahnhof.

Etwa eine Woche später. Am Flughafen Fuhlsbüttel landet Zozan mit einer Maschine der THY aus Istanbul. Bei der Einreise merkt der Grenzschutzbeamte nicht, dass das Gesicht auf dem Passfoto nicht Zozans ist, sondern einer Person gehört, die ihr ziemlich ähnlich sieht. Er macht sie darauf aufmerksam, dass die Aufenthaltserlaubnis bald abläuft.

Im Ankunftsbereich wird sie von einem Genossen abgeholt. Arif fährt sie ins Volkshaus, einem Treffpunkt für Hamburger Kurden und türkische Linke. Zozan findet in einem Büroraum ein provisorisches Lager, das sie sich mit drei anderen Genossen teilen muss. Arif weist Zozan ein: Sie soll immer den Namen benutzen, der in ihrem Pass steht. Zum Duschen kann sie ins Schwimmbad, das gleich um die Ecke ist. Das billigste Essen gibt es in der Uni-Mensa. Zozan hat nur knapp 20 Euro in der Tasche. Sie muss dringend ihre Mutter aufsuchen, die in Bremen als Verkäuferin in einem Schuhgeschäft arbeitet. Die wird ihr finanziell weiterhelfen, ist aber telefonisch nicht erreichbar. Zozan bittet Arif, ihr Geld zu leihen, um die Mutter zu finden. Arif gibt ihr 50 Euro, die er aber am nächsten Tag zurückhaben will.

Die Nacht ist eine Tortur, weil die anderen Genossen laut schnarchen. Zozan liegt mit offenen Augen im Halbdunkel. Früh am Morgen erkundigt sie sich am Hauptbahnhof nach der Verbindung nach Bremen und sitzt einen Moment später in der 2. Klasse eines Interregios.

In Bremen angekommen klappert Zozan alle Schuhgeschäfte ab und fragt nach ihrer Mutter. Ergebnislos. Sie nimmt den letzten Zug zurück nach Hamburg. Im Volkshaus wartet Arif ungeduldig. Als er erfährt, dass Zozan ihre Mutter nicht gefunden hat, fragt Arif stinkig nach dem Geld. Es kommt zu einem kleinlichen Streit. Zwei Hitzköpfe prallen aufeinander und am Ende wird Zozan aus dem Volkshaus rausgeschmissen. Mit ihrem bescheidenen Hab und Gut zieht Zozan durch das verregnete Hamburg. Sie fragt sich bis zur Universität durch und kommt spät in der Nacht dort an. Dann legt sie sich auf eine Parkbank unter einem Baum und versucht, zu schlafen.

Im Bremer Rotlichtviertel kommt Ali erneut an Yeters Fenster. Sie freut sich, den Alten wieder zu sehen. Nach dem Sex geht Ali nicht nach Hause, sondern wartet vor dem Hoftor. Gegen Abend hat Yeter Feierabend. Ali spricht sie an. Yeter ist zunächst irritiert und genervt, zieht ein Gasspray aus der Jacke, richtet es auf Ali und droht mit ihrem Zuhälter. Doch Ali will nur in Ruhe etwas bereden und bietet ihr an, sie zu bekochen. Aber Yeter weigert sich, mit zu ihm nach Hause zu gehen. Was immer er zu sagen hat, er soll es hier und jetzt tun. Ali erzählt von seiner Frau, die sehr früh gestorben sei, von seinem Sohn und der gescheiterten zweiten Ehe. Er sei einsam, habe eine ordentliche Rente. Wenn sie zu ihm ziehen würde, hin und wieder mit ihm schlafe, ein wenig für ihn da sei, würde er ihr das gleiche Geld geben, das sie auf dem Strich verdiene. Er sei weder Moslem noch ein Macho, ihm gehe es nicht um Verpflichtung oder Ehe, er könne sich einfach nur gut vorstellen, mit ihr zusammen zu sein. Yeter will darüber nachdenken. Zum Abschied gibt er ihr seine Telefonnummer.

Etwas später sitzt Yeter in einem Imbiss. Drei halbstarke Türken kommen zu ihr an den Tisch. Einer von ihnen war einmal ein Freier. Die Jungs bedrängen sie. Wie sie es als Türkin wagen könne, auf den Strich zu gehen. Yeter steht auf und geht. Die Jungs folgen ihr auf die Straße, beschimpfen sie und drohen mit Prügel. Als es ihr zu bunt wird, zieht sie ihr Spray hervor, sprüht es ihnen in die Augen und rennt davon.

Nejat hält eine Vorlesung über Kleist. Einige der weiblichen Studenten schmachten ihn an, andere schreiben fleißig mit. Hinten in der letzten Reihe sitzt Zozan und schläft.

Etwas später steht sie vor der Mensa und schaut sich nach jemandem um, der ihr Geld für eine Essensmarke geben würde. Ihr Blick fällt auf Charlotte Staub, eine junge, ein wenig alternativ aussehende Frau in ihrem Alter. Zozan spricht sie an. Charlotte gibt ihr bereitwillig ein paar Euro. Zozan möchte Lottes Adresse, um ihr das Geld zurückzuzahlen. Charlotte lacht. Das sei nicht nötig. Zozan fragt Lotte, ob sie auch auf dem Weg in die Mensa sei. Eigentlich nicht, aber es könne nicht schaden, eine Kleinigkeit zu sich zu nehmen, entgegnet Lotte.

In der Mensa kommen die beiden Frauen ins Gespräch und je mehr Zozan von sich erzählt, desto faszinierter ist Lotte von ihr. Angesichts eines so dramatischen Schicksals schlägt ihr Helfersyndrom durch. Als sie erfährt, dass Zozan obdachlos ist, bietet sie ihr spontan an, ab jetzt bei ihr zu wohnen.

Marianne ist nicht sehr begeistert von dem Gast, den ihre Tochter da mitbringt. Eine wildfremde Kurdin, die kein Deutsch spricht, mit solch harten Gesichtszügen. Doch Lotte ignoriert die Vorbehalte ihrer Mutter. Man müsse solchen Leuten helfen, das sei eine Pflicht, praktizierter Humanismus, ein Akt der Solidarität.

Später rauchen Lotte und Zozan einen Joint auf der Terrasse. Sie kichern hin und wieder. Marianne beobachtet die beiden von der Küche aus. Dann bereitet sie für Zozan das Gästebett.

Tags darauf auf der Bremer Trabrennbahn: Ali verfolgt gespannt das Rennen. Und er gewinnt! Plötzlich klingelt sein Handy. Es ist Yeter. Sie fragt den Alten, ob sein Angebot noch stehe. Natürlich! Heute scheint Alis Glückstag zu sein.

Gegen Abend erreicht Nejat in seinem weißen Hyundai die Kleinstadt Filyos am Schwarzen Meer. Er nimmt sich ein Zimmer in dem einzigen, ziemlich heruntergekommenen Hotel des Ortes. Weil die Kühlschränke im Hotel nicht funktionieren, geht Nejat in einen Laden und kauft sich ein paar Dosen Bier. Er setzt sich an den Strand, betrachtet den Sonnenuntergang und nuckelt sein Bier. Plötzlich spricht ihn eine Frau von vielleicht Mitte 30 an. Es ist seine Stiefschwester Canan. Sie umarmt ihn und fragt ihn, was zum Teufel er hier mache. Die beiden haben sich fast 20 Jahren nicht gesehen. Er sei gekommen, um das Grab seiner Mutter zu besuchen. Als Canan erfährt, dass Nejat im Hotel wohnt, erklärt sie bestimmt, das könne er vergessen, er wohne als Verwandter bei ihr.

Einige Wochen später besuchen Zozan und Lotte ein Konzert in der Hamburger Roten Flora. Dub-Musik dröhnt aus den Boxen, ein bunter, alternativ angehauchter Haufen tanzt vor der Bühne. Aus einiger Entfernung beobachtet Zozan, wie Lotte mit einem Joint in der Hand ausgelassen tanzt. Ein Typ mit Dreadlocks versucht, Lotte anzumachen. Zozan schaut sich das eine Weile an, geht dann auf die Tanzfläche und tanzt mit Lotte. Aber der Typ lässt nicht locker. Da zieht Zozan Lotte plötzlich an sich und gibt ihr einen Zungenkuss. Lotte weiß gar nicht, wie ihr geschieht und starrt Zozan völlig verdutzt an.

Etwas später sitzen die Frauen im Audi der Mutter und knutschen wild. Lotte will an die Elbe fahren. Total betrunken stößt sie rückwärts aus der Parklücke, um gleich gegen einen Bauzaun zu knallen. Kichernd steigen die beiden aus und betrachten den Schaden am Wagen. Mit einem Taxi kommen sie schließlich im Morgengrauen in Blankenese an. Euphorisiert und betrunken setzen sie sich in die Küche, um sich noch ein Brot zu schmieren. Durch den Lärm wird Marianne wach und kommt in die Küche. Als sie fragt, ob denn der Wagen sicher geparkt sei, brechen Lotte und Zozan in schallendes Gelächter aus. Etwas verärgert geht Marianne wieder zu Bett. Sie hört die beiden weiter lachen und leise reden. Eine Tür schlägt zu. Marianne steht wieder auf und schleicht durch die Wohnung. Sie lugt ins Gästezimmer, dessen Tür nur angelehnt ist: Das Bett ist leer. Zozan ist also bei Lotte im Zimmer. Irritiert setzt sie sich in die Küche und zündet sich eine Zigarette an.

In Bremen ist Nejat nicht wenig überrascht, als er die Wohnung seines Vaters betritt und vor Yeter steht. Die beiden sind zunächst verlegen, können aber nicht umhin, sich länger in die Augen zu schauen. Das ist also die neue Freundin seines Vaters. So jung. So anziehend. Der Alte hat gekocht, es gibt gefüllte Hamsi, eine Art Sardine aus dem Schwarzen Meer. Beim Essen müssen sich Yeter und Nejat immer wieder anschauen. Das Mahl ist vorzüglich und Ali trinkt eine Menge. Nejat und Yeter halten sich zurück.

Später legt sich der Alte betrunken ins Bett. Die gegenseitige Neugier hält Yeter und Nejat bis zum Morgengrauen wach und sie verbringen einen sehr warmen, geborgenen Abend. Sie erzählt von ihrer Tochter, die in der Türkei studiert. Was sie denn studiere, will Nejat wissen, doch Yeter weiß es nicht so genau. Irgendetwas Politisches.

Im Fernsehen läuft *Chinatown* von Polanski. Yeter beklagt sich, dass sie nichts verstehen könne und bittet Nejat, zu übersetzen. Aber erstens ist sein Türkisch nicht gut genug und zweitens ist der Film ziemlich kompliziert. Er habe ihn selbst nie so richtig verstanden. Yeter lacht.

Schließlich legt sie sich zu Ali ins Bett. Nejat liegt im Wohnzimmer auf der Couch und liest noch etwas. Plötzlich ruft Yeter nach ihm. Nejat eilt sofort ins Schlafzimmer und sieht mit Schrecken seinen Vater röchelnd auf dem Boden liegen. Er hyperventiliert und bekommt keine Luft.

Gleich darauf bringen Yeter und Nejat den Alten ins nächste Krankenhaus. Im Warteraum sitzen Yeter und Nejat schweigend da, bis der Arzt kommt und sie aufklärt, dass Ali einen Herzinfarkt erlitten hat. Sein Zustand ist kritisch. Sie werden ihm eine Arterie öffnen und ihn ein paar Tage da behalten müssen. Als sich der Arzt verabschiedet hat, fängt Nejat an zu weinen. Yeter weiß nicht so recht, was sie tun soll und nimmt Nejat in die Arme.

Ein paar Tage danach wacht Zozan spät am Vormittag in Lottes Zimmer auf und kommt in die Küche. Dort trifft sie auf Marianne. Die beiden Frauen sind alleine in der Wohnung. Marianne fragt Zozan aus, will eine Menge über sie wissen – es kommt Zozan vor wie ein Polizeiverhör. Dann steigert sich das Gespräch zu einer Streitdiskussion, bei der es um bewaffneten Widerstand geht. Zozan versucht Marianne zu erklären, warum einfache, arbeitslose Bauern zur PKK gehen. Der Hochmut und die radikalen Ansichten der Kurdin provozieren Marianne und als sie die Jüngere zurechtweist, wehrt Zozan sich verbal – fast hysterisch. Marianne verbittet sich diesen Ton in ihrem Haus. Daraufhin packt Zozan ihre Sachen und verlässt die Wohnung. Im Regen wartet sie vor dem Haus auf Lotte. Marianne schaut aus dem Fenster auf sie herab und fühlt sich bedroht. Stunden später kommt Lotte nach Hause und sieht Zozan im Regen stehen. Lotte will sie mit hinein nehmen, aber Zozan ist zu stolz. Lotte kommt ganz außer sich in die Wohnung, brüllt ihre Mutter an und geht wieder hinaus. Zozan ist verzweifelt. Sie will sich nicht wie eine Pennerin durchs Leben schnorren müssen. Sie will ihre Mutter in Bremen finden. Lotte schnappt sich den Wagen der Mutter und so fahren die beiden Frauen nach Bremen.

Dort laufen sie im Regen durch die Stadt, auf der Suche nach der Stecknadel im Heuhaufen. Zozan fängt an zu weinen. Lotte hält sie fest im Arm. Die Passanten werfen ihnen komische Blicke zu. Yeter und Nejat gehen eilig an ihnen vorbei.

Nejat und Yeter besuchen den Alten im Krankenhaus. Der verflucht das Älterwerden. Nejat ermahnt seinen Vater, sich nicht aufzuregen.

Später am Abend sind die beiden bei Ali zu Hause. Yeter kocht eine Kleinigkeit. Die beiden kommen sich näher, küssen sich schließlich und fallen übereinander her. Doch als sie kurz davor sind, miteinander zu schlafen, packt sie das schlechte Gewissen. Hier in der Wohnung geht es nicht. Also gehen sie raus in die Nacht und treiben es auf einem Spielplatz. Es ist kalt.

Spät in der Nacht machen sich Lotte und Zozan auf den Weg zurück nach Hamburg. Als sie in die Stadt hineinfahren, geraten sie in eine Polizeikontrolle. Die Ausweise der beiden Frauen werden kontrolliert und Zozan wird zunehmend nervöser. Der Beamte stellt fest, dass die Aufenthaltsgenehmigung abgelaufen ist und fordert Zozan auf, auszusteigen. Zozan stürzt aus dem Wagen, rennt davon, wird aber bald eingeholt und festgenommen. Verzweifelt schreit sie: Asyl! Lotte kann nur zusehen, wie ihre Liebste abgeführt wird.

Später kommt Lotte nach Hause und setzt sich verzweifelt in die Küche. Als sie die geheime Hoffnung der Mutter spürt, dass Zozan nun aus ihrem Leben verschwindet, bricht es aus ihr heraus. Unter Tränen macht sie der Mutter klar, dass Zozan bei einer Abschiebung in ihrem Land gefoltert werde. Marianne nimmt ihre Tochter in den Arm und verspricht, zu helfen.

Eine Woche später. Yeter und Nejat holen Ali von der Klinik ab und bringen ihn nach Hause. Der spürt bald, dass was im Busch ist. Ihre Vertrautheit können die Liebenden ebenso wenig verbergen wie ihr schlechtes Gewissen. Nejat möchte so bald wie möglich das Weite suchen. Yeter fühlt sich ein wenig im Stich gelassen und lässt ihn das beim Abschied spüren.

Yeter will den Alten pflegen, so gut sie kann und gleich damit anfangen. Doch der ist mürrisch und übel gelaunt. Er mault, Yeter sei nicht seine Ehefrau und habe somit nicht das Recht, ihn zu pflegen. »Meine Frau ist tot!« Ali verlässt das Haus und Yeter setzt sich frustriert vor den Fernseher.

Spät in der Nacht kommt der Alte völlig betrunken in die Wohnung und weckt Yeter barsch. Yeter kuscht nicht vor Ali und brüllt zurück. Ali packt sie und sagt ihr ins Gesicht, dass sie es mit seinem Sohn getrieben habe. Was Nejat denn bezahlt habe, will er wissen und schüttelt sie wie ein Irrsinniger. Als es aus ihr heraus bricht, dass sie Nejat liebt, schleudert er sie mit einem Schrei durch den Raum. Yeter fällt auf einen Glastisch, der unter ihr zerbricht. Eine große Scherbe erwischt die Halsschlagader. Yeter blutet stark. Ali versucht, die Ader abzudrücken, ruft einen Krankenwagen, aber Yeter stirbt ihm unter seinen Händen weg. Ali schlägt schreiend und heulend auf sich selbst ein.

Eine Woche später wird Zozan auf einem Flüchtlingsschiff in Övelgönne einquartiert. Sie bezieht eine winzige Kajüte, die sie mit anderen Asylbewerberinnen teilen muss, tritt ans Fenster und schaut auf die Elbe.

Eine Maschine der THY landet in Istanbul. Ein Sarg wird aus dem Flugzeug geladen. Nejat überführt Yeters Leichnam in die Türkei. Ein Bestattungswagen holt den Sarg und Nejat ab. Auf einem Istanbuler Friedhof wird Yeter beerdigt. Aber außer dem Imam sind nur Nejat und sein Onkel Ufuk am Grab. Die beiden Männer wundern sich, dass keine Verwandten erschienen sind, obwohl man die Behörden gebeten hat, sie zu informieren. Yeter hatte eine Tochter, von der niemand weiß, wo sie ist. Nejat bedankt sich für die Hilfe seines Onkels. Was er jetzt vorhabe, möchte Ufuk wissen. Nejat weiß es nicht. Der Onkel bietet ihm an, ein paar Tage bei ihm zu wohnen, aber Nejat möchte lieber im Hotel bleiben.

Tags darauf fragt er an der Rezeption, wo er deutsche Zeitungen bekommen kann. Man beschreibt ihm den Weg in die deutsch-türkische Buchhandlung. Nejat begrüßt den deutschen Inhaber Mühlbauer und schaut sich das Angebot an. Mühlbauer erkennt Deutschlands ersten und einzigen türkischstämmigen Germanistikprofessor und möchte wissen, ob Nejat in Istanbul Urlaub mache. Nejat verneint und erzählt, dass er eine Zäsur im Leben setzen wolle und überlege, in Istanbul zu bleiben. Mühlbauer muss für ein paar Wochen nach Deutschland und bittet Nejat auf seinen Laden aufzupassen. Der weiß nicht so recht, was er sagen soll und erkundigt sich nach einer Wohnung. Über das Goethe-Institut bekäme er sofort eine, meint Mühlbauer.»Das klingt ja wie der Witz der Woche: Ein türkischer Germanist aus Deutschland landet in einer deutschen Buchhandlung in der Türkei.«

Im Hamburger Untersuchungsgefängnis an der Glacischaussee wird Ali Aksu beim Hofgang von anderen türkischen Gefangenen angesprochen.»Gecmis olsun – Möge es schnell vorübergehen.« Man teilt ihm mit, dass es im Gefängnis eine Moschee gebe. Später kommt Ali in die Moschee und überlegt, ob er beten soll. Er tut es nicht.

Canan bekocht Nejat mit frischem Fisch und Gemüse. Nach dem Essen bringt sie ihre beiden Töchter zu Bett. Fotos ihres verstorbenen Mannes zieren das Wohnzimmer. Er sei an Krebs gestorben, wie viele Menschen in der Schwarzmeerregion. Wegen Tschernobyl? Canan nickt und legt eine CD von Kazim Koyuncu auf. Nejat kennt die todtraurige, aber wunderschöne Ballade, die die Spannung zwischen den beiden auflädt und die verlorenen Seelen zueinander führt. Und dann küssen sie sich. Später hat Canan den ersten Sex seit vielen Jahren. Am nächsten Morgen besuchen sie das Grab seiner Mutter. Canan betet. Nejat nicht. Danach verabschieden sie sich. Er verspricht, zurückzukommen und mit ihr nach Istanbul zu gehen, nachdem er seinen Vater besucht hat. Und so schüttet sie ihm nach altem Brauch Wasser hinterher, als er mit seinem Wagen weiterfährt.

Ungefähr ein Jahr später in einem Hamburger Amtsgerichtssaal. Lotte, Zozan und Marianne verfolgen die Urteilsverkündung: Zozans Asylantrag wird in zweiter Instanz abgelehnt. In der Türkei sei keine Folter mehr zu befürchten, die Kurden seien längst in der türkischen Gesellschaft emanzipiert, heißt es in der Begründung. Und da sie durch das Passvergehen auch eine Straftat begangen hat, wird Zozan das Recht auf Asyl verwehrt und die sofortige Abschiebung angeordnet.

Lotte und Marianne kommen nach Hause. Die Mutter versucht, ihre Tochter zu trösten, aber die hat entschieden, Zozan hinterher zu reisen. Marianne versucht, sie verzweifelt davon abzuhalten, doch als Lotte frech wird, hat Marianne endlich genug. Und nun brechen alle Dämme; die große Abrechnung zwischen Mutter und Tochter folgt. Marianne stellt Lotte vor die Alternative: Sie oder Zozan. Wenn Lotte jetzt geht, bricht sie mit der Mutter und hat mit keinerlei Hilfe zu rechnen. Lotte bestraft ihre Mutter mit einem vernichtenden Blick und schlägt die Tür hinter sich zu.

Zozan packt auf dem Schiff ihre Sachen, als Lotte zu ihr kommt. Die Zimmergenossinnen ziehen sich diskret zurück und die beiden Freundinnen machen ein letztes Mal Liebe. Um 5 Uhr am Morgen wird Zozan vom Asylantenschiff zum Flughafen eskortiert. Lotte fragt die Beamten, ob sie mitfahren dürfe, aber sie darf nicht. Also nimmt sie den Linienbus zum Flughafen. Die Beamten führen Zozan zum Bundesgrenzschutzterminal.

Lotte geht mit einem Stadtplan in der Hand in Istanbul über den Taksim Platz. Etwas später hat sie ihr Ziel gefunden: Die deutsche Botschaft. Lotte sitzt einem Sekretär gegenüber und möchte wissen, wie sie Zozan aus dem Gefängnis herausholen kann. Der Beamte kann Lotte nicht weiter helfen. Da es sich nicht um eine deutsche Staatsbürgerin handelt, gibt es nichts, was die Botschaft tun kann. Als sie nach einer Wohngelegenheit fragt, wird sie an die Pinnwand der deutsch-türkischen Buchhandlung verwiesen.

In besagter Buchhandlung trifft Lotte auf Nejat. Sie heftet einen Zettel an die Pinnwand und kauft ein deutsch-türkisches Wörterbuch. Sie fragt Nejat nach einem Branchenbuch. Etwa eine Stunde lang bleibt Lotte im Laden und Nejat lässt ihr einen Tee nach dem anderen holen. Lotte sucht sich ein paar Anwälte in unmittelbarer Nähe heraus. Nejat ist so nett und bastelt ihr eine Route. Nachdem sich Lotte verabschiedet hat, schaut er sich ihren Zettel an: Suche Zimmer zur Untermiete bis 200 Euro im Monat.

Lotte durchläuft eine Odyssee durch Istanbuler Anwaltskanzleien. Oft sind die Advokaten keiner Fremdsprache mächtig, manchmal wollen sie Lotte einfach nur flach legen oder rufen für eine simple Auskunft horrende Preise auf. Abends kommt sie verzweifelt ins Hotel.

Am nächsten Tag geht sie zur Polizei, um in Erfahrung zu bringen, in welchem Gefängnis Zozan sitzt und wie Lotte sie besuchen kann. Aber bei den faulen Bullen kommt sie nicht weiter. Am späten Nachmittag findet sie im Hotel eine Nachricht von Nejat vor. Sie ruft zurück und Nejat bietet ihr ein Zimmer in seiner Wohnung zur Untermiete an. Lotte checkt noch in derselben Nacht aus und trifft Nejat auf der Istiklal Caddesi. Er bringt sie nach Cukurcuma, einem benachbarten Stadtteil von Beyoglu. In einem Altbau deutscher Architektur hat er eine Dreizimmer-Wohnung gemietet. Lotte bezieht eines der Zimmer für 100 Euro im Monat. In den Räumen hängt Haschischgeruch und sie fragt ihn nach einem Joint. Die beiden kiffen auf dem Balkon und Lotte erzählt von ihrem Vorhaben. Nejat gibt ihr den Tipp, den Anwalt des Goethe-Instituts zu fragen.

Am nächsten Tag läuft Lotte durch die Straßen von Cihangir, um sich mit Frau Selen zu treffen, einer etwa 40-jährigen Linksintellektuellen, die Zozan vertritt. Die Anwälte des Goethe-Instituts haben das für Lotte recherchiert und ihr den Termin gemacht. Frau Selen erklärt, dass Gefangene ohne finanzielle Mittel einen Pflichtverteidiger von der türkischen Anwaltskammer zugewiesen bekämen und klärt Lotte darüber auf, wie es rechtlich um Zozan steht: Sie sitzt in Untersuchungshaft. Das Verfahren hat aus Mangel an Beweisen noch nicht begonnen. Zozan ist Mitglied einer politischen Studentenbewegung, der bewaffneter Widerstand vorgeworfen wird. Dafür kann sie bis zu 20 Jahre lang im Kittchen sitzen. Lotte fragt nach einer Besuchsmöglichkeit, aber laut Gesetz darf ein Inhaftierter nur von jemandem besucht werden, wenn derjenige denselben oder einen ähnlichen Nachnamen hat. Lotte dämmert, dass sie es mit einem absurden, fast kafkaesken Justizapparat zu tun hat. Selen verspricht, alles ihr Mögliche zu versuchen. Es kann allerdings dauern.

Einen Monat später: Lotte hat eine andere Frisur, wird vom Kioskbesitzer mit ihrem Namen begrüßt und spricht ein paar Brocken Türkisch. Sie fährt mit der Metro nach Bayrampasa zum Saglmancilar-Gefängnis. Dort wird sie wiederholt durchsucht und muss sich nackt ausziehen – dann werden After und Vagina ausgeleuchtet. Schließlich darf Lotte in den Kogus, eine Gemeinschaftszelle, in der bis zu 100 Insassen sitzen. Unter den politischen Gefangenen herrscht eine seltsame, halb melancholische, halb fröhliche Stimmung. Einige Frauen musizieren mit Saz, Cümbüs und Gesang. Es hängen Poster von Deniz Gezici und Yilmaz Güney an den Wänden. Lotte und Zozan fallen sich in die Arme. Zozan kann kaum glauben, dass Lotte es hierher geschafft hat. Sie bittet Lotte, ihr zu helfen, einen Botengang zu machen. Sie soll etwas aus einem Versteck holen und mit ins Hotel nehmen, bis es jemand abholt. Zozan macht ihr eine kleine Skizze, ein paar Notizen mit einer Adresse. Und dann werden sie auch schon getrennt.

Etwas später sitzt Lotte wieder in der Metro. Sie ist nervös, blickt ständig um sich, hat das Gefühl, verfolgt zu werden. In der Tünel-Gegend findet sie das richtige Gebäude, geht das Treppenhaus hinauf bis auf das Dach, sucht den besagten Belüftungsschacht und steckt das Palästinenser-Tuch mitsamt Inhalt in ihre Umhängetasche. Die Sonne geht unter und Lotte hastet durch die Gassen von Beyoglu nach Cukurcuma. Plötzlich ist sie von einer Gruppe Straßenkinder umringt. Es handelt sich um Klebstoffschnüffler im Alter von 7 bis 10 Jahren, die Papiertaschentücher anbieten, tatsächlich aber Taschendiebe sind. Sie greifen in ihre Tasche und klauen ihr Handy, die Geldbörse und das beschwerte Palästinensertuch. Die Kinder rennen davon und Lotte hinterher. Doch schon bald haben die Kinder Lotte in den Gassen abgehängt. Fast zufällig trifft sie kurz darauf wieder auf die Kinder. Sie haben die Pistole aus dem Tuch gewickelt und bewundern ihre Beute. Als sie Lotte wahrnehmen, richtet ein Junge die Pistole auf Lotte. »Päng, päng,

päng!« Er will sie spielerisch erschrecken. Doch sein Finger kommt an den Abzug und plötzlich fällt ein Schuss, der Lotte ins Auge trifft. Sie ist auf der Stelle tot. Fassungslos starrt der Junge auf die tote Lotte, schaut ihr in das Loch im Auge. Das andere, blaue Auge ist weit aufgerissen. Panisch läuft der Junge weg und wirft die Pistole in den nächsten Mülleimer.

Zozan wird aus dem Kogus zum Verhör abgeholt. Man fragt sie nach ihrem Besuch von der deutschen Frau. Zozan sagt, sie sei nur eine Freundin, die sie in Deutschland kennen gelernt habe. Man will wissen, ob Lotte eine Aktivistin war. Schließlich klären sie Zozan auf, dass Lotte erschossen wurde. Etwas später kommt Zozan wieder in den Kogus und starrt hinaus auf den Highway, der vor dem Gitterfenster hinter den Mauern entlang führt. Ihr kullern Tränen die Wangen herunter.

Gegen Abend erreicht Nejat die Stadt Trabzon. Er checkt in ein Hotel ein, isst irgendwo ein paar Bohnen und schaut sich die ›Nataschas‹ (Prostituierte aus Georgien und der Ukraine) auf den Straßen an. Am nächsten Tag macht er sich auf die Suche nach dem Haus seines Vaters. Er läuft den ganzen Vormittag umher und findet schließlich das Haus, in dem er geboren ist. Bald fasst er sich ein Herz und klopft an. Aber es ist nicht sein Vater, der an die Tür kommt. Ali habe das Haus verkauft und sei zum Fischen in das Dorf seines Vaters gezogen, erfährt Nejat. In einem Jagdgeschäft kauft er eine hochwertige Angel.

Über den Wolken wird die Ruhe des Himmels von einer vorbeiziehenden Boeing 737 der THY gestört. In der Maschine sitzt Marianne Staub. Sie trägt schwarz und weint still. Über Lautsprecher wird verkündet, dass man sich nun in den Sinkflug begebe und in Kürze in Istanbul landen werde. Ein paar Sitzreihen weiter vorne sitzt Ali Aksu in Begleitung von zwei Beamten der Bundespolizei.

An der Passkontrolle verabschieden sich die Beamten von ihm. Ali nimmt sein Gepäck entgegen, passiert noch einmal Marianne, die auf ihr Gepäck wartet. Er kauft Schokolade im Duty-Free Shop. Mit einem Taxi fährt er in den Stadtteil Fatih. Er betritt eine Garage und sieht seinen Bruder Ufuk beim Bau einer Saz. Die beiden Männer begrüßen sich herzlich. Ali schenkt ihm die Schokolade. Beim Tee gibt ihm Ufuk einen Umschlag mit Geld. Er hat, wie Ali es wollte, das alte Haus verkauft. Ufuk erzählt Ali, dass Nejat auch in Istanbul sei und fragt, ob er seinen Sohn nicht sehen wolle. Ali verneint entschieden. Er will noch heute in seine Heimat nach Trabzon fahren. Ufuk bittet ihn, doch eine Nacht zu bleiben, aber der Alte bleibt stur. Am Abend bringt Ufuk ihn zum Busbahnhof. Die beiden Männer verabschieden sich voneinander. Nachdenklich schaut Ufuk dem abfahrenden Bus hinterher.

Zur selben Zeit sitzt Marianne in ihrem Zimmer im Interconti und blickt aus dem Fenster. Dann nimmt sie sich einen Whisky aus der Mini-Bar. Sie hat einen kleinen Taschenkalender ihrer Tochter in der Hand und blättert darin herum.

Schließlich ruft sie bei Nejat an. Sie scheint schon aus Deutschland bei ihm angerufen zu haben und teilt ihm mit, dass sie nun in Istanbul sei. Sie fragt ihn, ob es möglich sei, sich zu treffen – am besten gleich. Sie sehen sich im Foyer und er spricht ihr gleich sein Beileid aus. Er führt sie zum Essen nach Beyoglu, doch sie rührt kaum etwas an und fragt ihn nach Lottes Mission aus. Nejat weiß nicht viel zu berichten. Marianne möchte das Zimmer sehen, in dem Lotte gewohnt hat und Nejat hat nichts dagegen.

Marianne sitzt auf Lottes Bett und Nejat bietet ihr an, die Nacht in der Wohnung zu verbringen. Marianne nimmt an. Später liegt sie im Bett und weint. Nejat öffnet schüchtern die Tür, schaut linkisch auf die fremde Frau und nimmt sie schließlich in die Arme, bis sie sich etwas beruhigt hat. In der Nacht träumt Marianne von Lotte.

Onkel Ufuk kommt in die Buchhandlung und erzählt Nejat von der Ankunft seines Vaters in Istanbul und seiner Weiterreise nach Trabzon.

Abends sitzt Marianne mit ihrem Gepäck vor Nejats Tür und fragt ihn, ob sie bei ihm wohnen könne. Nejat willigt ein und später gehen die beiden wieder in ein Restaurant. Diesmal isst Marianne mit großem Appetit, wie Nejat mit gewisser Erleichterung feststellt. Und sie würde sich gerne betrinken. »Nur zu...,« antwortet Nejat und hält mit. Nach dem Essen wanken die beiden durch das nächtliche Beyoglu. Dabei sehen sie den Jungen, der Lotte erschossen hat. Er schnüffelt auf der Straße Klebstoff aus einer Plastiktüte und weint vor sich hin. Marianne setzt sich zu dem Jungen und will ihm die Hand auf den Kopf legen. Aber der Junge rennt davon.

Ein paar Tage später bekommt Zozan Besuch von Marianne in Begleitung von Frau Selen. Sie ist irritiert und als Marianne ihr mitteilt, sie sei gekommen, um ihr zu helfen und dass sie nicht eher nach Deutschland zurückkehren werde, bis Zozan frei ist, kommen der jungen Kurdin die Tränen. Sie küsst Marianne die Hände, als würde sie sie um Vergebung bitten. Marianne übergibt ihr eine Stange Zigaretten und schreibt ihr Nejats Telefonnummer auf.

Als Marianne gegangen ist, sitzt Zozan apathisch da und starrt vor sich hin. Plötzlich bricht es aus ihr heraus und sie fängt an, zu toben. Sie reißt die Bilder von Güney, Mao, Denizci und Che Guevara von den Wänden. Ihre Mitgefangenen empören sich darüber und werden wütend. Zu zehnt prügeln sie auf Zozan ein.

Nejat und Marianne sitzen in einem Café und sehen zu, wie die Straßen für das bevorstehende Bayram-Fest vorbereitet werden. Marianne weiß nicht, was das zu bedeuten hat. Bayram ist das traditionelle Opferfest, das drei Tage dauert und das Ende des Ramadan, der Fastenzeit, markiert. In der Türkei sind die Festtage so etwas wie Weihnachten. Man ist nett zueinander und beschenkt sich. Es eine Zeit der Versöhnung. Streitereien werden beendet, Vergebung ist Pflicht. Nejat hält inne und denkt über seine Worte nach. Schließlich fragt er Marianne, ob sie für ein paar Tage den Buchladen übernehmen könne, denn er habe eine familiäre Verpflichtung zu erledigen. »Leben ihre Eltern noch?« fragt Marianne. Nejat möchte das Grab seiner Mutter besuchen, was er zuletzt als Kind zu Bayram getan hat. »Und Ihr Vater?« – »Ja, den sollte ich auch besuchen.«

Tags darauf kommt Nejat in eine Autovermietung und mietet sich den weißen Hyundai. Der Angestellte wünscht ein glückliches Bayram. In einer Teestube zeichnet Nejat auf einer Landkarte seine Reiseroute nach Trabzon ein. Er schlürft seinen Tee, steigt in den Wagen und fährt davon.

Im Gefängnis von Saglmancilar stehen die weiblichen Gefangenen in einer Reihe auf dem Hof. Der Direktor verliest über Lautsprecher zwei Dutzend Namen. Einer davon ist Zozans. Die erwähnten Gefangenen sind vom Staat begnadigt, eine Amnestie zu Bayram. Viele Frauen fallen sich in die Arme. Zozan atmet tief durch. Aus einer Telefonzelle ruft Zozan Marianne an. Kurz darauf treffen sich die Frauen am Taksim Platz. Marianne bietet Zozan an, zunächst in Nejats Wohnung unterzukommen. In der Nacht liegt Zozan in Nejats Bett und kann nicht schlafen. Sie raucht eine Zigarette und schaut sich im Zimmer um. Mit einer Mischung aus Neugier und Langeweile durchstöbert sie die Schubladen des Schreibtisches ... und erstarrt plötzlich, als sie ein Foto in der Hand hält, auf dem Yeter zu sehen ist. Es ist ihre Mutter. Sie hat sie endlich gefunden. Das ist das Ende ihrer Reise.

Etwa 60 Kilometer östlich von Trabzon liegt das Dorf, in das Ali sich zurückgezogen hat. An der Landstraße steht eine Moschee, in dessen Teegarten ein paar ältere Männer sitzen. Nejat grüßt die Männer und fragt sie nach dem Haus von Ali Aksu. Einer der Männer steigt zu ihm ins Auto und weist ihm den Weg in die Berge hinter der Küste. Das Dorf ist wunderschön. Tee wächst auf den Hängen, alles ist grün, ein ruhiger, hoffnungsvoller Ort. Nejat klopft an eine Tür. Eine Frau, die vor dem Haus mit einer Sichel Tee jätet, ruft ihm zu, dass Bruder Ali zum Fischen sei. Also fährt Nejat mit dem alten Mann wieder hinab zur Küstenstraße. Er kommt an den Strand und sieht ein paar Männern zu, die vor den Bootsschuppen arbeiten. Er fragt sie, wann Ali wieder zurückkommen werde. Wohl bald, die See werde nämlich rauer. Nejat bedankt sich, setzt sich in den Sand, schaut auf das schwarze Meer und wartet auf seinen Vater ...

ENDE

Statement Fatih Akin

Das vorliegende Exposee zu *Auf der anderen Seite* stammt aus dem Herbst 2005, der Dreh fand im Sommer 2006 statt und der Film wurde im April 2007 fertig gestellt.

Im Exposee sind die verschiedenen Handlungsstränge noch sehr verschachtelt dargestellt. Im Film habe ich sie, gemeinsam mit meinem Cutter Andrew Bird, mehr zu zusammenhängenden Blöcken zusammengefasst, da wir bemerkten, dass der Zuschauer sonst die Orientierung für die jeweiligen Orte und Zeitpunkte in der Geschichte verloren hätte. Als geschriebener Text hat die Verschachtelung sehr gut funktioniert, aber im Film hat sie mir meine Grenzen aufgezeigt und war nicht so durchführbar wie im Exposee und im Drehbuch. Den Handlungsstrang mit Nejat und seiner Stiefschwester haben wir leider sogar komplett herausnehmen müssen, da er dem Film als Ganzem nicht mehr diente.

Viele Details, die noch im Exposee stehen, haben wir im Film aus dramaturgischen Gründen oder zugunsten der Figurencharakterisierungen verändert, z.B. kifft Nejat im Film nicht, das hätte einfach nicht zu der Figur gepasst. Einige Dinge haben sich aber auch während meiner Recherche als in der Realität anders geartet herausgestellt und ich musste sie ändern, weil sie in Wirklichkeit nicht mehr vorhanden waren. So existierte zum Zeitpunkt des Drehs z.B. das Flüchtlingsschiff, auf dem Ayten (im Exposee noch Zozan) in Hamburg Zuflucht findet, leider nicht mehr.

Etwas, worüber wir sehr viel diskutiert haben, war der Umstand, ob Ayten das Foto ihrer Mutter Yeter im Film finden sollte oder nicht und wann der Zuschauer erfahren soll, dass Yeter Aytens Mutter ist. Diese Beziehung ist ja ein wichtiges verbindendes Element der verschiedenen Handlungsstränge. Im Exposee wird eigentlich erst hundertprozentig klar, dass Yeter Aytens Mutter ist, als Ayten ihr Foto in Nejats Schublade findet. Im Film sieht sie das Foto gar nicht und erfährt daher auch nicht, dass Nejat die ganze Zeit nach ihr gesucht hat. Der Zuschauer wiederum weiß im Film sehr früh, dass Yeter Aytens Mutter ist und kann mit ansehen, wie die beiden sich genau verpassen. Ich hab mich bei diesem Handlungsstrang an Hitchcocks *Suspense-Prinzip* orientiert und fand es viel dramatischer, wenn der Zuschauer die Zusammenhänge von Anfang an kennt und die Figur nicht. Ayten erfährt deshalb im Film auch nicht vom Tod ihrer Mutter. Das passiert im Exposee zwar auch nicht, aber dort wird es zumindest dadurch angedeutet, dass sie das Foto findet. Damit wird impliziert, dass Ayten Susanne und später vielleicht auch Nejat danach fragen wird, was das Foto zu bedeuten hat. Im Film endet die Geschichte um Ayten offener, und dadurch, wie ich finde, auch positiver und hoffnungsvoller, obwohl man sich natürlich denken kann, dass Ayten nun bald vom Tod ihrer Mutter erfahren wird. Aber der Tod mit all seinen Facetten ist schließlich auch das zentrale und alle Handlungsstränge verbindende Thema in *Auf der anderen Seite*.

Beispiel *Alles auf Zucker!*

Auch dieses sehr ausführliche Exposee ist die Grundlage eines erfolgreichen Filmes gewesen, der u.a. folgende Auszeichnungen bekommen hat: Deutscher Filmpreis 2005 für Bester Spielfilm, Beste Regie, Bestes Drehbuch, Bester Hauptdarsteller, Bestes Kostümbild, Beste Filmmusik (und Nominierungen für Hauptdarstellerin, Nebendarsteller, Schnitt, und Musik), Ernst Lubitsch Preis 2005, »Bestes Drehbuch« vom Verband der deutschen Filmkritik 2005, »Best Film« European Film Smiles Festival 2005.

Autor: Dani Levy und Holger Franke
Produzentin: Manuela Stehr
Produktionsfirma: X Filme Creative Pool GmbH

Zucker (AT) – Exposee

Peter Zuckermann wird heute nur noch »ZUCKER« genannt. Dass er Jude ist, ist für ihn selber, seine nichtjüdische Frau MARLENE, seine zwei Kinder und seine Kumpels völlig in Vergessenheit geraten. Zucker ist Atheist. Aus vollstem Herzen. Er hasst Religion. Ob dies auf Grund seiner sozialistischen Erziehung und der treuen Parteimitgliedschaft so ist, spielt doch eigentlich keine Rolle. Religion ist Opium fürs Volk. Und damit basta.

1997 wird für Zucker ein schwarzes Jahr. Er wird fünfzig. Schlimm genug. Die Gelenkschmerzen in der Schulter werden immer schlimmer. Das ist eine Tragödie, zumal Zuckers Leidenschaft »Pool« heißt.

In diesem Jahr findet das Europäische Amateur-Pool-Turnier endlich in Berlin statt. Und Zucker ist fest entschlossen, den Meistertitel zu gewinnen. Die 200.000 DM hat er fest verplant. Genau genommen hat er sie schon investiert. Aber das geht niemanden etwas an. Außer die Dresdner Bank vielleicht. Wenn überhaupt. Diese Kapitalhaie sollen sich gefälligst um die »richtigen« Verbrecher kümmern, anstatt ihre Rechtsanwälte auf ihn zu hetzen. Warum muss sein Sohn THOMAS ausgerechnet für diese Bank arbeiten? Überhaupt: Der Gedanke an seinen Sohn ist alles andere als schön: CDU, Charlottenburger Wohnung, Mercedes S-Klasse, Single – aber das Schlimmste, das kann man ja niemandem erzählen – Jungfrau. Unvorstellbar! Der Junge ist 25 Jahre alt. In Berlin Mitte aufgewachsen. Ein gesunder, hübscher Mann. Ob er ihn endlich einmal mit zu einer Prostituierten nimmt? Zu einer von **seinen** Mädchen?...

Tja, das weiß keiner in seiner Familie. Ist ein echtes Geheimnis: Zucker besitzt ein kleines Puff in der Tucholskystraße. Vier Mädchen. Papiere sind alle okay. Muss man ja nicht an die große Glocke hängen. Aber was will man machen? Drei Jahre nach der Wende schloss sein Betrieb. 1200 Mark Arbeitslosengeld netto, damit kann man ja nicht mal sterben. Und dummerweise hatte Zucker vor drei Jahren die Idee, sein »Etablissement« in großem Stile sanieren zu wollen. Jetzt steht ein Riesenbaugerüst davor. Und das seit zwei Jahren. Thomas, sein Sohn, hatte auf ihn eingeredet, jetzt müsse er investieren, zahlt alles die Stadt, und vorerst könne die Bank das Geld vorstrecken. Von wegen. Die Stadt ist pleite, die Bank prozessiert gegen ihn und Thomas soll ihm nochmal unter die Augen treten! Aber lassen wir das!

Glücklicherweise gibt es da noch Zuckers Tochter, JANA 23. Sie ist nicht nur schön, sie weiß es auch. Und sie weiß, wie man daraus Kapital schlägt. Mit Qualität und Stil. In ihr haben sich wie durch ein Wunder alle guten Eigenschaften von Zucker und Marlene, ihrer Mutter, zusammengefunden. Sie hat nichts gelernt, kann aber alles. Sie hat nie Arbeit, aber immer einen Job. Sie telefoniert viel und hat immer Geld. Zucker erzählt ihr alles, fast alles. Er liebt es, wenn sie mit ihm durch den Kiez zieht.

Ja, und dann gibt es natürlich Marlene, seine Frau. Und das seit 30 Jahren. Oh Gott! Das muss wohl gefeiert werden. Aber wer soll das zahlen? 30 Jahre, ohne eine Scheidung, ziemlich untypisch für eine DDR-Ehe. Liegt wohl eher an Marlene. »Was man angefangen hat, muss man auch beenden.« Bis der Tod Euch scheidet. Liebe ist das nicht mehr. Aber Respekt. Und Dankbarkeit. Marlene bringt immerhin mehr Geld nach Hause als er. Peinlich. Aber besser als arm sein. Sie näht, ändert, reinigt Kleider in der Ladenwohnung, unten im Haus.

Tja, in Anbetracht all dieser Umstände kann es doch dieses Jahr nur Probleme geben. Was sich für Zucker in unserer Geschichte abspielt, spottet jeder Beschreibung. Aber war beim besten Willen nicht zu rechnen...

Die Geschichte

Alles beginnt an diesem schrecklichen Freitag. In aller Herrgottsfrühe, so gegen 10 Uhr, steht ein Mann im Anzug vor Zuckers Tür. Keine Frage, der Mann ist von der Bank. Und dieses Mal lässt er sich nicht abwimmeln. Zucker selbst ist in miserabler Verfassung. Verkatert, erkältet und ohne Kaffee. Kein Wunder, dass er pampig reagiert. Und als er im Verlauf der Diskussion den zweiten Herrn entdeckt, der sich diskret im Treppenhaus versteckt, gehen ihm die Pferde durch. Denn der zweite Banker ist sein Sohn Thomas. Zucker schlägt um sich, Marlene, seine Frau, brüllt ihn an, er sei doch Pazifist (Zucker: »Das war zu DDR-Zeiten!«)

aber Zucker sieht nur noch rot – insbesondere als Thomas einwirft, er frage sich sowieso, wofür dieser Kredit gedacht war ...

Mitten in diese Situation platzt der Postbote mit einem Telegramm. Zucker schickt auch »diesen Beamtenarsch« zum Teufel. Das Telegramm steckt er achtlos in die Pyjamajacke, der Pyjama landet in der Wäsche, die Zeit vergeht – mit schweren Folgen ...

In den folgenden Tagen wird deutlich, für welche Investition Zucker das Geld benötigt hat: Er hat seinen kleinen Puff neu eingerichtet. Von diesem Geheimnis weiß nur seine Tochter Jana. Sie allein kennt die Wahrheit um »Papas« finanzielles Desaster. Aber die beiden haben einen Plan: Zucker bereitet sich nämlich auf das in Berlin anstehende Pool-Turnier vor. Er will es gewinnen. Der erste Preis, »saubere 200 Mille«, sollen eine Überraschung für seine Frau werden, die – je länger er arbeitslos ist – immer weniger von ihm hält. Aber eigentlich braucht er das Preisgeld zur Rückzahlung des Kredits, die Bank ist mit ihrem Goodwill am Ende. Pfändung. Rechtsstreit. Noch mehr Schulden. Kurz: Kein Spaß.

Marlene findet das Telegramm, als sie den Pyjama waschen will. Aufgewühlt macht sie sich auf die Suche nach ihrem Mann. In seinem Billard-Club ist er nicht – und seine Kumpels trauen sich nicht zu verraten, wo Zucker steckt.

Marlene klappert weitere Orte ab, an denen sich ihr arbeitsloser Mann häufig aufhält: ein Hügel im Park, eine Imbissbude, eine Videothek. Sie erreicht Jana über deren Handy – Jana ahnt die Gefahr, sie schafft es, ihre Mutter nach Hause zu schicken. Doch auf dem Nachhauseweg sieht Marlene ihren Mann, wie er ein Haus betritt. Sie folgt ihm und... verliert ihn. Unschlüssig steht sie im Treppenflur. Eine von Zuckers Prostituierten, JEANETTE, kommt an Marlene vorüber. Als sie außer Sichtweite ist, hastet sie zu Zucker: Weißt du, wer unten steht? Deine Frau!

Zucker gibt ihr seine privaten Billardkugeln in die Hand und lässt sie damit die typischen Klickgeräusche machen. So kann er gerade noch verhindern, dass Marlene den Club betritt. Zum Glück nimmt sie ihm ab, dass er neuerdings in diesem Billardclub trainiert, ohne die Tische sehen zu wollen: der Sound stimmt.

Auf dem Heimweg studiert Zucker das Telegramm. Wie vom Donner gerührt bleibt er mitten auf der Oranienburgerstraße stehen: Seine Mutter, die mit seinem Bruder vor dem Mauerbau in die USA ausgewandert ist, lebt nicht mehr. Zuckers Bruder Samuel kündigt in dem Telegramm an, nach Berlin zu kommen – mit der toten Mutter, die in ihrer Heimaterde begraben werden will. Und das in weniger als 24 Stunden! Zucker soll die traditionelle jüdische Beerdigung in Berlin vorbereiten. Marlene will ihren Mann trösten, doch der ist außer sich – vor Wut auf seinen Bruder, mit dem er seit über 30 Jahren kein Wort mehr gesprochen hat.

Zucker sucht im Telefonbuch nach der jüdischen Gemeinde. Erst als er seiner Frau währenddessen vom jahrzehntealten Streit zwischen ihm, dem sozialistischen, atheistischen Teil der Familie und den abtrünnigen »Amis« erzählt, packt ihn die Trauer über den Tod seiner Mutter. Keine Chance mehr, sie für alles um Verzeihung zu bitten ...

Während einer eilig anberaumten Unterredung mit dem RABBI wird Zucker das ganze Ausmaß dessen bewusst, was ihn erwartet: Für die sieben Tage dauernde Totenwache (auf weniger lässt sich der Rabbi nicht ein) hat sein Haus koscher zu sein. Was zum Teufel bedeutet das?! Der Rabbi erwartet außerdem, dass Zucker seinen Bruder bei sich zu Hause aufnimmt. Zucker lehnt kategorisch ab. Der Rabbi soll ein koscheres Hotelzimmer besorgen.

Aber das größte Problem ergibt sich, als klar wird, dass der Beerdigungstermin genau auf das Finale des Billardturniers fällt.

Der Rabbi verspricht, sein Möglichstes zu tun, um einen Ersatztermin zu finden. Außerdem wird er dem Haushalt fähige Hilfe schicken, um ihn binnen der verbleibenden wenigen Stunden koscher zu machen.

Marlene ist nicht sonderlich begeistert darüber, in ihrem Haushalt die tote Schwiegermutter aufbahren zu müssen, aber wie soll man sich einem »letzten Wunsch« entziehen? Die alte, schwerhörige Mutter des Rabbi trifft ein. Gemeinsam mit Marlene beginnt sie in aller Ruhe, den Zucker-Haushalt koscher zu machen. Getrenntes Geschirr für Fleisch und Milch, eine Extra-Spüle muss herangeschafft werden. Leidenschaftlich und quälend präzise erläutert sie dabei die Hintergründe der jüdischen Bräuche. Marlene lauscht gebannt, Zucker jedoch verliert zusehends die Nerven.

Er flieht in seine Billardkneipe. Dort trifft er Jana, die mit einem Fotografen Modeaufnahmen bespricht. Zucker klagt ihr sein Leid. Jana steht auf dem Standpunkt, dass ihn die Sache nicht aus der Bahn werfen muss. Wenn man es richtig anstellt, kann man *alles* haben! Richtig geplant, kann Zucker Totenwache und Beerdigung hinter sich bringen und gleichzeitig das Billardturnier gewinnen. Zucker, der zwischen später Liebe zu seiner Mutter und dem Willen zum Sieg (nicht zuletzt auch seiner Geldnot) hin- und hergerissen ist, fasst neuen Mut.

Da taucht sein größter POOL-GEGNER in der Billardkneipe auf und fordert Zucker zu einem ganz inoffiziellen Match heraus. Zucker nimmt an.

Die beiden sind auf dem Höhepunkt ihres Spiels, als plötzlich Marlene in der Tür steht. Wo zum Teufel er denn bleibe, sie müssten dringend zum Flughafen. Zähneknirschend bricht Zucker das Match ab (verliert dadurch) und geht mit Marlene zum Auto – Zeit zum Umziehen bleibt ihm nicht.

Zuckers Sohn Thomas erwartet die beiden in seinem S-Klasse-Mercedes. Zucker steht kurz vor einem Ausbruch. Er fühlt sich hintergangen und verraten von seinem eigenen Sohn, der ihm noch den Gerichtsvollzieher auf den Hals hetzen würde, wenn er könnte. Thomas wirft ein, dass die Bank das tatsächlich tun wird, wenn Zucker seine Raten nicht zahlt. Marlene verhindert Tätlichkeiten, schweigend sitzen die beiden im Wagen.

Der Flug aus L.A. hat Verspätung. Der von der jüdischen Gemeinde geschickte Leichenwagen ist pünktlich an Ort und Stelle. Zucker erklärt sich nur zur allernotwendigsten Höflichkeit seinem Bruder gegenüber bereit. Doch aus dem Flugzeug steigt zu seinem Entsetzen nicht nur SAMUEL ZUCKERMAN, der übrigens recht schlank für sein Alter ist, sondern auch seine fettleibige Frau MARILYN, sein Sohn JOSHUA, ein orthodoxer Talmud-Student, seine hübsche Tochter LILLY und der Nachzügler BENJAMIN, ein Muttersöhnchen.

Zucker ist fassungslos. Was fällt seinem Bruder eigentlich ein, mit seiner ganzen »Sippschaft« hier anzurücken! Marlene versucht den Zuckermans, die alle mehr oder weniger gebrochen Deutsch reden, freundlich zu begegnen. Sie nimmt ein Taxi, in das die Eltern und Benjamin mit einsteigen. Josua und Lilly steigen zu Thomas und Zucker in den Mercedes.

Marlene – die von den amerikanischen Gästen natürlich für eine Jüdin gehalten wird – bekommt ziemlich schnell heraus, dass die Zuckermans nicht im Traum mit Hotelausgaben gerechnet haben – völlig selbstverständlich, dass man bei seinen Verwandten wohnt, Gastfreundschaft geht im Judentum schließlich über alles. Kurzentschlossen dirigiert sie das Taxi um. Thomas wendet und folgt dem Taxi nach Berlin-Mitte – zum Haus, in dem die Zuckers ihre geräumige Mietwohnung haben.

Als Marlene ihrem Mann klarmacht, dass die Zuckermans bei ihnen einziehen werden, kann der – angesichts seiner amerikanischen Gäste – einen Wutausbruch nicht mehr unterdrücken. In der Küche faucht er seine Frau mit heiserer Stimme an, dass er unter diesen Umständen zu seiner Tochter ziehen wird, dreht sich um und geht.

Marlene lächelt tapfer und weist ihren Gästen die Zimmer zu. Joshua untersucht die Wohnung genau und beschwert sich – für Marlene deutlich hörbar – bei seinem Vater darüber, dass es hier nicht koscher genug ist. Zuckerman kann ihn nur mit Mühe beruhigen.

Die Gemeindemitglieder, die die tote Mutter in der Wohnung aufbahren, haben eine Einladung für Zucker und seinen Bruder dabei. Der Rabbi möchte ihnen einen Brief ihrer toten Mutter verlesen. Marlene spricht ihrem Mann den Termin auf den Anrufbeantworter ihrer Tochter.

Marilyn hat einen ungeheuren Appetit: Es lässt sich nicht verbergen, dass sie fresssüchtig ist. Gemeinsam mit Marlene schafft sie Unmengen an koscherem Essen herbei. Dabei kommen die beiden Frauen sich näher. Marlene gesteht ihrer Schwägerin, dass sie keine Jüdin ist.

Als Marilyn das ganz offen am Essenstisch weitererzählt, bekommt der orthodoxe Joshua einen Schock. Die weltoffene Lilly zieht ihn damit auf, und Joshua verlässt den Tisch. Keiner weiß, wo er steckt, bis Sam Zuckerman mit Marlene zum Rabbi fährt, wo der Brief der Mutter verlesen werden soll. Hier findet sich

Joshua, er und der Rabbi sind in ein aufgeregtes religiöses Gespräch vertieft. Thema: Mischehen.

Zucker lässt auf sich warten. Genauer gesagt: Er kommt nicht.

Schließlich meint Marlene, sie könne sich denken, wo er steckt. Der Rabbi und das Ehepaar Zuckerman folgen ihr in die Billardkneipe. Kein Zucker. Marlene geht davon aus, dass ihr Mann in seinem »neuen« Billardclub zu finden sein wird. Die Gruppe macht sich auf und betritt – Zuckers Puff.

Zucker sitzt dort gerade auf einem Plüschsofa und telefoniert erregt mit der Bank. Marlene scheuert ihm eine. Zuckerman bekommt einen Lachanfall – und daraufhin von Marilyn eine gescheuert. Der Rabbi sieht sich interessiert um. Zucker tritt die Flucht nach vorn an und gesteht, dass er als Freier hier ist...

Der Brief wird im Auto des Rabbi verlesen. Mutter Zuckermann möchte, dass sich die beiden Streithähne wieder versöhnen – die Totenwache soll sie zusammenführen. Der Rabbi soll überwachen, ob die jüdischen Rituale eingehalten werden. Ist das der Fall, erwartet die beiden Brüder ein überraschendes Erbe: Ihre Mutter besitzt ein größeres Aktienpaket, von dem niemand wusste.

Angesichts des verlockenden Erbes (das ihn mit seinem Puff sanieren würde) erklärt sich Zucker zu allem bereit. Die sieben Tage wird er schon durchstehen. Nur dass sich kein Ersatztermin für die Beerdigung gefunden hat, schmerzt ihn tief. Das Turnier kann er vergessen.

Jana macht sich für eine Techno-Nacht fertig. Ihr gegenüber ist sich Zucker nicht mehr so sicher, ob er wirklich auf das Turnier verzichten will. Jana rückt nun mit ihrer ehrlichen Meinung raus: An einen Sieg ihres Vaters hat sie nie so recht glauben mögen. Das Erbe jedenfalls ist ihm sicher, wenn er sich an die Regeln der Totenwache hält. Niemand verlangt von ihm, mit seinem Bruder zu reden. Zucker stimmt ihr zögernd zu.

Totenwache. Erster Tag. Alle bis auf Jana sind anwesend. Schweigen. Als Thomas aufsteht, um in der Küche einen Tee zu machen, folgt Lilly ihm.

Zuckerman beginnt von seiner Mutter zu erzählen. Die Jahre in Amerika. Ihre Sehnsucht nach Berlin. Ihre Trauer über die heillos verkrachten Söhne. Zucker schweigt verstockt.

Lilly und Thomas sind in der Küche ins Gespräch geraten. Lilly ist angeekelt von den Männern. Beziehungen, Affären ... Am Ende nimmt man nur ein gebrochenes Herz mit nach Hause. Nach vierundvierzig Männern ist endgültig Schluss. Jetzt ist Zölibat angesagt. Und Karriere oder sowas ... Thomas kann nicht mitreden. Er hatte noch keine Beziehung. Lilly erfährt zu ihrer Verblüffung, dass Thomas noch Jungfrau ist.

Zweiter Tag. Marlene erzählt Marilyn von ihrer Leidenschaft: Training im Fitness-Studio. Sie überredet Marilyn, doch einmal mitzukommen und zuzusehen.

Zucker wehrt derweil mit äußerster Mühe den GERICHTSVOLLZIEHER ab, der vor seiner Tür steht. Mit dem Hinweis auf das anstehende Erbe (er zeigt dem Mann kurz die aufgebahrte Tote) kann er ihn vertrösten.

Dritter Tag. Marilyn trainiert auf dem Stepper und liefert sich mit Marlene lachend ein Wettrennen.

Die beiden Brüder sitzen allein bei der Aufgebahrten. Der Rabbi kommt kurz vorbei. Angeblich zufällig, aber alle Beteiligten wissen, dass er täglich mehrmals zu Kontrollbesuchen zu erscheinen hat. (Falls die Rituale von den Brüdern *nicht* eingehalten werden, fließt das Erbe an seine Gemeinde ...)

Zucker hält sein Schweigen nicht länger aus. Er lamentiert über seinen Sohn, der ihm finanziell in den Rücken fällt und ihn den Bank-Haien ausliefert – den eigenen Vater! Beide kommen ins Gespräch und stellen erstaunt fest, dass ihre beiden Söhne noch mit keiner Frau geschlafen haben.

Zucker zieht wieder zu Hause bei sich ein.

Vierter Tag. Vorentscheidungen beim Billardturnier. Zucker erzählt seinem Bruder davon. Der gibt ihm frei und verspricht, dem Rabbi nichts zu verraten. Als Joshua erscheint und nach Zucker fragt, deckt sein Bruder ihn.

Zucker gewinnt die Vorausscheidung. Jana und ihr DEEJAY gratulieren ihm. Zucker nimmt ihnen das Versprechen ab, niemandem davon zu erzählen. Jana erinnert ihren Vater daran, dass er nicht zu den Endausscheidungen gehen kann – zur gleichen Zeit wird seine Mutter beerdigt. Zucker hofft auf ein Wunder...

Fünfter Tag. Zucker fällt immer mehr in sich zusammen. Das Turnier, das er zu verpassen droht, treibt ihm die Tränen in die Augen. Der Rabbi zeigt sich sehr zufrieden mit dem Pflichtgefühl der beiden Brüder.

Jana platzt herein. Sie merkt, was in ihrem Vater vorgeht, und holt ihn in die Küche. Er soll mit seinem Bruder sprechen. Nur mit seiner Mithilfe ist – wenn überhaupt – die Beerdigung zu verschieben. Zucker zögert.

Später am Tag sind die Brüder wieder einmal allein. Als Zucker sich endlich ein Herz gefasst hat, beginnt sein Bruder mit einer ganz anderen Art von Beichte. Er bewundert Zucker dafür, dass er so offen dazu steht, ins Bordell zu gehen. Er lässt durchblicken, dass mit seiner stetig fetter werdenden Frau im Bett immer weniger passiert. Zucker sieht seine Chance, sich seinen Bruder geneigt zu machen. Ohne ihn direkt darauf anzusprechen, brieft er ihn für einen kurzen Besuch in seinem Puff – ohne natürlich auch zu erwähnen, dass er der Puffbesitzer ist. Zuckerman hört aufmerksam zu.

Später am Tag ist Zucker in seinem Puff und sieht immer wieder aus dem Fenster. Sein Bruder ist zu einem Spaziergang im Kiez aufgebrochen und hatte sich Geld aus der Tasche seiner Frau genommen.

Tatsächlich steuert Zuckerman den Puff an, kehrt unentschlossen wieder um, nimmt sich dann ein Herz und betritt das Bordell. Zucker hat Jeanette auf seinen Bruder angesetzt, sie soll ihn bevorzugt gut behandeln.

Doch Zuckerman kann nicht. Jeanette versucht ihr Bestes und verlässt schließlich kurz das Zimmer, um sich bei ihrem Chef zu beschweren. Zuckerman ist ihr gefolgt. Als er Zucker sieht und erfährt, dass er den Puff führt, fühlt er sich übel verraten und geht ohne ein Wort.

Am siebten Tag sitzen alle wieder schweigend im Totenzimmer. Der Rabbi kommt und entschuldigt sich noch einmal dafür, dass kein anderer Termin für die Beerdigung möglich war. Als er gegangen ist, fragt Marilyn, was Zucker an diesem Tag denn vorhatte. Zucker schüttelt trotzig den Kopf: Unwichtig. Er geht an diesem Tag früh zu Bett.

Als er sich am nächsten Tag gerade fertig für die Beerdigung angezogen hat, eilt Jana in sein Zimmer und zieht ihn zum Wagen ihres Deejays. Ungeachtet seiner Proteste schafft sie ihn zum Turnier. Sie hat mit dem Ausrichter gesprochen und Zuckers nächstes Match vorverlegen lassen. Er kann es vor der Beerdigung schaffen.

Doch das Match zieht sich. Es gibt ein zusätzliches Entscheidungsspiel. Jana wählt auf ihrem Handy die Nummer von Thomas. Der sorgt gemeinsam mit Lilly dafür, dass sich die Beerdigung verzögert.

Zucker glaubt, die Beerdigung verpasst zu haben. Jana ist nervös: die Zeit läuft ab. Da spielt Zucker ein Foul – vor Wut aus sich, aus Frust über die Welt. Jana nimmt ihn beim Kragen und zerrt ihn in den Wagen. Sie rasen zur Synagoge.

Thomas und Lilly haben den Rabbi hinhalten können, Zucker trifft rechtzeitig ein. Nur Joshua ist nicht eingeweiht.

Anschließend wird Zucker in aller Eile wieder zum Turnier geschafft. Er kann noch den zweiten Platz erringen. Der Schiedsrichter will ihn gerade streichen – kampflose Aufgabe – da stürzt Zucker zum Billardtisch.

Er gewinnt gegen seinen größten Gegner, und als man ihm die Medaille umhängt, ist die gesamte Familie im Saal. Der Rabbi hat sogar Joshua überreden können mitzukommen. Er erklärt dem Talmudstudenten, er könne sich vorstellen, dass Joshua sein Nachfolger wird...

Bei der anschließenden Feier im Haus Zucker verkündet Thomas eine schlechte Nachricht. Die Aktien der Mutter Zucker sind kaum noch etwas wert. Zucker zeigt sich großherzig und teilt sein Preisgeld mit den Zuckermans. (Sein Anteil reicht aus, um die Bank zufriedenzustellen.)

Am Flughafen stellt sich heraus, dass Thomas keine Jungfrau mehr ist. Offenbar hat sich da etwas zwischen ihm und Lilly ergeben. Als Joshua verkündet, er würde am liebsten in Berlin bleiben, lässt sich Thomas sein Ticket geben. Er will mit Lilly fliegen.

Zucker und sein Bruder gehen als Freunde auseinander. Auch Marlene und Marilyn (die im Fitness-Studio ein ganz neues Körpergefühl gewonnen hat) machen ein baldiges Wiedersehen aus...

Statement Dani Levy

Die Idee vor der Idee

Als ich in meinem Computer nach ersten Texten von *Alles auf Zucker!* wühlte, stieß ich auf ein Exposee vom Jahre 1996. Das mag den geneigten Leser nicht weiter erstaunen, zumal sich das Exposee so liest, als wäre es ein legitimer und deutlicher Vorläufer des fertigen Films. Ist es auch. Nein, was mich verblüffte, war die Chronologie.

Alles auf Zucker! habe ich 2004 gedreht. Das Werk gilt in meiner Erinnerung nicht als langwierig und mühsam entwickeltes Projekt. Zugegeben, es gab eine Menge Absagen von diversen Fernsehanstalten und eine Menge Zögern, bis wir endlich drehen konnten, trotzdem war mir nicht klar, dass die ersten Ideen schon acht Jahre vor der Verwirklichung existierten. Und nicht nur das: 1996 war ich mitten in den Vorbereitungen zu unserem New York Thriller *Meschugge*, den wir 1997 gedreht und 1998 in die Kinos brachten. Ich hätte wetten können, die ersten Ideen zu *Zucker* stammten von 1999 oder sogar 2000.

Warum ist das für mich von Bedeutung? Es wird mir in diesen Momenten immer wieder bewusst, wie unlinear, launisch und sprunghaft die Entwicklung von Ideen verläuft. Wie polygam (Sie entschuldigen dieses sexuelle Wort in Bezug auf Stoffentwicklung) die menschliche Fantasie ist. Während ich mit all meiner Kraft auf der *Meschugge*-Baustelle turne, um Finanzierung und neue Fassungen kämpfe, schreibe ich parallel eine Idee runter, die von der Grundhaltung her völlig verschieden ist. Hier der ernste, suspense-getriebene Psychothriller, der sich mit den Spätfolgen des Dritten Reiches beschäftigt – und dort die humoristische Abhandlung einer komplexen jüdischen Familie.

Natürlich ist es allgemein bekannt, dass Ideen in eigenartigen Momenten geboren werden können, vielleicht sogar fast als Reaktion auf die Qualen und die Ungeduld mit den aktuellen Projekten. Möglicherweise ist die Idee zu *Alles auf Zucker!* aus der schieren Sehnsucht entstanden, dem erdenschweren und langwierigen Projekt *Meschugge* eine leichte, heitere, schnell zu realisierende Idee entgegenzustellen. Jedenfalls fällt dieses erste Exposee zu *Zucker* mitten in meine »dramatische« Schaffenszeit – also die Zeit zwischen 1994 und 2002, in der ich die drei tragischen Filme *Stille Nacht*, *Meschugge* und *Väter* gedreht habe.

Es erstaunt mich in diesem Zusammenhang immer wieder, wie lange Ideen und erste Funken von Ideen in einem wohnen, in einem schlummern, bis sie sich in einer Art Exposee oder Drehbuch manifestieren. Entsprechend könnte ich auch nicht mehr datieren, wann die ersten Ideen zu *Zucker* wirklich in mir entstanden – definitiv noch wesentlich früher als dieses Papier von 1996. Wie lange also läuft man mit einem Projekt bewusst oder unbewusst schwanger, bevor man es realisiert? Und wie viele solcher Ideen und Ideensplitter wohnen und gedeihen in einem System, vielleicht ohne es zu merken? Eines Tages jedoch, überraschend und manchmal überwältigend, brechen sich solche Ideensplitter ihren Weg nach draußen und ein Ideenpapier entsteht. Verwundert stehe ich dann davor – »Woher kommt das denn?« Was ich damit sagen will, ist, dass es eine Zeit vor der sogenannten ersten Idee gibt – eine Zeit unbekannten Ausmaßes, während der man Gefühle, Eindrücke, Beobachtungen, Erfahrung und Lebenszeit zu bestimmten Themen sammelt. Als Information, als kleine Geschichte, aber auch als Position. Wie stark ist *Mein Führer* entstanden aus dem Gefühl, die sogenannte Aufarbeitung des Nationalsozialismus aufzumischen, ihr neue Ideen, einen anderen Blick zu geben! Die vielen NS-Filme im Kino und im Fernsehen, aber auch das Reifen meiner eigenen biografischen Geschichte, mein Leben als Jude in Deutschland, die Fluchtgeschichte meiner Mutter – all das entwickelte sich zu einem Impuls und eines Tages schrieb ich ein erstes Papier zu *Mein Führer*. Ich sage manchmal: Die Idee ist absolut. Ich bin immer wieder von Neuem erstaunt, wie viel Kraft eine Idee hat. Eine von mir entwickelte Idee bewegt irgendwann plötzlich viele Menschen, die daran arbeiten, viele Journalisten, die darüber schreiben und Zuschauer, die darüber sprechen. Das ist im Film so, aber natürlich nicht nur. Menschen haben Ideen für politische Veränderungen, für Initiativen und Aktionen in der Dritten Welt. Irgendwo entsprungene Ideen entwickeln einen großen Radius. Diese Gedanken beschäftigen mich immer wieder. Kraftspendend und gleichzeitig peinigend. Weil umgekehrt auch jeder Furz aufwendig realisiert werden kann. Auch das passiert – leider ziemlich häufig. Das Schwierige ist es also, den Furz von der wertvollen Idee zu trennen, heiße Luft vom relevanten Impuls zu unterscheiden.

4. Das Treatment

Nach dem Exposee kommt das Treatment, es ist die erweiterte Form des Stoffes. Hier lassen sich im Wesentlichen zwei verschiedene Formen unterscheiden: das Treatment als Prosatext und das Bildertreatment. Beide erzählen die Handlung in durchgehender Form, das zweite teilt sie jedoch zusätzlich in einzelne Szenen ein, die fast immer, wie beim Drehbuch, schon eine richtige Szenennummer und Motivzeile erhalten.

Ein **Treatment** beinhaltet folgende Elemente:
- Der Verlauf der Handlung wird deutlich. Die einzelnen Hindernisse und die entscheidenden Wendepunkte treten erkennbar zutage. Neben dem definitiven Anfangspunkt der Geschichte, dem *Point of attack* erkennt man auch das Ende. Vor allem aber wird anhand des Plot-Verlaufs deutlich, ob die Geschichte spannend und unterhaltsam ist. Ob die Spannungskurve auch Ruhemomente für den Leser beinhaltet und ob die Geschichte unabwendbar auf das gewählte Ende zu läuft, erschließt sich auch.
- Bei einem Bildertreatment (vgl. *Neues vom Wixxer*, S. 46ff.) sind die exakten Handlungspunkte deutlicher zu erkennen. Die Einteilung in Szenen erlaubt klare Rückschlüsse auf die Informationsvergabe, die entscheidend für den Aufbau und die dramatische Wirkung der Geschichte ist. Wer weiß was zu welchem Zeitpunkt? Welche Informationen haben die Figuren, welche der Leser und desgleichen später der Zuschauer? Damit wird zumindest über längere Strecken deutlich (und nicht unbedingt zwingend in den einzelnen Szenen), welche Art von Suspense (wenn der Zuschauer mehr weiß als die Figuren) oder dramatischer Ironie (auch hier weiß der Zuschauer in den meisten Fällen mehr als die Figuren) der Autor nutzt oder ob er die Geschichte als Geheimnis (die Figuren wissen mehr als der Leser/Zuschauer) erzählt.
- Die Nebenhandlungen mit ihren Wendepunkten, dem Beginn, ihrem Ende und den Beteiligten sind klar identifizierbar. Die Verknüpfungen mit dem *Mainplot* treten klar hervor und ergeben sich logisch.
- Die Hauptfigur und ihre Wandlung sind nachvollziehbar und plausibel motiviert. Die Haltungen der Figuren sollten verständlich sein und sich aus der Handlung organisch ergeben. Die Gefühle sollten dem Leser ebenfalls offenbar werden, andernfalls werden die Figuren niemals überzeugen. Es ist gut, wenn die Figuren schon im Treatment greifbar und rund wirken, wenngleich sie erst im Drehbuch tatsächlich zum Leben erweckt werden

können. Ebenfalls schon im Treatment sollte definitiv erkennbar sein, dass der Antagonist als Gegenspieler ernstzunehmend ist und nicht nur als Stereotype dargestellt wird. Ein Plot ist so spannend und überzeugend wie der Gegenspieler des Protagonisten.

- Die Nebenfiguren spielen im Treatment eine stärkere Rolle als im Exposee. Sie sind erkennbar und ihre Funktionen deutlich ausdifferenziert. Ihre Konstellation untereinander und vor allem zu den Hauptfiguren sollte ebenfalls offensichtlich sein, außerdem plausibel, organisch und keinesfalls konstruiert. Die Konflikte, die aus dieser Konstellation entstehen, sind auch im Treatment abzubilden.

- Das Thema der Geschichte ist nun klar verständlich. Es sollte sich in verschiedenen Facetten in der Geschichte wiederfinden oder zumindest sollten die Anlagen für eine Fortentwicklung in einem späteren Textstadium bestehen.

- Die Tonalität der Geschichte wird im Treatment noch deutlicher als im Exposee. Auch wenn eigentlich immer noch auf Dialog verzichtet werden sollte, gibt es dennoch die Möglichkeit, mit wenigen Dialogsätzen einen bestimmten, für den Stoff relevanten Witz zu erzeugen. Grundsätzlich muss man hier klar erkennen, in welcher Gewichtung u.a. Humor, Leichtigkeit, Drama und Spannung zueinander stehen.

- Das Treatment zeigt, auf welchem Weg Sie sich der Geschichte nähern. Haben Sie eine der Urgeschichten der Menschheit gewählt, wie etwa »Mann liebt Frau« oder die Rivalität zwischen Vater und Sohn, so sollte spätestens hier erkennbar sein, dass Sie diesen Plot auf neue, originelle und wenn nicht das, dann aber auf jeden Fall in spannender und interessanter Weise erzählen. Das Treatment ist in diesem Sinne viel dramatisierter als jede vorangehende Textstufe.

Beispiel *Neues vom Wixxer*

Hier folgt ein etwas ungewöhnliches Beispiel für ein Bildertreatment, das sicherlich eine Sonderstellung für die Ausführlichkeit eines Treatments markiert. Während die Szeneneinteilungen stellenweise vorläufig sind, kommen andere Angaben äußerst detailliert und sehr genau daher – insgesamt sehr ungewöhnlich für ein Treatment. Normalerweise werden auf Angaben zum Schnitt oder zu Einstellung, zum Cast, zu Schauplätzen und auch auf Dialoge verzichtet – *Neues vom Wixxer* beinhaltet jedoch all das.

Dies liegt in der Natur des Stoffes begründet: *Der Wixxer* und der zweite Teil des erfolgreichen Kinofilms sind Parodien, deren Witz vornehmlich auf Kenntnis des Originalmaterials beruht. Die genaue Handlung spielt in diesem Fall eine geringere Rolle als bei anderen Stoffen. Dafür zeigen einzelne Dialogmomente oder sogar die Einblendung des Werbebreaks deutlich die Art des Humors. Die genauen Angaben zu den Schauspielern liegen ebenfalls in der Natur des Stoffes begründet: Durch die Besetzung lassen sich komische Effekte erzielen und da es sich hier um einen zweiten Teil handelt, sind einige Rollen vom ersten Teil noch festgeschrieben.

Der Film gewann den Jupiter 2008 (Bester Film Deutschland) und den DVD Champion 2007.

Autoren: Oliver Kalkofe, Oliver Welke, Bastian Pastewka
Produzenten: Christian Becker, Anita Schneider
Produktionsfirma: Rat Pack Filmproduktion GmbH

Neues vom Wixxer – Treatment

Charaktere

Figur	**Casting (-Vorschlag)**
1. Even Longer, Chief Inspector	Oliver Kalkofe
2. Very Long, Inspector	Bastian Pastewka
3. Dieter Dubinsky	Olli Dittrich
4. Sir John, Chef von Scotland Yard	Wolfgang Völz
5. Alfons Hatler	Christoph Maria Herbst
6. Dr. Brinkmann, Gerichtsmediziner	Oliver Welke
7. Sir David, Duke of Dickham (Herzog)	Jürgen Thormann? Claus Biederstaedt?
8. Victoria Dickham, seine Tochter	???
9. Lady Dolly Dickham, ihre Stiefmutter	Anke Engelke?
10. Schwester Lucipha, Mutter Oberin	Judy Winter?
11. Schwester Stefanie, buckelige Nonne	Hella von Sinnen?
12. Chucky Norris, wahnsinniger Mörder	Lars Rudolph
13. Fred Fartwind (alias Flimmer-Fred)	Dieter Thomas Heck?
14. Cäsar Cicero Catch, Lateinlehrer	???
15. Rather Short	Thomas Heinze
16. Michael K. Night, Bademeister	David Hasselhoff?
17. Cookie Dent (alias Frau Fartwind)	Joy Fleming?
18. Der scharfe Eddie, Informant	Joachim Król?

19. Tante Ethel	?
20. Rolf Engelbert-Humperdinck	Rolf Seelmann-Eggebert
21. Butler Hudson	Herbert Fux?
22. Zellenwärter	Achim Mentzel

sowie drei Kampf-Nonnen, Bodyguards, Türsteher, Mönche, Bobbys und diverse Überraschungsgäste

Schauplätze

- Sir Johns Büro, Scotland Yard
- Kloster Sankt Vokuhila (diverse Räume)
- Bates Hospital, Irrenanstalt (diverse Räume)
- Nachtclub »Zum flotten Flötenschlumpf«
- Haus des Herzogs von Dickham
- Friedhof
- Gerichtsmedizin
- Moor
- Fimosa-Fun-Bad (Hallenbad)
- Reihenhaus-Wohnung von C.C. Catch

1. Friedhof, Nacht

Ein unheimlicher Friedhof in London (England). Vollmond. Natürlich Nebel. Die Kirchturmuhr schlägt Mitternacht. Hinter einem vermoderten Grabstein wartet **der scharfe Eddie** (Joachim Król? oder ein anderer seriöser sehr bekannter Schauspieler), ein zwielichtiger Kleinkrimineller, der von Zeit zu Zeit Scotland Yard mit Informationen aus der Unterwelt versorgt. Nervös zündet er sich eine Zigarette an und schaut ängstlich um sich. Plötzlich hört er ein Knacken – ist da jemand? Von hinten nähert sich ihm unbemerkt eine Gestalt – wir sehen aus ihrer Subjektiven, wie sie sich rücklings an ihn heranschleicht. Der scharfe Eddie bemerkt nichts. Die Hände des Unbekannten halten ein gemustertes Tuch, welches sie langsam zu einem Strick drehen (siehe die berühmten Halstuchmorde in *Das indische Tuch*). Ganz kurz bevor der Unbekannte Eddie erreicht, dreht dieser sich um und erschrickt!

Der Unbekannte reißt das Tuch an seine Nase und schnaubt kräftig hinein – nicht ohne dabei auch Eddie direkt vollzurotzen. Es ist niemand anderes als **Chief Inspector Even Longer** (Oliver Kalkofe). Er und sein Kollege **Inspector Very Long** (Bastian Pastewka) beschweren sich darüber, zu so einer Zeit bei solch einer verdammten Kälte von ihm an diesen furchtbaren Ort bestellt zu werden. Eddie sagt beiden, er hätte wichtige Informationen für sie. (Even kennt ihn bereits seit jener Zeit, als er den Puff mit dem Rätselschloss ausgehoben hat, damals arbeitete Eddie noch für den Fickerigen von Soho.)

Es geht um den Wixxer – jenen furchtbaren Superschurken, der in seinem grässlichen Kostüm London seit Jahren in Angst und Schrecken versetzt, und der den Inspektoren ja bekanntlich im ersten Teil ganz am Ende doch noch durch die Lappen ging.

Long und Longer sollen natürlich für diese Infos bezahlen – nur leider hat Even nicht viel Bargeld dabei. Zum Glück nimmt Eddie aber auch EC-Karten, holt kurz ein Lesegerät aus dem Mantel, Long zieht seine Karte durch, gibt den Geheim-Pin ein, bestätigt zweimal und bekommt eine Quittung. Endlich – Eddie ist bereit, zu reden. Er hat für die Ermittler eine schier unglaubliche Information: der Wixxer ist niemand anderes als Longers alter Kollege und Freund Rather Short!!!

Betretene Stille. Longer ist sauer, schließlich wissen sie das schon lange, sogar die Zeitungen waren voll davon. Zum Beweis holt er eine *Times* aus der Tasche, mit einem großen Foto vom enttarnten Rather Short als Wixxer vorne drauf. Gut, aber Eddie weiß noch mehr. Short hat die Schüsse, die Long und Longer einst auf ihn abfeuerten, überlebt (mögliche Flash-Rückblende zum Showdown des ersten *Wixxer*-Teils).

Longer wird noch saurer, denn auch das ist ihm bekannt, schließlich ist der Wixxer schon lange wieder aktiv! Er packt Eddie am Kragen und fordert ihn auf, sofort eine wirklich gute Information auszuspucken, sonst sähe es übel für ihn aus. Okay – Eddie hat noch einen auf der Pfanne: Er weiß, <u>wo</u> Rather Short sich im Moment aufhält! Short ist nämlich... Eddie zuckt. Wir sehen, dass ein Pfeil in seinem Rücken steckt – Long und Longer allerdings bemerken dies nicht. Im Gegenteil, sie wundern sich, warum Eddie auf einmal so undeutlich spricht und sich so seltsam verhält. Zwei weitere Pfeile landen in seinem Rücken, Blut fließt aus Eddies Mundwinkel, den der zuvorkommende Long ihm sogar freundlicherweise mit dem Taschentuch abwischt.

Dann aber fällt Eddie vornüber und ist tot – und nun verstehen auch unsere beiden Top Ermittler endlich, was passiert ist. Wo kamen die Pfeile her? Long schaut gen Himmel, Longer zieht seine Waffe und blickt um sich – und entdeckt in einiger Entfernung... den **Wixxer**, bewaffnet mit Pfeil und Bogen! Der Wixxer flieht, Long und Longer nehmen sofort die Verfolgung auf.

Es folgt eine spannende und actionreiche Jagd über den Friedhof. Der Wixxer lässt Pfeil und Bogen fallen und schießt mit seiner Pistole auf Longer, der vor einer Wand mit einigen Dutzend Urnen steht, wobei er verfehlt wird. Allerdings gehen mehrere Urnen zu Bruch und stauben ihn von oben bis unten ein. Während der wilden Jagd verlieren Long und Longer den Wixxer aus den Augen und jagen getrennt weiter.

An einem Grab steht eine Frau mit dem Rücken zu Long, er tippt ihr auf die

Schulter und fragt sie, ob sie zufällig einen alten hässlichen Knochenkopp mit Haaren dran gesehen hätte – sie dreht sich um und wir erkennen: Sie ist ein alter hässlicher Knochenkopp mit Haaren dran! Long entschuldigt sich und läuft peinlich berührt weiter.

An einem anderen Grab, wo Even Longer kurz innehält und sich umschaut, kommt plötzlich eine bleiche Hand aus der Erde und schließt sich um seinen Knöchel. Wir lesen auf dem Grabstein den Namen Karl Zombie. Longer tritt genervt die Hand zurück ins Erdreich und läuft weiter.

Der tölpelhafte Long hingegen wird am Schuppen des Friedhofswärters aufgehalten, wo er versehentlich gegen ein paar Geräte rennt, diverse Gegenstände umschmeißt und in bester Slapstick-Manier beim Versuch einer Wiederherstellung der Ordnung immer mehr Chaos verursacht.

Longer gelingt es schließlich, den Wixxer einzuholen und sich auf ihn zu stürzen. Es kommt zu einem kurzen Kampf, in dem Even seinen Ex-Kollegen Short auffordert, endlich die alberne Maske abzunehmen, da sowieso jeder seine Identität kennt. Der Wixxer antwortet nicht, sondern greift zu einer Schaufel und haut ihm diese ins Gesicht. Longer bricht zusammen, der Wixxer flieht endgültig.

Während Even versucht, sich mühsam wieder aufzurappeln, kommt endlich auch Long hinzu. Longer ist wütend, dass ihm Rather Short schon wieder entwischt ist. Very Long allerdings schaut in ein offenes Grab und sagt:»Chief Inspector – ich glaube diesmal irren Sie sich!« Longer kommt zu ihm und liest den Grabstein:»Hier ruht Rather Short. Frisch verstorben.« Beide schauen in die offene Grube und sehen dort mit eigenen Augen und diesmal wirklich ohne jeden Zweifel: die Leiche von **Rather Short** (Thomas Heinze)!!!

Longer ist geschockt – wer steckt dann hinter der Maske des Wixxers? Doch nicht genug der Überraschung: Long entdeckt neben der letzten Ruhestätte von Rather Short noch sechs weitere leere, frisch ausgehobene Gräber mit bereits aufgestellten Grabsteinen. Während Very Long sich noch darüber wundert, für wen der Wixxer sie wohl aufgestellt haben mag, macht Even eine furchtbare Entdeckung. Er winkt Very zu sich und liest die Inschrift des letzten Steins:»Hier ruht VERY LONG!« Long und Longer schauen sich entsetzt an!

Schüsse – blutrote Schrift – Stimme:

»Hallo – hier spricht Edgar Wallace sein Nachbar!!!«

2. Vorspann

Ähnlich wie in Teil 1: Ein wunderschön produzierter Vorspann, optisch an Wallace bis Bond erinnernd, stellt uns den Cast vor und erzählt nebenbei auf witzige und optisch faszinierende Weise die wichtigsten Handlungselemente (wie z.B.: Short war der Wixxer, jetzt ist er tot, wer ist jetzt der Wixxer, was soll die Todesliste mit den sieben offenen Gräbern, Scotland Yard rätselt, etc.)

3. Büro von Sir John, Scotland Yard, Tag

Long und Longer sitzen im Büro von **Sir John** (Wolfgang Völz), dem Chef von Scotland Yard. Hinter jedem Fenster sehen wir Big Ben. Gemeinsam lassen sie das Erlebte Revue passieren.

An einer Wand steht ein Flip-Chart mit einer Grafik, auf dem nebeneinander die Namen der sieben potentiellen Opfer von den Grabsteinen auf dem Friedhof stehen. Unter zweien von ihnen befindet sich bereits ein Foto der betroffenen Person (nämlich bei Inspector Very Long und Miss Victoria Dickham), ebenso unter dem Namen Rather Short, das Bild durchgekreuzt. Unter den vier übrigen ist bislang jeweils nur ein Fragezeichen, da der Name noch keiner bekannten Person zugeordnet werden konnte.

Very Long ist sichtlich nervös, seit er von seiner Erwähnung auf der Todesliste weiß, versucht dies aber durch aufgesetzte Coolness zu überspielen. Er hat seit seiner ersten Begegnung mit dem Wixxer in Teil 1 eine Menge dazugelernt, er ist kein komplettes Greenhorn mehr. Seine unsichere Art ist allerdings geblieben, doch nur allzu gern wäre er genauso lässig und tough sein wie sein Vorgesetzter, der Chief Inspector.

Auch dieser hat sich seit dem letzten Abenteuer ein wenig verändert: Nicht dass er inzwischen wirklich gepflegt und freundlich wäre – aber ein wenig scheint er sich schon Mühe zu geben. Er lächelt bisweilen, das Haar ist wenn auch nicht wirklich gekämmt, so doch zumindest gewaschen, ebenso seine Kleidung. Und wie Sir John nebenbei bemerkt riecht er sogar »nach Blümchen« – was auf die Benutzung eines After Shave-ähnlichen Produkts schließen lässt.

Seit ihrem ersten gemeinsamen Abenteuer haben sich Long und Longer einander angenähert: Sie werden sich wohl niemals lieben, aber sie haben gelernt einander zu akzeptieren und sind gute Partner geworden. Die Sticheleien von einst bleiben trotzdem. Beide sind aber nun vereint im gemeinsamen Kampf gegen den Wixxer – und sie fragen sich vor allem, wer nach Rather Short jetzt wohl hinter der Maske stecken mag!

Long und Longer versuchen, Sir John von der Brisanz der Wixxer-Todesliste zu überzeugen. Die angekündigten Opfer müssen unbedingt gefunden und beschützt werden. Besonders viel Augenmerk scheint Even Longer dabei auf eine bestimmte Person zu legen: Lady Victoria Dickham, die bezaubernde einzige Tochter des Duke of Dickham, einem sehr angesehenen Angehörigen des britischen Hochadels.

Sir John scheint allerdings nicht davon überzeugt zu sein, dass diese Liste allzu ernst zu nehmen ist und die Personen darauf wirklich in Gefahr sind. Das alles kann auch einfach nur ein übler Scherz sein, schließlich gibt es keinen erkennbaren Zusammenhang zwischen den Personen. Und außerdem – was kann schon einem erfahrenen Inspector wie Very Long passieren? Noch dazu hier bei Scotland Yard?

Long, der gerade am Fenster steht, stimmt dem mutig zu – da peitschen zwei Schüsse durch den Raum. Die erste Kugel zerschlägt Verys Kaffeetasse und die Flasche Whisky, die Even sich gerade an den Hals halten wollte und die sich nun über seinen Mantel ergießt, die zweite schießt Long eine rauchende Schneise in den Scheitel und verpasst dem Porträt der Queen ein Loch genau zwischen den Augen. Alle drei nehmen Deckung, Longer wirft sich mit gezogener Waffe vor seinen Kollegen. Langsam kommen sie wieder hoch, die Luft scheint rein zu sein. Longer entdeckt im Fensterglas zwei Einschusslöcher in Form des bekannten XX vom Wixxer!

Jetzt ist auch Sir John überzeugt. Es muss sofort gehandelt werden, die Zeit wird knapp. Der Wixxer meint es ernst. Er will die Opfer töten!

> **SIR JOHN**: Und wie wir erfuhren, hat er beim Bestatter bereits sieben Särge vorbestellt! Alle für morgen!
> **EVEN LONGER**: Das heißt, wir haben nur einen Tag.
> **VERY LONG**: Und wie viele Stunden hat so einen Tag?
> (Nah auf Even, dramatisch)
> **EVEN LONGER**: 24!

Schnitt/ Split-Screen/ Vier Bilder, Handkamera, in der Mitte eine Digitaluhr, die von 11.59.57 bis 12.00.00 läuft/ Sound und Bild genau wie am Ende jeder Folge von *24*/ die vier Bilder zeigen jede der drei Figuren in angespannter Wartestimmung, jeweils nah, und einmal das Doppel-X im Fensterglas/ beim Erreichen von 12 Uhr: Leinwand Black. / Das Bild bleibt schwarz, darauf erscheint nur eine Schrift wie immer am Anfang von *24*, darüber hören wir die Stimme von Even Longer:»Mein Name ist Chief Inspector Even Longer und dies ist der härteste Tag meines Lebens. Alles was Sie sehen, geschieht in Echtzeit.«

Wieder zurück im Büro, keine Splitscreen mehr. Alle drei schauen sich an.

> **SIR JOHN**: Na wenn das so ist, dann mach ich uns erstmal 'nen schönen Kaffee!

4. Anwesen des Duke of Dickham, Wohnzimmer, Tag

Der ehrwürdige **Duke of Dickham** (Jürgen Thormann?), ein distinguierter älterer Gentleman aus Englands Hochadel, steht am Kamin. Neben ihm sitzt seine Frau, **Dolly Dickham** (Anke Engelke?), die er erst kürzlich geheiratet hat. (Es ist ziemlich offensichtlich, dass die viele Jahre jüngere Dolly nicht gebürtig dem Adel entspringt, sondern eher in Richtung eingeheiratetes Society-Flittchen geht, irgendwo zwischen Paris Hilton und Alida Gundlach. Sie hätte wahrscheinlich nichts dagegen, die störende Stieftochter irgendwann loszuwerden, um später einmal Alleinerbin des herzöglichen Vermögens zu werden ...)

Auf einem Sessel etwas entfernt sitzt **Tante Ethel**, die sehr alte und gebrechliche Verwandte des Herzogs.

Hudson, der Butler (Herbert Fux?) des Hauses führt Long und Longer in das Zimmer. Longer fragt sofort – und leider auch ziemlich unhöflich – wo sich die Tochter des Dukes aufhält, er müsse sie sprechen, denn sie befände sich in höchster Gefahr.

Der strenge Herzog und seine Frau sind von dem schlechten Benehmen des Chief Inspectors überaus erbost, was sich im Laufe der gesamten Konversation noch weiter steigert, weil er die ganze Zeit über ungewollt in ein Fettnäpfchen nach dem anderen tritt *(so hält er Victorias Stiefmutter für eine weitere Tochter des Dukes, beleidigt die alte Tante, macht aus Versehen teure Antiquitäten kaputt, etc.)*

Während der Butler geschickt wird, um Victoria zu holen, versuchen Long und Longer ihre Eltern davon zu überzeugen, dass sie in ernsthafter Gefahr schwebt, was diese allerdings für etwas übertrieben halten. Stiefmutter Dolly vor allem scheint die Vorstellung sogar zu gefallen.

Zur gleichen Zeit sehen wir vor dem Haus eine seltsame Gestalt (optisch stark an Klaus Kinski erinnernd) herumschleichen und sich auf einer Leiter stehend am Balkon zu schaffen machen (siehe *Die seltsame Gräfin*). Es ist der wahnsinnige (und eigentlich verurteilte) Mörder **Chucky Norris** (Lars Rudolph).

Hudson führt die Tochter des Hauses in das Wohnzimmer: **Victoria Dickham**, eine wunderschöne, anmutige junge Frau, die sofort ein Lächeln auf Longers Gesicht zaubert. Auch sie scheint ihm mit einem angedeuteten Lächeln zu antworten. Alle Anwesenden besprechen gemeinsam die Situation, wobei Victoria und ihr Vater es einfach nicht glauben wollen, dass sie sich auf einer Todesliste befindet.

Irgendwann lässt die unbeteiligte Tante Ethel leise einen fahren, woraufhin der Duke seine Tochter bittet, sie wegen der wieder einsetzenden Flatulenzen doch bitte auf den Balkon zu bringen.

Victoria führt ihre Tante zur Tür, öffnet diese und beide machen einen Schritt auf den Balkon – der in diesem Moment komplett in sich zusammenbricht!!! Victoria und Ethel fallen schreiend in die Tiefe, können sich aber beide gerade noch an einem Mauervorsprung festhalten. Alle sind entsetzt, Longer stürzt nach vorne, packt Victoria und zieht sie mühevoll nach oben in Sicherheit. Tante Ethel bleibt hängen und niemand kümmert sich mehr um sie.

Even Longer allerdings macht während seiner Rettungsaktion noch eine wichtige Entdeckung. Er sieht eine Gestalt durch den Garten wegrennen und scheint in dieser Person eindeutig einen alten Bekannten zu erkennen: den Verbrecher Chucky Norris, den er einst vor vielen Jahren beim Fall um die sinnlose Gräfin selbst verhaftet hat!

Even setzt die zitternde Victoria auf einen Stuhl und hält ihre Hand, alle blicken sie an – noch unter Schock stehend. Long reagiert als erster und sagt:»Ich hole ihr ein Glas Wasser!« Der Duke meint:»Ich hole ihr besser einen Brandy!« und Dolly sagt:»Ich hole mir einen Prosecco!«

Alle drehen sich gleichzeitig um und stürmen in Richtung Hausbar – in diesem Augenblick passiert etwas Unerwartetes: Even und Victoria umarmen sich heftig und versuchen miteinander privat zu reden! Longer fragt sie besorgt, ob es ihr gut gehe und macht deutlich, dass er sich das erste Treffen mit ihrer Familie wirklich anders vorgestellt hatte – es ist eindeutig: Sie sind ein heimliches Liebespaar!

Genau in dem Moment, in dem sich ihre Lippen fast berühren, drehen sich die anderen wieder zu ihnen um und sie lassen sofort voneinander ab, wieder so tuend, als würden sie sich nicht näher kennen.

Anyway – der Herzog is not amused. Er hält Scotland Yard für unfähig, vor allem aber Even Longer für einen Totalversager (wenn Victoria wirklich in Gefahr ist, dann wird er sie nicht einem trotteligen Inspector anvertrauen, vor dessen eigenen Augen ein Anschlag wie eben passieren konnte). Victorias Stiefmutter versucht zwar immer noch, die Balkon-Szene als Unfall herunterzuspielen (der Balkon war schließlich auch sehr alt ...), aber der Duke macht sich nun doch ernsthafte Sorgen.

Da er Longer allerdings nichts zutraut, entscheidet er, dass sich Victoria sofort zurück ins Kloster Sankt Vokuhila begeben soll – eines der bekanntesten und angesehensten Klöster Großbritanniens, wo sich die Familie ohnehin ab morgen wegen ihrer Einladung zu einer königlichen Hochzeit aufhalten wird. (Prinz August Ernst von Braunschweig, ein deutscher Adliger, der in direkter Linie um ein paar Ecken mit dem Königshaus verwandt ist, will eine britische Aristokratin namens Kalorine heiraten, der gesamte Hochadel samt Königsfamilie wird dazu erwartet.)

Es gibt keinen sichereren Platz als ein Kloster. Sie soll sofort abreisen. Und Scotland Yard möchte bitte jetzt das Haus verlassen. Longer tut dies widerwillig, sagt aber, dass er persönlich Victoria am Nachmittag ins Kloster fahren würde. Tante Ethel hängt übrigens immer noch am Balkon und wimmert.

5. Telefonzelle, Tag

Chucky Norris telefoniert mit dem Wixxer. Er ist durcheinander, ängstlich, wahnsinnig. Er versucht, sein Scheitern zu entschuldigen und bittet den Wixxer um eine neue Chance, er soll ihn noch einmal freilassen, damit er diesmal alles richtig machen kann. Das nächste Mal wird er Victoria töten, ganz sicher, noch einmal versagt er nicht – dieses Mal wird sie sterben! (Anm: siehe Kinski in *Die seltsame Gräfin*.)

6. Gerichtsmedizin, Tag

Long und Longer besuchen ihren alten Kollegen Dr. Brinkmann (Oliver Welke) in der Pathologie. Im Hintergrund laufen einige Kinder umher und spielen mit Leichenteilen, die eine Hälfte der Halle ist deutlich für einen Kindergeburtstag geschmückt. Da sein Sohn acht Jahre alt wird und zuhause die Maler sind, musste Brinkman die Kleinen leider an seinen Arbeitsplatz mitnehmen. Auf einer Bahre liegt die Leiche von Rather Short.

Brinkman hat Neuigkeiten: Er hat den Toten untersucht und kann nun zweifelsfrei beweisen, dass es sich bei ihm – tata! – um Rather Short handelt!!!

Betretenes Schweigen. Very und Even sind enttäuscht, denn das wussten sie schließlich alle schon seit Ewigkeiten. Auch sonst hat er eigentlich nichts Neues für sie zu vermelden, außer – wie immer – einiger unnützer und überflüssiger Null-Informationen.

Long und Longer verlangen von ihm, sich sofort um die übrigen Namen auf der Todesliste zu kümmern: Cookie Dent, C.C. Catch, Michael K. Night und Fred Fartwind! Was sie nun schnellstens brauchen, sind die Adressen dieser bedrohten Personen, damit sie sie warnen können.

Die einzige Spur, die Long und Longer im Moment verfolgen können, ist Chucky Norris! Longer ist sich ganz sicher, ihn im Garten erkannt zu haben. Wo kann er sich aufhalten?

Brinkman weiß die Antwort: Chucky wurde vor sieben Jahren lebenslänglich in die Psychiatrie der Irrenanstalt »Bates Hospital« eingeliefert und ist seitdem dort unter strengster Bewachung!

7. Psychiatrische Klinik »Bates Hospital«, Tag

Bates Hospital macht wie eigentlich jede Irrenanstalt einen zwiespältigen Eindruck: auf der einen Seite ein neutrales Klinikum, andererseits aber durch die unheimliche Stille auch nicht ganz geheuer.

Long und Longer stehen vor einer großen Eingangstür und betätigen einen schmiedeeisernen Türklopfer. Eine sanfte Frauenstimme erklingt und säuselt »Schön dass Sie bei uns sind. Es gibt keinen Grund zur Sorge!« Die Tür öffnet sich, das Gesicht von Alfons Hatler (Christoph Maria Herbst) erscheint und sagt lächelnd: »Überraschung.« Long und Longer schauen sich entsetzt an!

Very Long und Even Longer sitzen in Hatlers Büro. Der ehemalige Butler, optisch noch immer an einen früheren deutschen Reichskanzler erinnernd, erklärt den beiden überraschten Inspektoren, dass er den Bediensteten-Job damals auf Schoß Blackwhite eigentlich nur angenommen hätte, um sich sein Studium zu finanzieren. In Wirklichkeit wollte er schon immer mit Menschen arbeiten, die menschliche Psyche habe ihn seit jeher interessiert und Psycho-Analyse sei sein Fachgebiet.

Inzwischen hat er seinen Doktortitel gemacht und leitet seit kurzem diese Klinik als Chefarzt. Longer macht ihm klar, dass einer seiner Insassen, Chucky Norris, vermutlich für einen Mordanschlag verantwortlich ist. Hatler meint, dies sei unmöglich, da er wie alle Patienten unter stetiger Bewachung stände und bietet ihnen an, sie zu seiner Zelle zu führen.

Long und Longer folgen ihm. Sie werfen einen Blick hinein – und es stimmt: Chucky ist in seiner Zelle! Sie ist verschlossen und deutlich verriegelt, es gibt kein Fenster, die Wände sind ausgepolstert. Norris kauert in einer Ecke und schaut ängstlich im Raum umher. Draußen sehen wir kurz einmal, wie die drei unbemerkt von einem mysteriösen Zellenwärter (Achim Mentzel), beobachtet werden.

Even Longer kann es nicht fassen – er ist sicher, Chucky im Garten des Duke of Dickham erkannt zu haben. Irgendetwas stimmt hier nicht, es muss einen geheimen Weg nach draußen geben.

Long und Longer möchten sich deshalb noch ein wenig in der Klinik alleine umschauen. Sie gehen getrennt durch die Gänge, schauen hinter Türen und Vorhänge, blicken in verschiedene Patientenzimmer, usw. In einigen der Räume sehen wir diverse schwere Fälle (schöne Möglichkeit für prominente Gastauftritte!), wie z.B. Rudi Carrell, der sich für einen Showmaster hält/ Karl Dall in Zwangsjacke singt »Itzi-Bitzi-Ibiza«/ Wolfgang Lippert, der wegen Zangendiebstahl im Baumarkt einsitzt/ eine Gruppe, die ein Gesellschaftsspiel spielt, wobei einer von ihnen offensichtlich verliert und kurz zum *Hulk* mutiert – definitiv ein Fall für die Aggressionstherapie, usw.

Longer entdeckt eine angelehnte Tür und geht hinein. Der Raum scheint leer. Plötzlich hören wir das Geräusch einer Kettensäge und aus einer dunklen Ecke springt eine furchtbare Gestalt direkt auf ihn zu. Sie trägt eine Leder-Gesichtsmaske und zerschlissene Klamotten, in den Händen eine riesige Kettensäge (siehe *Texas Chainsaw Massacre*).

Longer reagiert blitzschnell, greift sich einen Lampenständer, schlägt den Angreifer damit und schiebt ihn zum Fenster, durch das dieser schreiend nach unten fällt. Kaum ist das Monster verschwunden, kommen Hatler und Long in den Raum. Hatler fragt, ob Longer zufällig den Hausmeister gesehen habe, der gerade die Hecken schneiden sollte. Longer meint leise, dass er wahrscheinlich schon draußen sei...

8. Büro von Sir John, Tag

Sir John sitzt in seinem Büro und malt an einer Staffelei einen Obstteller. Brinkman kommt herein und geht zu ihm, dabei sehen wir, dass neben der Tür ein nackter Mann mit Bobby-Helm auf einem Tisch Modell steht, in der Hand die besagte Obstschale.

Brinkman teilt Sir John stolz mit, dass er für Long und Longer das erste Opfer auf der Liste identifiziert hat: Michael K. Night, Bademeister.

9. Fimosa-Fun-Bad, Tag

Long und Longer treten aus der Umkleidezone in das Hallenbad. (Ein altmodisches Hallen- oder auch Freibad) Beide tragen Badeanzüge (Ganzkörper-Sixties-Style, Brusthaar quillt raus), Even trägt auch sein Waffen-Holster, Very eine hässliche Badekappe. Schon erblicken sie Michael K. Night (David Hasselhoff? in roter Baywatch-Badehose), im Hintergrund laufen zwei Baywatch-artige Badenixen in Zeitlupe an ihm vorbei. Michael steht cool am Beckenrand und beobachtet die Schwimmer, weist einige von ihnen zurecht. Very und Even gehen rüber und reden mit ihm. Night weiß nichts von einer Liste, geschweige denn, wer einen Grund haben könnte, ihn töten zu wollen.

In einer dunklen Ecke des großen Beckens sehen wir im Schatten eine mysteriöse Gestalt: den Wixxer! In seinen Händen hält er eine elektronische Puppe, die aussieht wie ein kleines Kind, mit einem Schlüssel im Rücken. Er zieht sie auf und lässt die Puppe ins Wasser gleiten. Diese macht nun mechanisch abgehackte Schwimmversuche und ruft mit blecherner Stimme immer wieder »Hilfe! Ich ertrinke!«

Michael hört die Hilfeschreie, schaut durch sein Fernglas und sieht die wenige Meter entfernte Puppe. Zeit für Helden! Sofort zieht er sein Oberteil aus, springt heroisch (in Zeitlupe, mit Rolle vorwärts) ins Wasser, erklimmt dort seinen roten Rettungs-Jet-Ski und fährt zu dem planschenden Kinder-Roboter. Long und Longer springen unbeholfen hinterher und versuchen bemüht zu folgen.

Night rettet das »Kind«, holt es aus dem Wasser und hält es sicher und stolz in seinen Armen. Alle im Hallenbad applaudieren. Da dreht das Kind seinen Kopf, blickt Michael an und aus dem Bauch der Puppe erklingt kurz »I've Been Looking for Freedom!« Michael K. Night schaut verwundert – die Puppe explodiert!

10. Kloster Sankt Vokuhila, Nachmittag, schwarz-weiß

Das Kloster St. Vokuhila. Ein unheimliches altes Gemäuer, klassisch gruselig, mit Kirchturm, Wald und Moor drum herum. Und in schwarz-weiß!!! Natürlich Gewitter.

Long, Longer (mit vielen Koffern) und **Victoria** kommen in der großen Eingangshalle des alten Klosters an. Fackeln beleuchten die Wände, irgendwo singt ein Chor und jemand spielt dazu auf der Orgel. Man sieht Nonnen und Mönche vorbeigehen, in sich gekehrt oder bei der Arbeit.

Even Longer schaut sich um. Er ist nicht davon überzeugt, dass Victoria hier wirklich sicher ist, aber sie versucht ihn zu beruhigen. Even sagt ihr, dass bereits ein weiteres Opfer der Liste ermordet wurde und er deshalb zu ihrem Schutz dafür gesorgt habe, dass das Kloster von Scotland Yards besten Polizisten rund um die Uhr bewacht würde. (Schnitt: Wir sehen kurz ein Bild von einem alten hageren und einem kleinen dicken Bobby, die alleine vor dem Kloster stehen und dumpf geradeaus starren.)

Victoria und Even werfen sich ein paar heimliche Blicke zu, ganz eindeutig wären sie lieber allein. Longer schickt deswegen Very zurück zum Auto, um die restlichen Koffer zu holen. Kaum ist er verschwunden, blicken sich beide um, die Luft scheint rein zu sein. Sie fallen sich in die Arme und sind glücklich, diesen Moment für sich zu haben. Endlich die Gelegenheit für den ersten Kuss seit langem – aber kurz bevor ihre Lippen sich treffen, schreckt sie ein Donnerschlag auf.

Im Dunkel eines Torbogens sehen sie, vom Blitz erhellt, zwei unheimliche Silhouetten: eine große Nonne und eine kleine bucklige Frau! Longer und Victoria lösen sich voneinander und sind wie erstarrt. Die zwei Gestalten treten aus dem Bogen heraus ins Licht: Es sind die Mutter Oberin, **Schwester Lucipha** (Judy Winter?, mysteriös und unheimlich, angestrengt und erhaben, mit weißer Haube/ sie trägt immer eine Bibel mit sich und hat in jedem Dialog zu jeder Situation einen eher merkwürdigen Sinnspruch, der oft genug Longer als Idioten dastehen lässt, aus der Heiligen Schrift parat/ vgl.: *Das Geheimnis der weißen Nonne*) und die missgebildete **Schwester Stephanie** (Hella von Sinnen?, hässlich mit Warzen im Gesicht, einen großen Buckel auf der Schulter, wirres Haar, schlurfender Gang), die Glöcknerin und gleichzeitig das Faktotum des Klosters.

Die Mutter Oberin ist nicht glücklich über das, was sie dort gerade sehen musste, schließlich ist dies ein anständiges Kloster. Sie missbilligt außerdem entschieden, dass bewaffnete Beamte vom Yard sich im Haus Gottes aufhalten.

Long kommt mit den Koffern zurück. Even spricht die buckelige Stephanie an, diese reagiert jedoch nicht und wir erfahren, dass sie taubstumm ist. (Für Longer ein willkommener Anlass, über die »hässliche fette Nuss« von nun an auch in deren Gegenwart abfällig reden zu können.) Long wundert sich über die schwarz-weiße Optik im Kloster, woraufhin Lucipha ihm erklärt, das ihr Orden nicht an Farbe glaube. Hätte der liebe Gott Farbe gewollt, hätte er die Bibel bunt gedruckt. Natürlich.

Schwester Stephanie steht neben Victoria und versucht eine ausgegangene Fackel wieder anzuzünden. Ein leises »Fump!«-Geräusch lässt die Inspektoren stutzen. Ein zweites ebenso, aber keiner weiß woher es kommt. Da entdecken sie, dass im Buckel der Schwester zwei kleine Giftpfeile mit Buschel stecken. In diesem Moment schlägt ein dritter haarscharf neben Victoria ins Holz.

Longer wirft sie zu Boden und entdeckt auf der Galerie einen schwarzen Abt mit Blasrohr (siehe *Der schwarze Abt*). Even erkennt diesmal eindeutig, dass es sich unter der Kutte um **Chucky Norris** handelt.

Long und Longer rennen sofort los, um ihn zu schnappen. Es folgt eine kurze Jagd durch die Gänge. Nur für einen Augenblick verlieren sie hinter einer Biegung Chucky aus den Augen, aber schon haben sie ihn wiederentdeckt: er scheint gefallen zu sein und rappelt sich gerade auf.

Longer und Long stürzen sich auf ihn, werfen ihn nieder und reißen ihm die Kapuze vom Gesicht. Aber darunter steckt nicht Chucky, sondern ihr alter Bekannter **Dieter Dubinsky**!

Long und Longer sind verwirrt – vor allem weil Dubinsky behauptet: »Lassen Sie mich los – ich bin im Geheimdienst Ihrer Majestät unterwegs!«

11. Anwesen des Duke of Dickham, Wohnzimmer, Nachmittag

Die Majestät, von der Dubinsky sprach, ist niemand anderes als der **Duke of Dickham** (bzw. seine Frau Dolly)! In seinem Wohnzimmer muss er Longer erklären (Anm.: Long ist nicht dabei, er ist bereits unterwegs zum nächsten Opfer), warum er den (ebenfalls anwesenden) **Dubinsky** engagiert hat. (Jener ist nämlich inzwischen Privatdetektiv geworden, inspiriert durch seine spannenden Erlebnisse in Ostdeutschland und auch im ersten Teil vom *Wixxer*. Er hielt sich deshalb – getarnt als schwarzer Abt – ebenfalls im Kloster auf, wo ihn Chucky bei seiner Flucht umrannte.)

Lady Dolly Dickham betritt das Zimmer. Sie trägt einen Reiterdress, über der Schulter ein Gewehr und in jeder Hand ca. ein Dutzend toter Füchse. Ihr hinterher läuft **Butler Hudson**, auch im Reiterdress, mit Arm in der Schlinge, wie es scheint, wurde er gerade angeschossen.

Dolly Dickham gibt zu, dass sie es war, die sich für die Anstellung Dubinskys zum Schutze ihrer Stieftochter ausgesprochen habe. Der Einwand, dass Dieter wahrscheinlich der schlechteste Privatermittler der Welt sei (was sogar Dubinsky bejaht!), passt offensichtlich genau in ihre Pläne, Victoria endlich irgendwann loszuwerden. Ganz nebenbei schließt Dolly während des Gesprächs die Balkontür, wodurch Tante Ethel erneut hinunterstürzt, obwohl sie sich gerade den restlichen Balkon hochgezogen hatte.

Longer platzt der Kragen: Er hat jetzt endgültig genug von dieser affektierten aufgeblasenen High Society! Wütend schreit er den Herzog an, dass er endlich die Realität akzeptieren und ihre Arbeit nicht weiter behindern solle, seine Tochter schwebe in Lebensgefahr, Dubinsky habe verhindert, dass sie Chucky schnappen konnten, und sein Partner Very, der selbst als Name auf der Todesliste steht, sei – nur weil Longer hierher musste – jetzt ganz alleine auf dem Weg zum nächsten möglichen Opfer, einem armen Lateinlehrer in der Innenstadt, um ihm das Leben zu retten! Nicht der Duke mit seinem ganzen Geld und Adel ist für Even bedeutsam, sondern sein Kollege Very – ein echter Mann! Tapfer und todesverachtend. Ein wahrer Held!

12. Haus von C.C. Catch, Nachmittag

Very Long zittert. Er hat Angst. Er schaut sich um, niemand ist bei ihm. Er steht vor dem Haus des Lateinlehrers, dem nächsten Opfer auf der Liste. Ein typisch englisches Reihenhaus. In einem benachbarten Garten schneidet ein alter hagerer Mann mit einer Sense die Hecke, ein Leichenwagen fährt vorbei.

Er öffnet die kleine Gartenpforte, eine schwarze Katze rennt von links nach rechts an ihm vorbei und erschreckt ihn. Ein schwarzer Rabe sitzt auf dem Dach. Very geht nervös zur Haustür und liest das Klingelschild: Cäsar Cicero Catch, Lateinlehrer. Er drückt auf die Klingel, wobei die 9 der Hausnummer 669 umkippt und diese zur 666 werden lässt. Long versucht all die blöden Vorzeichen gequält lächelnd zu ignorieren. Vom drinnen sind Schritte zu hören, die Tür wird geöffnet und vor Long steht – der Wixxer!

Ein kurzer Moment der Irritation: Long und der Wixxer schauen sich erstarrt und ungläubig an, der Wind heult. Dann plötzlich reagiert der Wixxer und schlägt die Tür vor Longs Nase wieder zu!

Jetzt wird auch Long aktiv. Mit allen Tricks versucht er, die Tür so schnell wie möglich wieder zu öffnen (einrennen, Kreditkarte, treten, auf das Schloss schießen, etc.).

Irgendwann sieht er, dass neben der Tür ein großes Fenster sperrangelweit offensteht und steigt hinein. Er befindet sich im Arbeitszimmer (mit altertümlichen Requisiten eingerichtet, auf einer grünen Schultafel steht »hic haec hoc – huius huius huius – hui hui buh« etc.) von **C.C. Catch** – doch er kommt zu spät. Der Lateinlehrer liegt tot über seinem Schreibtisch. Long schaut gebannt auf die Leiche, und diese Schrecksekunde nutzt der Wixxer, der sich immer noch im Arbeitszimmer versteckt hat.

Mit einem großen antiken Speer, den Catch neben anderen alten römischen Waffen an den Wänden hängen hat, geht er auf Long los. Very greift blitzschnell zu der Rollstütze (Gehhilfe mit vier Ständern) des alten Catch, hält sie vor sich, verkantet die Lanze darin und reißt sie dem Angreifer so aus den Händen. Beide schnappen sich einen Stuhl und schieben diese mit den Sitzflächen aufeinander zu (wie früher in der Schule).

Der Wixxer hat genug von den Albernheiten und greift zur nächsten tödlichen Waffe: ein antikes Schwert. Long sucht nach einer möglichen Abwehr, findet aber nur ein langes altes Holzlineal. Beide liefern sich einen kurzen, eleganten Fechtkampf, bis der Wixxer Long sein Lineal mit einem heftigen Hieb durchschlägt.

Very ist hilflos – panisch blickt er um sich. Er springt zum Schreibtisch, greift sich den Locher, öffnet die Plastik-Auffangschale und schleudert dem Wixxer die gelochten Papierreste ins Gesicht, woraufhin dieser irritiert das Schwert fallen lässt und weiße Papierkreise aus der Maske hustet, weil sie ihm in die Nase geraten sind.

Long ist jetzt im Vorteil: Er läuft zur Tafel, schnappt sich die dort liegenden Kreidestückchen und bombardiert den Schurken damit, gefolgt von einem dicken Tafelschwamm, den Very vor dem Werfen noch mal im Eimer daneben richtig nass macht. Der Wixxer kriegt ihn voll in die Fresse und ist nun sehr wütend. Long nimmt sich ein Stück Papier, knüllt es zu einer Kugel und will gerade werfen, da saust eine fette Streitaxt haarscharf an seinem Kopf vorbei und bleibt in der Wand stecken.

Long ist geschockt, der Wixxer flieht in den Flur. Von dort führt eine lange breite Treppe in den ersten Stock. Am Geländer sind zwei automatische Treppenlifte befestigt. Der Wixxer setzt sich in den ersten und fährt (sehr langsam) nach oben. Die Stimme des Navigationssystems sagt: »Dem Treppenverlauf folgen!«

Long kommt hinterher gestürmt, zögert kurz, springt in den zweiten Lift und jagt ihm in zwei Meter Entfernung hinterher. Beide ziehen ihre Waffe und schießen aufeinander, treffen sich aber nicht. Der Wixxer schießt Long seine Pistole aus der Hand, die dramatisch die Treppe runter in die Tiefe stürzt. Er zielt erneut auf Very, will schießen, aber die Waffe klemmt. Einen Augenblick ist er abgelenkt und versucht, die Ladehemmung zu beheben – diesen Moment nutzt Long. Heldenhaft steht er im Treppenlift auf und wagt todesmutig den Sprung in das Gefährt des Wixxers.

Beide sind nun auf engstem Raum in einem Treppenlift und ringen miteinander. Der Wixxer überwältigt Very, drückt seinen Kopf aus dem Lift heraus gegen die Wandvertäfelung, die Lage scheint aussichtslos. Doch da entdeckt Long an der Seite eine rote Notbremse und zieht an ihr, wodurch der Lift dramatisch mit Funkenflug eine Vollbremsung macht. Durch diesen Ruck stürzen beide aus dem Lift und poltern die lange Treppe herunter.

Unten angekommen rappelt sich Long mühsam auf – doch kaum ist er wieder auf den Beinen, sieht er, dass der Wixxer ihm gegenüber steht und seine Waffe auf ihn richtet. Long überlegt kurz, was er tun kann, doch zu spät – drei Schüsse hintereinander treffen seine Brust! Er schaut hinunter, auf dem weißen Hemd erscheint eine rote Blutlache. Long schaut entsetzt auf den Wixxer, seine Augen drehen sich zur Seite, und er bricht leblos zusammen!!!!!

13. Werbung

In das letzte Bild des tot auf der Erde liegenden Long schiebt sich plötzlich eine Grafik – genau wie im Fernsehen, wenn ein Spielfilm von Werbung unterbrochen wird. Das kurze Bild eines lachenden Babies erscheint, darunter bunte Grafik und ein Jingle, dazu die Schrift »Werbung«.

Es folgen zwei bis drei kurze Parodien auf Werbespots, klassisch gedreht, z.B. für Kaffee und Damenbinden. (Dies ist ein schöner Moment, um sowohl Kalkofe und Pastewka und ggf. auch anderen aus dem Cast eine schöne Gastrolle in

Verkleidung zu ermöglichen. Außerdem sollten hier Darsteller aus dem ersten Wixxer, die diesmal keine Rolle haben, einen netten Gastauftritt bekommen – allerdings nicht unbedingt in ihrer alten Rolle, sondern als Schauspieler – wie z.B. Thomas Fritsch, Tanja Wenzel, Antoine Monot, etc.) Während der Spots zeigt zwischendurch eine Schriftanzeige »Gleich – Neues vom Wixxer, Teil 2!«

Am Ende des kurzen Werbeblocks kommt wieder eine ähnliche Grafik wie am Anfang, diesmal allerdings nur Schrift mit einer Off-Stimme und Musik, wie bei den typischen Privat-TV-Gewinnspielen. Wir hören: »Wollen Sie 5.000 Euro gewinnen? Dann beantworten Sie uns folgende Frage: Wer schoss gerade auf Inspector Very Long? A. Der Wixxer? Oder B. Harry Potter? Rufen Sie jetzt an.« Jingle Ende. Zurück zum Film.

14. Haus von C.C. Catch, Nachmittag

Ungelenk wird der Film wieder gestartet. Über den ersten Sekunden erscheinen noch ein kurzes Jingle-Geräusch und ein kleines Schrift-Banner mit »Neues vom Wixxer«. Rechts oben erscheint mit einem weiteren »Pling!«-Geräusch noch ein weiterer Schriftzug mit Werbung für Klingeltöne.

Brinkman und Sir John stehen nebeneinander und schauen nach unten, wir sehen sie nur bis zur Schulter. Betroffen äußern sie sich über den tragischen Tod dieses netten jungen Mannes, der viel zu früh gestorben sei und soviel für die Menschen getan habe. Plötzlich tritt Long zwischen sie, ebenfalls traurig nach unten schauend.

Die Kamera zieht auf und wir sehen, dass wir uns nicht im Flur befinden, sondern im Arbeitszimmer bei der Leiche des Lateinlehrers.

Überall im Raum verteilt sind Beamte von Scotland Yard, die auf ziemlich chaotische Weise versuchen, die Spuren zu sichern.

Long, Sir John und Brinkman sprechen über den Mord und Verys schier unglaubliches Glück, den Anschlag des Wixxers auf ihn überlebt zu haben: hätte er nicht eine Dose Tomatensaft in der Brusttasche seiner Jacke gehabt, wäre er jetzt tot. Long zeigt die Dose, in der drei Kugeln stecken und aus der noch immer rote Soße läuft. Alle rätseln erneut darüber, wer denn nun wohl hinter der Maske des Wixxers stecke, und was der Zusammenhang zwischen den Opfern auf der Todesliste sein könnte – bisher ergibt jedenfalls das ganze keinen Sinn.

Brinkman versucht wieder einmal mit seiner kleinen Säge, sofort mit der Obduktion zu beginnen, die leichten Bewegungen des Opfers versucht er dabei mit normalen Zuckungen der Nervenenden nach Todeseintritt zu begründen. Ansonsten hat er – bis auf viele skurrile unwichtige Details – nichts Neues zu vermelden. Sir John und Long reden noch kurz über den ernüchternden Stand der Ermittlungen und hoffen, dass Even Longer bei seinem Versuch, Chucky Norris in der Klinik zu erwischen, mehr Glück hatte.

15. Bates Hospital, früher Abend

Even Longer steht wütend und äußerst aufgebracht im Arbeitszimmer von **Dr. Alfons Hatler** und haut mit der Faust auf den Schreibtisch. Er will jetzt sofort zu Chucky Norris, den er nun eindeutig als Attentäter identifiziert hat. Hatler ist sehr beunruhigt über die aggressive Haltung und die mentale Verfassung des Beamten – Chucky ist in sicherer Verwahrung, der Chief Inspector muss sich irren und solle sich deshalb erst einmal beruhigen.

Longer wird durch diese Äußerungen allerdings nur noch wütender und beschließt, auf eigene Faust loszugehen und Chucky aus seiner Zelle zu schleifen! Hatler greift unbemerkt zu einer Beruhigungsspritze und haut sie Even ohne Vorwarnung in den Hintern. Longer schreit vor Schmerz auf und ist benommen, die Beine knicken ein. Hatler führt ihn zur Behandlungs-Couch, legt ihn darauf und setzt sich mit einem Notizblock davor auf einen Sessel. (Im Hintergrund sehen wir ein Regal, das vollständig mit eigenen Werken und Merchandising-Artikeln von Dr. Hatler gefüllt ist, z.b: seine Bücher *Sorge Dich nicht – Führe!* und *Endlich Weltherrscher!*, Aerobic- und Fitness-Videos, Kuschel-Schäferhunde, CDs mit Bildern von ihm mit Gitarre vor einem Kamin, etc.)

Hatler legt eine Entspannungs-CD ein und möchte nun erst einmal Longer analysieren, um hinter den Grund seiner ungezügelten Aggressionen zu kommen. Even will dies natürlich nicht, ist aber durch die Spritze noch so benommen, dass er sich nicht wirklich wehren kann. Was immer er sagt, Hatler legt es negativ aus und macht ihn psychisch ungewollt mehr und mehr fertig, die Analyse ist für Longer erschütternd. Auch Longers Pech mit Frauen kommt zur Sprache, wobei seine Wut darüber hoch kocht, dass ihm Hatler selbst seine Liebe einst ausgespannt hat. Irgendwann reicht es Even, er sammelt seine Kräfte und schafft es, sich wieder aufzurappeln. Wütend geht er aus dem Zimmer, um sich endlich um Chucky Norris zu kümmern. Hatler bleibt zurück und schreibt »Arschloch« in seinen Block.

16. Bates Hospital, Zelle von Chucky Norris

Chucky Norris sitzt zusammengekauert in seiner Zelle, wie immer in wahnsinniger Panik um sich blickend. Plötzlich öffnet sich die Tür. Der **unheimliche Gefängniswärter** (Achim Mentzel?) steht davor und sagt Chucky, dass er sofort verschwinden müsse, die Polizei sei hier und wolle ihn holen.

Norris ist ängstlich und verwirrt, er will nicht ins Gefängnis, er muss doch noch seine Aufgabe erledigen und die Frau töten, so wie der Wixxer es ihm befohlen hat, er tut ihm sonst weh ... so schnell er kann, verschwindet Chucky. Der Wärter will gerade die leere Zelle wieder zusperren, da hört er **Longer** kommen und versteckt sich hinter der offenen Tür. Even sieht die Zelle und tritt ein, da trifft ihn auch schon ein Knüppel an den Hinterkopf. Die Welt um ihn herum wird schwarz.

17. Bates Hospital, eine hässliche verlassene Zelle

Even Longer erwacht. Er erkennt, dass er tief in einer Badewanne liegt. Das Wasser läuft und steht ihm bereits bis zum Hals, dazu steckt er in einer Zwangsjacke, seine Füße sind ebenfalls gefesselt.

Er ist stark geschwächt, durch den Schlag, wie auch durch die Spritze. Mühevoll gelingt es ihm, sich am Beckenrand hochzuschieben, um nicht zu ertrinken, das ständig steigende Wasser steht ihm trotzdem schon bis zum Mund.

An einer Seite der Wanne wird ein Mechanismus in Gang gesetzt: Eine große Tablettenflasche mit einem Totenkopf darauf kippt um, die Pillen daraus rollen auf einer Rinne hinab ins Wasser und treiben direkt auf Longers Mund zu. Dieser pustet um sein Leben und versucht, sie von seinem Mund fernzuhalten und sich noch höher aufzurichten – geschafft, der Kopf ist jetzt über dem Wannenrand!

Am Fußende der Badewanne wird von einem Tischchen durch eine Mechanik ein angeschlossener Toaster langsam Richtung Wanne bewegt. Longer ist in Panik – der Toaster fällt! Mit letzter Kraft reißt Even seine gefesselten Beine hoch und kickt das Gerät weg.

Er atmet erleichtert durch, doch da setzt sich die Wanne selbst in Bewegung und fährt rückwärts auf einer Schiene genau auf eine riesige rotierende Kreissäge zu. Longer hat keine Chance, die Wanne zu stoppen, Panik spiegelt sich in seinen Augen – er ist nur Millimeter entfernt. Mit einem kräftigen Ruck schmeißt er seinen Kopf nach hinten, direkt in die Säge! Funken sprühen, das Sägeblatt bleibt stehen, aber Longer lebt noch!

Hatler kommt in den Raum gestürzt, entsetzt über das, was er da sehen muss – er hatte Longer schon überall gesucht. Aber was macht er hier in einer Wanne? Und warum hat er die teure Säge kaputtgemacht? Longer erklärt ihm, dass er niedergeschlagen wurde und getötet werden sollte, nur die alte Stahlplatte in seiner Schädeldecke aus dem Korea-Krieg hat ihn gerettet.

Hatler hilft ihm aus der Zwangsjacke und berichtet ihm, dass sein Partner Long ihn angerufen habe – er wisse die Adresse der nächsten zwei Opfer. Even solle sich deshalb sofort in den Nachtclub »Zum Flotten Flötenschlumpf« begeben. Auf die Frage, wo sich dieser befände, bietet Hatler an, ihn zu fahren, weil er sowieso dorthin wolle: Dort sei nämlich heute Karaoke-Abend!

18. Kloster St. Vokuhila, Abend, schwarz-weiß

Dieter Dubinsky steht im Gang vor der Tür zu Victorias Zimmer. Er hält Wache, aber so langsam scheint ihn das ewige Herumstehen zu ermüden. **Victoria** öffnet ihre Tür und bringt ihm einen Stuhl heraus – er soll sich doch nicht so für sie anstrengen, sie selbst findet diese Aktion sowieso völlig übertrieben. Dieter bedankt sich und macht es sich nun ein wenig gemütlich auf seinem Wachposten. Er zieht noch ein kleines Tischchen zu seinem Stuhl, holt ein Honnecker-Foto im Rahmen aus der Jacke und stellt es auf, ebenso ein paar Blümchen und ein Pausenbrot. Victoria lächelt und geht zurück in ihr Zimmer.

Schwester Lucipha und Schwester Stephanie erscheinen und stellen Dubinsky zur Rede. Lucipha ist empört: Sie hat in ihrem Zimmer ein Aufnahmegerät, Kabel und ein Mikrofon entdeckt, alles ziemlich offensichtlich angebracht, (ein großes Mikrofon mit *mdr*-Poppschutz ist sogar mit Kleber am Buckel von Schwester Stephanie befestigt)!

Sie ist fest davon überzeugt, dass Dubinsky dahintersteckt. Dieter meint, das wäre wohl nicht auszuschließen, diene aber alles nur ihrer eigenen Sicherheit, weil schließlich der gefährliche Wixxer unterwegs ist!

Unerwartet tritt **Dolly Dickham** hinzu – sie habe sich Sorgen um ihre Stieftochter Victoria gemacht, und wollte sich deshalb bei Dubinsky erkundigen, ob sie denn wohl noch lebe. Die Freude darüber scheint jedoch nicht allzu groß. (Es ist deutlich zu merken, dass Dolly sich nicht wirklich um das Wohl ihrer Stieftochter kümmert, sondern eher das Gegenteil im Sinn hat. Dabei verhält sie sich allerdings derart stümperhaft, dass sie sich immer selber ein bisschen verplappert und nervös in die eigene Falle redet. Besonders Schwester Lucipha und sie scheinen sich nicht zu mögen.)

Sie wünscht noch alles Gute und bittet Dieter, ihrer Stieftochter einen herrlichen Schokoladenkuchen von ihr zu überreichen, den sie extra für sie gebacken hat. Lucipha meint allerdings darauf, Victoria hätte erwähnt, dass sie gegen Schokolade allergisch sei. »Ich weiß!« antwortet Dolly, merkt aber schnell, dass das kein guter Satz war und versucht, sich herauszureden, denn wer weiß, vielleicht schmeckt er ihr ja trotzdem, in vielen Schokoladenkuchen ist ja auch eigentlich gar keine Schokolade, usw ... Dolly redet sich noch ein wenig um Kopf und Kragen, dann verschwindet sie schnell. Lucipha und Dubinsky bleiben verwundert zurück.

19. Nachtclub »Zum Flotten Flötenschlumpf«, Nacht

Even Longer steht auf der Straße vor dem Club. Ein paar Bobbies laufen im Hintergrund an ihm vorbei. Es ist ein Hubschrauber zu hören, ebenso bemerken wir ein paar Suchscheinwerfer. Letzter Sicherheits-Check, Even redet durch ein übergroßes Funkgerät (siehe *Der unheimliche Mönch*) mit dem Sonder-Einsatz-Kommando: Der gesamte Club ist umstellt, überall lauern Scharfschützen und Polizisten. Der Wixxer hat diesmal keine Chance zu entkommen!

Very Long kommt zu Even, der sieht irgendwie anders aus als sonst: er trägt die gleiche Kleidung, ist aber viel dicker, geht etwas ungelenk und scheint sich nicht locker bewegen zu können. Auf Longers Frage, was das solle, erklärt er, dass er die offizielle kugelsichere Unterwäsche von Scotland Yard trage, aus sieben Lagen Stahlwolle – sehr schwer, aber sicher. Schließlich stehe er immer noch auf der

Todesliste und wäre vorhin fast erschossen worden. Außerdem – er schaut Longer von oben bis unten an – trüge Even sie ja auch immer! Longer blickt ihn getroffen an und geht schweigend. Long läuft schwankend hinterher.

An der Tür des Nachtclubs »Zum Flotten Flötenschlumpf« (deutlich sichtbar: ein Neon-Logo mit einem Schlumpf, der sich eine große Flöte vor den Genitalbereich hält) müssen sie zuerst einmal am **Türsteher** vorbei. Dieser trägt einen dunklen Anzug, einen weißen Bart, Brille und eine Melone (Vader Abraham?) und fragt sie mit holländischem Akzent: »Sagt mal, wo kommt Ihr denn her?« Longer antwortet »Vom Yard natürlich, bitte sehr!« und geht an ihm vorbei.

Long und Longer betreten den Club: rote Samtvorhänge, rote Wände, alles sehr plüschig und puffig, eine Mischung aus Nachtclub und Edelbordell. Überall sieht man aufgedonnerte Frauen, Prostituierte und zwielichtige Gestalten aus der Halbwelt. An der Karaoke-Maschine (bzw.: Klavier und jemand, der Tafeln hält) steht **Alfons Hatler** und singt gerade mit Inbrunst »My Way«. (Long hat die gesamte Szene über große Probleme – einerseits stößt er beim Gehen überall an, andererseits kann er durch die schwere Schutzkleidung kaum gerade stehen.)

Long und Longer kämpfen sich durch die Menge, sondieren die Lage und versuchen, möglichst unerkannt zu bleiben. Plötzlich ruft **Sir John** laut ihre Namen durch den Raum. Schnell gehen sie zu ihrem Chef, der zusammen mit ihrem Kollegen **Brinkman**, umringt von einigen käuflich erscheinenden Damen in einer Ecke sitzt, sichtlich erfreut, sie hier zu sehen.

Long und Longer denken zunächst, die beiden hätten sie ohne ihr Wissen zu diesem Einsatz begleitet, es stellt sich aber peinlicherweise schnell heraus, dass sie hier fast jeden Abend privat verbringen. Hatler singt immer noch.

Long und Longer haben nun ihre Zielpersonen ausfindig gemacht, denn die nächsten Opfer auf der Todesliste sind in Wirklichkeit ein Paar: **Fred Fartwind** (Dieter Thomas Heck?), besser bekannt unter dem Spitznamen »Flimmer Fred«, ein windiger Ganove und der Besitzer dieses Etablissements, und seine Frau **Cookie Dent** (Joy Fleming? / Dent ist ihr Mädchenname, Cookie die Abkürzung von Kunigunde – durch die Heirat ist sie Frau Fartwind geworden).

Beide sitzen fernab vom restlichen Publikum in einer ruhigen Ecke, einer Art Privat-Lounge. Die zwei Ermittler kämpfen sich zu ihnen vor und versuchen ihnen klarzumachen, dass sie sich in höchster Gefahr befinden.

Flimmer-Fred und Cookie verhalten sich abweisend, sie wollen ihre Ruhe, Scotland Yard solle sich besser um wichtige Dinge kümmern und unbescholtene Bürger wie sie in Ruhe den Feierabend genießen lassen. Außerdem seien sie vollkommen sicher, da einige der besten Sicherheits-Experten der Welt sich um sie kümmern.

Stolz präsentiert Fred seine Top-Bodyguards: aus einer Nische treten nacheinander »Der Junge mit der Mundharmonika« (Bernd Clüver?/ schwarzer Anzug,

Sonnenbrille, um den Hals eine silberne Mundharmonika) und »Der Puppenspieler« (Roberto Blanco? ebenso gekleidet, der trocken den Zusatz sagt: »Von Mexiko!«). Longer will ihnen klarmachen, dass der Wixxer viel gefährlicher ist, als sie glauben, im Hintergrund kämpft Long weiterhin gegen die Schwerkraft. Fred und Cookie lachen über die Ängstlichkeit der Beamten, stoßen mit ihrem Whisky auf die Unfähigkeit von Scotland Yard an und leeren ihre Gläser auf ex.

Das Lachen erstarrt, beide fassen sich an den Hals, röcheln und brechen tot zusammen, die Köpfe fallen nacheinander auf den Tisch. Long verliert vor Schreck das Gleichgewicht und fällt ebenfalls um. Schreie, Panik, Longer stürzt nach vorne zu den beiden und fühlt am Hals ihren Puls.

Sir John und Brinkman kommen dazu, der Gerichtsmediziner betrachtet die Gläser, riecht daran, nimmt einen Schluck und erkennt: »Ganz eindeutig Gift!« Longer fragt, wo der Whisky herkam – und die Bodyguards berichten, dass die Fartwinds ihn gerade vorhin erst als Geschenk bekommen haben, überbracht von so einem netten Boten mit Cape, Maske und Zylinder. (Der Puppenspieler: »Er war ganz schwarz.«) Longer schaut sich die Flasche an, auf dem Boden ist deutlich erkennbar das XX des Wixxers!!! Hatler singt »Feelings«.

20. Kloster St. Vokuhila, Nacht, schwarz-weiß

Long, Longer, Victoria und **Schwester Lucipha** stehen gemeinsam auf dem Gang vor Victorias Zimmer, **Dubinsky** sitzt auf seinem Stuhl. Die Mutter Oberin ist nicht glücklich, dass Scotland Yard scheinbar vorhat, die Nacht ebenfalls in ihrem Kloster zu verbringen. (Dubinsky auch nicht, schließlich untergräbt das seine Autorität!) Vor allem auch, weil bereits am nächsten Morgen hunderte adliger Gäste wegen der hochherrschaftlichen Hochzeit hier eintreffen sollen. Longer erklärt ihr, dass seine Schutzmaßnahmen leider unumgänglich seien, weil sich Victoria weiterhin in größter Gefahr befände und sie deshalb zu ihrem Schutz auf jeden Fall hier bleiben würden. Longer bringt Victoria in ihr Zimmer, Long redet noch einen Satz mit Lucipha, die dann beleidigt fortgeht.

Very öffnet die Tür – und entdeckt schockiert, wie Even und Victoria sich in den Armen liegen! Longer kann es nun nicht mehr verbergen, er gesteht seinem Partner die Affäre.

Er und Victoria haben sich vor zwei Monaten bei der Jazz-Gymnastik kennengelernt und sofort ineinander verliebt. Weil ihr Vater, der Duke, allerdings sehr streng ist und für seine Tochter nur Partner aus dem Hochadel für angemessen hält, mussten sie die Beziehung bislang vor der Welt geheim halten. Und jetzt ist erst recht nicht der geeignete Zeitpunkt, ihm davon zu erzählen. Long versteht dies, freut sich sogar, dass sein Partner endlich eine Frau gefunden hat, er hatte schon nicht mehr daran geglaubt.

Dubinsky öffnet die Tür und vermeldet fröhlich eine gute Nachricht für Victoria: Ihre **Stiefmutter Dolly** ist gerade angekommen! Dies erfreut natürlich niemanden, Longer befiehlt Dieter genervt, sie abzuwimmeln – was dieser zwar nicht versteht, aber trotzdem versuchen will.

Even und Victoria schauen sich betrübt an – es scheint einfach nicht möglich zu sein, einfach einmal ein paar Minuten ungestört zu sein. Long zeigt Verständnis und sagt, er würde sich mit Dubinsky um die Schwiegermutter kümmern.

Lucipha geht an Lady Dickham vorbei und wirft ihr einen verachtungsvollen Blick zu, Dolly versucht freundlich zu grüßen, wird aber nur ignoriert.

Dubinsky kommt ihr auf dem Gang entgegen. Sie tut als würde sie ihn nicht sehen und versucht an ihm vorbeizulaufen, das klappt aber nicht, also spielt sie ihm wieder einmal vor, aus Sorge um ihre Stieftochter hier zu sein.

Sie hat extra im Wald für sie Pilze gesammelt, weil sie nicht wusste, ob Victoria im Kloster auch genug zu essen bekäme. Dubinsky betrachtet den Korb, schließlich war er früher im Osten selbst großer Pilzsammler, und entdeckt vor allem Fliegenpilze und andere ungenießbare bis giftige Sorten. Dolly versucht sich sehr ungeschickt herauszureden, sie habe gar keine Ahnung von Pilzen und habe sie nur nach der Farbe gesammelt, rot mit Punkten war so niedlich, rot ist Victorias Lieblingsfarbe, und Gift in Maßen härtet ja auch ab, usw. ...

Da tritt auch Long hinzu und mustert sie skeptisch, woraufhin ihr einfällt, dass sie sehr schnell nach Hause müsse, weil sie noch ... äh ... zum Arzt muss, bzw. eigentlich zur Apotheke. Long wundert sich, es sei schließlich Nacht. Ja, aber es sei auch eine Nachtapotheke, und außerdem ... oh, jetzt wird es aber wirklich Zeit ... Dolly verschwindet, Long und Dubinsky bleiben verwundert zurück.

21. Draußen vor dem Kloster, Nacht, schwarz-weiß

Hinter einem Busch unweit der Klostermauern, sehen wir den wahnsinnigen **Chucky Norris** kauern und sich nach allen Seiten umschauen. Plötzlich sieht er, wie sich eine Tür öffnet und **Even** mit **Victoria** nach draußen tritt. Er kann sein Glück kaum fassen. (An der Seite des Klosters, wo die beiden erscheinen, finden offensichtlich dieser Tage Renovierungsarbeiten statt. Man sieht eine verlassene Baustelle mit kleinem Baugerüst, Zementsäcke, etc. Ein langes Tau hält über eine Winde in ca. sieben Meter Höhe einen schweren Zementmischer oder ähnliches. Darunter steht eine lange Holzbank.) Die beiden setzen sich auf die Bank und halten sich bei der Hand. Chucky schaut um sich – nur wenige Meter entfernt sieht er gestapeltes Holz, außerdem einen Stumpf in dem eine Axt steckt! Verschlagen grinsend geht er darauf zu.

Even und Victoria sitzen auf der Bank. Das Schicksal scheint es endlich gut mit ihnen zu meinen, sie sind offensichtlich ganz allein: Zeit für den ersten Kuss seit langem!

Aus der Subjektiven eines Angreifers sehen wir, dass sich ihnen jemand von hinten nähert. Die beiden wollen gerade ihre Lippen aufeinander pressen, da kommt zwischen ihnen hinter der Bank eine Gestalt wie ein Springteufel hochgeschossen: Es ist **Dolly Dickham!**

Mit gespielter Überraschung freut sie sich über dieses nette zufällige Treffen. Endlich scheinen sich all ihre Träume zu erfüllen – genüsslich labt sie sich an der Vorstellung, ihrem Gatten von dieser unsäglichen Affäre seiner Tochter mit einem hässlichen bürgerlichen Beamten zu berichten, woraufhin sie mit Sicherheit von ihm enterbt würde und Dolly nach seinem hoffentlich baldigen Tod allein an sein Vermögen käme. Ihren Triumph auskostend setzt sie sich neben die zwei auf die Bank. Mit seiner Axt durchtrennt Chucky das Sicherungsseil, welches den Zementmischer über der Bank hält. Even und Victoria stehen genervt auf, um sich von Dolly zu entfernen. Genau in diesem Moment saust der Mischer hernieder auf die jetzt leere Stelle der Bank, wodurch diese wie ein Katapult die kreischende Dolly in hohem Bogen aus dem Bild befördert.

Longer erblickt Norris, der sein erneutes Scheitern erkennt und in wilder Panik flieht. Longer zieht seine Waffe, schießt, verfehlt ihn und rennt hinterher.

Im Inneren des Klosters hören **Long** und **Dubinsky** die Schüsse und rennen zur Tür. Draußen treffen sie mit Longer zusammen, der Chucky in Richtung Moor verfolgt.

22. Wald und Moor, Nacht, schwarz-weiß

Chucky flieht vor seinen Verfolgern in den Wald, Richtung Moor. An einer Stelle gabelt sich der Weg, er läuft nach links.

Even, Very und **Dieter** kommen kurz darauf an die gleiche Stelle und teilen sich auf – Even nimmt den linken Pfad, Long und Dubinsky den rechten. Es ist durch Schilder deutlich gekennzeichnet, dass man eigentlich nirgendwo lang solle, weil das Moor eine tödliche Gefahr darstellt!

Norris rennt weiter, er kommt vom Weg ab und kämpft sich durch das Dickicht. Plötzlich sinkt er bis zur Hüfte ein – er ist mitten in das Moor gelaufen! Mit großer Geschwindigkeit wird er in die Tiefe gezogen, je verzweifelter er um sich strampelt, desto schneller geht es. Even kommt hinzu, Chucky schreit um Hilfe. Even schaut um sich und entdeckt auf dem Boden einen langen schweren Ast.

Long und Dubinsky haben sich verlaufen. Sie wissen nicht mehr so recht wo sie sind, von Chucky keine Spur. Sie bleiben stehen und schauen sich ratlos um. Dubinsky ist verwundert – er fragt Long, ob es möglich wäre, dass die Bäume um sie herum auf einmal sehr schnell wachsen würden. Long versteht nichts und sagt nein – was allerdings Dubinsky erkennen lässt, dass sie unter diesen Umständen wohl gerade im Moor versinken! Beide erkennen ihre missliche Situation und schreien um Hilfe.

Even Longer versucht, Chucky mit dem Ast zu retten, schwingt diesen in seine Richtung und trifft ihn damit am Kopf. Norris sinkt immer tiefer, er geht unter, seine Hand nach oben gestreckt.

Man denkt, es wäre mit ihm vorüber, aber er kommt noch einmal hoch, nur um erneut um Gnade zu winseln, schließlich hat er doch nur getan, was der Wixxer von ihm verlangt habe! Dann geht er endgültig unter, seine ausgestreckte Hand ragt aus dem Moor. Longer hört Long und Dubinsky um Hilfe schreien und rennt zu ihnen.

Even findet die beiden. Sie stehen bis knapp zur Hüfte im Moor, sinken aber nicht mehr weiter. Sie hatten Glück – das Moor ist an dieser Stelle nur 50 cm tief. Dubinsky meint, wahrscheinlich sei dies das Nichtschwimmer-Moor.

23. Kloster St. Vokuhila, nächster Morgen, FARBE!

Die Sonne geht auf, der Morgen bricht an, die Welt ist wieder bunt. In verschiedenen kurzen Bildern sehen wir, was rund um das Kloster geschieht: Schwester Lucipha zieht die Vorhänge zurück und lässt die Sonne herein, ein fröhliches Vöglein landet auf der immer noch aus dem Moor ragenden Hand von Chucky Norris, Schwester Stephanie spielt an der Orgel (Bach-Fuge/ Phantom der Oper/ Ententanz), der Klostereingang wird mit Blumen geschmückt, erste Limousinen treffen ein, das Fernsehen baut Kameras auf, etc.

Even Longer sitzt (vollständig bekleidet) auf einem Stuhl an der Tür im Zimmer von **Victoria** und beobachtet, wie sie gerade in ihrem Bett aufwacht. Sie sieht Even dort sitzen und bemitleidet ihn, dass er wirklich die ganze Nacht ohne Schlaf dort Wache gehalten habe. Longer meint, das sei nun mal sein Job, Gefahr ist sein ... er ist ja ... er muss ja.

Sie unterhalten sich darüber, wie freundlich doch das Kloster in bunt aussähe, und Victoria erzählt ihm, das Schwester Lucipha das eigentlich nicht gutheiße, das Fernsehen aber auf der Farbe bestanden hätte, weil man heutzutage keine Live-Übertragung in mehr schwarz-weiß machen könne.

Victoria bringt Even einen Kaffee und will ihm einen Kuss geben, aber ungeschickterweise bekommt Longer dabei den Inhalt der Tasse über seinen kompletten Anzug. Er ärgert sich, weil dies sein einziger ist, und schaut sich nach einem Reinigungsmittel um.

In der Halle fliegt mit Wucht die Tür auf. Der **Duke of Dickham** kommt wütend hineingestürmt, an seiner Seite **Sir John** (beide in festlichem Smoking), der versucht, ihn etwas zu besänftigen. Aus der Ferne betrachtet diese Szene heimlich und mit Argwohn **Schwester Lucipha**.

Der Herzog will sofort seine Tochter sehen, vor ihrer Tür allerdings wird er von **Long** und **Dubinsky**, die dort immer noch Wache halten, gestoppt. Der Duke kommt gerade aus dem Krankenhaus und hat von seiner schwer verletzten Frau nicht nur von dem erneuten Anschlag erfahren, sondern auch davon, dass der Chief Inspector offensichtlich an seiner Tochter herumfummelt!

Sir John beteuert, dass dies gar nicht möglich sei, keine vernünftige Frau würde sich mit Even Longer einlassen, und auch Very Long versucht seinen Kollegen zu decken: Der Chief Inspector ist gar nicht hier und es gibt definitiv keine Beziehung zwischen ihm und Victoria!

In diesem Moment öffnet sich die Tür hinter Long, **Even Longer** tritt nur mit Unterhemd und Unterhose bekleidet heraus, den Kopf noch ins Zimmer gewandt und ruft Victoria zu: »Reib schon mal feucht, Schätzchen, ich bin gleich wieder bei Dir!« Er dreht sich um und verharrt wie angewurzelt – in einem Halbkreis um ihn herum stehen Long, Dubinsky, Sir John und der Duke of Dickham, und starren ihn mit stummem Entsetzen an. Betretenes Schweigen. Ein paar Nonnen und **Schwester Stephanie** kommen von der Seite hinzu und blicken schockiert auf Longer. Dubinsky meint trocken: »So was nennt man glaub ich Coitus Interruptus!«

24. Vor der Kirche des Klosters, Tag, Farbe

Rolf Engelbert-Humperdinck, Hofberichterstatter der BBC, steht vor der Kirche des Klosters St. Vokuhila und berichtet vom Eintreffen der Gäste.

Im Hintergrund (oder auf einem Monitor/ vielleicht gemischt mit Archivaufnahmen von einer königlichen Hochzeit) sieht man, wie am Ende das Brautpaar – **August Ernst von Braunschweig** und seine **Verlobte Kalorine** – sich der Kirche nähert. Dabei fühlt August Ernst sich zuerst von einem Kameramann gestört, woraufhin er jemandem aus dem Publikum den Schirm entreißt und damit auf ihn einprügelt. Danach verjagt er auch noch die Blumenmädchen damit und tritt nach ihnen, vielleicht versucht er auch noch an die Kirche zu pissen.

Darüber hören wir den professionell-seriösen Kommentar des Reporters, der uns außerdem erzählt, dass die Königsfamilie und der gesamte Hochadel Englands heute hier versammelt sind. Wir sehen **Schwester Stephanie** im Glockenturm die Glocke läuten.

25. Kloster St. V., Zimmer von Victoria, Tag, Farbe

Even Longer, wieder vollständig bekleidet, ist mit den Nerven am Ende. **Victoria** (auch schon festlich gekleidet) versucht ihn zu beruhigen, aber Even zählt noch einmal alles auf, was bisher schiefgegangen ist: Die Geheimhaltung ihrer Beziehung ist geplatzt, der Schwiegervater in spe hasst ihn, alle Opfer der Liste sind tot, es ist weiterhin unklar, wie die Personen darauf miteinander zusammenhängen, Very ist in Gefahr, ebenso Victoria, keine Spur, keine Ahnung wer der Wixxer ist, der sich zudem immer noch auf freiem Fuß befindet!

Zwischen den Beiden steht plötzlich noch eine Person, die gebannt lauscht und zustimmend nickt: der Wixxer! Even braucht eine Schrecksekunde, um zu begreifen, was gerade passiert – der Wixxer aber ist schneller. Er greift mit einer Hand die schreiende Victoria, mit der anderen einen großen steinernen Aschenbecher und haut diesen Longer mit voller Wucht in die Fresse! Longer bricht zusammen.

26. Kloster St. V., vor Victorias Zimmer, Tag, Farbe

Long und **Dubinsky** sitzen vor der Tür, hören von drinnen Gepolter und spitze Frauenschreie und schauen sich wissend lächelnd an. Hinter ihnen öffnet sich die Tür – der benommene **Longer** torkelt heraus. Er will wissen, ob sie den Wixxer aufgehalten haben – doch die beiden verstehen rein gar nichts. Even erklärt ihnen, dass soeben der Wixxer Victoria entführt hat – da er aber nicht an ihnen vorbeigekommen ist, muss das bedeuten, dass es im Zimmer eine Geheimtür gibt!

Long, Dubinsky und Even gehen hinein und durchsuchen den Raum, schauen hinter jeden Schrank. Aber sie können nichts finden.

Dubinsky steht am Fenster und sagt:»Hier können sie auch nicht raus sein, das ist nur aufgemalt!« Long und Longer stürzen zu ihm und entdecken, dass das gesamte Fenster plus Rahmen nur auf eine Tür aufgemalt ist. Sie öffnen diese und finden einen geheimen Gang, der ins Dunkle führt. Schnell gehen sie hinein.

27. Geheimgang & Gruft, Kloster St. V., Tag, Farbe

Long, **Longer** und **Dubinsky** gehen einen dunklen Geheimgang entlang, keine Ahnung wo dieser hinführt. Er mündet letztendlich in einem Raum direkt unter dem Kloster. Die drei öffnen die massive Tür – und sind geschockt über den Anblick.

In einem großen Gewölbe (Fackeln an den Wänden, Artefakte, Antiquitäten, hinten aber auch Monitore, auf denen man die parallel ablaufende Hochzeit sieht, Werkstattzubehör wie Schweißbrenner, Metallplatten, etc.) steht in der Mitte des Raumes eine riesige Bombe. Drähte quellen heraus, Dioden funkeln vor sich hin, der **Wixxer** steht mit **Victoria** dahinter. Als diese Even erblickt, ruft sie sofort nach ihm um Hilfe.

Even, Very und Dieter stürmen auf sie zu – da plötzlich springen ihnen **drei Nonnen** in den Weg. Schnell werfen sie ihre Kutten ab, darunter stecken sie in einem hautengen Lederdress. Sogleich nehmen sie die *Drei Engel für Charlie* (Film-) Pose ein (und sehen außerdem aus wie Drew Barrymore, Lucy Liu und Cameron Diaz) – und stürzen sich auf die verdutzten Ermittler.

In einem wunderschön choreographierten Kampf müssen nun Long, Longer und Dubinsky sich mit je einer Angreiferin auseinandersetzen. (Hierbei ist wichtig, dass die verschiedenen Charaktere auch im Kampf deutlich bleiben: Even =

Möchtegern-Action-Held, Very = eigentlich tollpatschig, kann aber eine Menge, Dieter = lethargisch, eigentlich ist ihm alles egal, er bewegt sich kaum und erledigt sie doch/ dabei sollten möglichst viele Klischees des modernen Action-Kinos parodiert werden, z.B. Zeitlupensprünge, Video-Ästhetik, asiatische Kampftechniken, Heavy-Metal-Soundtrack, übertriebene akustische Soundeffekte, etc.) Wie auch immer: am Ende gewinnen unsere Helden irgendwie doch noch.

Der Wixxer beteiligt sich nicht am Kampf, sondern versucht inzwischen, die Bombe weiter vorzubereiten. Longer hat sich seiner Angreiferin entledigt, schaut nun zu ihm und ruft »Hey Wixxer, Du hast Deinen Aschenbecher vergessen!« Mit einer dramatischen Geste wirft er den Ascher, mit dem er selbst vorher niedergeschlagen wurde, dem Wixxer an den Kopf. Dieser bricht ohnmächtig zusammen, aktiviert dabei aber versehentlich die Bombe! Der Countdown läuft, 90 Sekunden ticken rückwärts! Longer flucht.

Der Wixxer liegt k.o. am Boden, Longer schiebt Victoria zur Seite, Long und Dubinsky stellen sich mit ihm um die tickende Bombe – es gibt jetzt nur ein Ziel: sie so schnell wie möglich zu entschärfen!

Longer ist nun klar, was der Wixxer hier vorhatte: Er wollte die gesamte Königsfamilie auslöschen, die genau über ihnen bei der Hochzeit zusammensitzt! Even beugt sich schwitzend über die Bombe, vor sich sieht er ein wirres Durcheinander von Drähten, blinkenden Anzeigen, usw.

Long ruft, er solle den blauen Draht durchschneiden, es sei immer der blaue Draht – Dubinsky meint allerdings, im Osten sei es sei immer der rote gewesen! Longer wird panisch – es gibt hier alle Farben, aber weder blau noch rot!

Er versucht, ein Rädchen aufzuhalten, wodurch allerdings nur noch mehr Lampen glühen und der Countdown schneller tickt. Long und Dubinsky verwirren ihn zusätzlich mit unverständlichen Fachausdrücken, die sie irgendwo mal aufgeschnappt haben (Bypass legen, Thorax-Drainage, etc).

Ihre letzte Chance: Longer befiehlt Long, Brinkman anzurufen, der kennt sich mit Bomben aus! Very holt sein Funkgerät raus und wählt.

Gerichtsmedizin. **Brinkman** liegt bäuchlings mit freiem Oberkörper auf einer Bahre mitten in der Pathologie, um die Hüften ein Handtuch. Ein bärtiger **Kollege** im Kittel massiert ihn, es läuft Entspannungsmusik. Sehr relaxt geht er ans Telefon, nebenbei lässt er sich weitermassieren und nippt an einem Cocktail mit Schirmchen.

Long versucht aufgeregt, ihm die Situation zu erklären. Brinkman will wissen, um was für eine Bombe es sich denn handle. Very sagt ihm die aufgedruckte Fabrikatsnummer – und die ist Brinkman wohl bekannt! Eine sehr gute Bombe, wie er feststellt, kann ein ganzes Kloster in die Luft jagen, äußerst effektiv. Long fragt: »Und wie entschärft man die?« – Brinkman: »Entschärfen – gar nicht, unmöglich. Deswegen ist sie ja so gut! Schönen Tag noch.« Brinkman legt auf.

Long und Longer sind verzweifelt – nur wenige Sekunden bis zur Detonation und keiner hat eine Idee, wie man die Bombe stoppen kann. Bis auf Dubinsky – der findet den roten Aus-Schalter an der Seite und drückt ihn einfach! Die Bombe stoppt bei 007 Sekunden.

Erleichtert atmen alle auf. Nun ist es an der Zeit, endlich den Wixxer, der immer noch am Boden liegt, zu demaskieren. Sie richten ihn auf und nehmen ihm die Maske ab – es ist: **Schwester Lucipha!!!!**

Alle sind überrascht – Schwester Lucipha lächelt überlegen und geheimnisvoll. Schnell beginnen Long und Longer, die losen Fäden zusammenzuführen: Sie steckt also dahinter, das hatten sie sich ja gleich gedacht, die rätselhafte Nonne wollte die Königin töten, usw. ... nur verstricken sie sich bei ihren Ausführungen mit wenigen Sätzen derart in dümmliche Ungereimtheiten, dass sie selbst ins Stocken kommen. Irgendetwas stimmt da nicht ... die Motive und einige der Morde ergeben in ihren Ausführungen keinen Sinn, außerdem war die Schwester während einiger Taten nachweislich im Kloster. Lucipha lächelt schweigend.

Dubinsky tritt hinzu und meint, dass er der festen Überzeugung sei, dass der Wixxer in Wirklichkeit jemand ganz anderes ist. Long und Longer fragen ihn, wer es denn seiner Ansicht nach wohl sein soll. Dubinsky:»Na der, der da gerade die Waffe auf Sie richtet!«

Long und Longer drehen sich erschreckt um und schauen auf – Victoria Dickham!!!! In jeder Hand hält sie eine Pistole, eine auf Very und eine auf Even gerichtet! Schwester Lucipha hat in der Zwischenzeit ebenfalls zwei Waffen unter ihrem Cape hervorgezogen.

Ja, es ist wahr – sie ist in Wirklichkeit der Wixxer! Zum Beweis reißt sie sich mit einer einzigen Bewegung ihre Kleider vom Leib, darunter trägt sie das komplette Wixxer-Kostüm! Even ist sprachlos.

Die Lösung des Rätsels ist eigentlich ganz einfach: Victoria ist in 14. Linie mit dem Königshaus verwandt, deshalb plante sie, alle vor ihr stehenden Anwärter auf die Krone während der Hochzeit von August-Ernst auf einen Schlag zu beseitigen und selbst Königin von England zu werden!

Schwester Lucipha ist in Wirklichkeit Victorias Mutter, nach ihrer Geburt vom Herzog verstoßen (woraufhin sie sich mit Hass gegen den gesamten verlogenen Hochadel im Herzen in das Kloster zurückzog, ihre Tochter aber nie aus den Augen ließ und immer heimlich mit ihr Kontakt hielt).

Um als spätere »zufällige Thronerbin« nicht verdächtigt zu werden, benutzte Victoria das Kostüm des Wixxers und setzte sich selber auf die Todesliste, um alle von ihren wirklichen Plänen abzulenken. Chucky versuchte also in ihrem eigenen Auftrag, sie zu töten – da er ebenso wahnsinnig wie unfähig war und sie mit ihrer Mutter selber die Anschläge steuern könnte, konnte sie sicher sein, dass ihr nichts passieren würde.

Die anderen Opfer waren alles Personen aus ihrer Vergangenheit, an denen sie sich noch persönlich rächen wollte – was sie natürlich nicht mehr tun konnte, wenn sie erst mal Königin ist! (der Lateinlehrer, wegen dem sie sitzenblieb, der Bademeister, der sie bei der Seepferdchen-Prüfung durchfallen ließ, die Fartwinds, die sie mit schon 18 Jahren trotzdem nicht in den Flötenschlumpf ließen, Rather, um die Wixxer-Identität zur Tarnung zu bekommen, Long, weil sie auf ihn eifersüchtig war, Even verbrachte zu viel Zeit mit ihm) Sie selbst hat alle ermordet, der Geheimgang erlaubte Victoria dabei, das Zimmer im Kloster jederzeit unbemerkt zu verlassen.

Lucipha musste sie am Ende vor Evens Augen entführen, um ihre Flucht zu ermöglichen und ihn zu täuschen (er wollte ja einfach nicht aus dem Zimmer, selbst der Trick mit der Kaffeetasse hatte nicht geklappt, aber sie musste unbemerkt zu der Bombe im Keller verschwinden, ohne dass er Verdacht schöpft). Er sollte nichts herausfinden, denn ihn liebte sie wirklich, er sollte ihr König werden, hat aber durch seine Einmischung leider alles vermasselt!

Dubinsky steht neben der Bombe und meint, dass das sehr hoch gepokert war, darauf zu warten, dass er noch rechtzeitig den Schalter zur Entschärfung der Bombe fände – und drückt diesen zur Demonstration versehentlich erneut. Dieter sagt »Oops«, der Timer tickt weiter rückwärts, Lucipha und Victoria schreien »Nein« und wollen zu ihm stürzen, Dubinsky meint nur »Ist ja schon gut, keine Panik!« und drückt wieder auf den Aus-Knopf. Der Counter stoppt bei 001 Sekunden. Diesen Schreckmoment nutzen Long und Longer – blitzschnell greifen sie in ihre Mäntel und ziehen jeweils zwei Waffen. Jetzt ist die Bedrohung wieder ausgeglichen: Jeder zielt mit zwei Pistolen auf seine zwei Gegner. Alle bilden dabei quasi eine Kette: Long – Victoria – Longer – Lucipha. In der Mitte des Kreises steht der unbewaffnete und völlig überforderte Dubinsky ... dem gerade einfällt, dass er eigentlich noch einen sehr wichtigen Termin hätte.

Tarantino-artig stehen sich alle im Todeskreis gegenüber – keiner ist im Vorteil. Jeder weiß, wer auch immer zuerst schießt, könnte eine Kettenreaktion hervorrufen, die Augen wandern von einem zum anderen, Panik.

Longer und Victoria befinden sich dabei in einem besonderen emotionalen Dilemma – eigentlich will keiner der beiden auf den anderen schießen (Dubinsky meint, man könnte noch mal versuchen, miteinander zu reden). Even versucht ein letztes Mal, sie zur Vernunft zu bringen – aber es gibt keinen anderen Ausweg: mit einer Träne, die ihre Wange herunterrollt, schießt Victoria auf ihn!

Even fällt getroffen um, Long duckt sich vor dem Schuss Luciphas, springt in Zeitlupe zur Seite und schießt der Mutter ihre Waffen aus den Händen, lädt während des Sprungs noch einmal nach, schießt nach oben auf einen Leuchter, der von der Decke auf Lucipha fällt und diese niederschlägt.

Aus der Zeitlupe mit einer spektakulären Rolle vorwärts landend, rappelt er sich in Echtzeit wieder auf, nur um zu erkennen, dass Victoria inzwischen ihre Waffe auf ihn gerichtet hat. Longer liegt verletzt am Boden und bittet sie noch einmal aufzugeben, aber sie kann nicht anders – sie spannt den Hahn, zielt – ein Schuss peitscht durch den Raum!

Doch nicht Long wurde getroffen, sondern Victoria, die vor seinen Augen zusammenbricht. Even hält sich die Schulter und steht langsam vom Boden auf. Er, Long und Dubinsky (der sich schützend auf den Boden geworfen hatte) schauen ungläubig zur Tür – dort steht **Schwester Stephanie** mit einer rauchenden Pistole in der Hand.

Stolzen Schrittes und sich äußerst cool eine Sonnenbrille absetzend, kommt sie zu ihnen – und kann überraschenderweise sogar sprechen! Sie ist nämlich in Wirklichkeit eine Agentin des deutschen Geheimdienstes BKA und heißt Inge Lenßen, getarnt hier im Kloster untergebracht, um für die Sicherheit von August Ernst während der Hochzeit zu sorgen.

Stefanie hat die ganze Zeit über alles mitbekommen. Sie drückt auf einen Knopf am Revers, woraufhin sich ihr Buckel öffnet. In ihm befindet sich ein Telefon (altmodisch mit Schnur), sie nimmt den Hörer und spricht kurz hinein, dass der Keller gesichert ist, die Hochzeit kann ohne Bedenken weitergehen.

Longer zeigt sich erleichtert darüber, dass demnach ihr Buckel und die hässlichen Warzen nur Tarnung seien – was sie die Warzen betreffend allerdings leider verneinen muss. Dubinsky fragt noch mal, ob sie dann aber doch wenigstens wirklich taubstumm sei. Sie antwortet darauf nicht, nimmt ihn aber beiseite und fragt, ob er nicht vielleicht Interesse hätte, beim deutschen Geheimdienst anzufangen – seine bisherige Arbeit hätte sie doch sehr beeindruckt!

Longer schaut nach Victoria, die noch lebt, aber verletzt und ohnmächtig ist, und legt ihr traurig Handschellen an.

Schwester Stephanie nähert sich und streckt ihm die Hand entgegen. Sie freue sich, dass sie mit ihm arbeiten dürfe. Longer ist etwas verwirrt und beteuert lächelnd, dass er sich so was ja schon gedacht habe ... und sie natürlich nicht sauer sein dürfe über seine fiesen Sprüche zu ihr, das war natürlich auch nur Tarnung, haha ... Stephanie/Lenßen lacht verständnisvoll, doch bevor er ihre Hand schütteln kann, zieht sie ihre weg und haut ihm mit voller Wucht eins in die Fresse! Arschloch!

28. Bates Hospital, Tag

Long, Longer, Sir John und **Dr. Hatler** stehen vor Victorias Gummizelle (in der einst Chucky Norris saß) und schauen hinein. **Victoria** sitzt apathisch und kerzengerade darin in einer Zwangsjacke.

Hatler erklärt, um welche Art Weltherrschafts-Psychose es sich bei ihrer Geisteskrankheit handelt – kommt häufig vor, kann er aber nicht wirklich gutheißen.

Momentan befände sie sich aber dank seiner Therapie (unter anderem beruhigende Landschaftsmalerei) schon deutlich auf dem Weg der Besserung (als Beweis zeigt er ein Bild, das sie am Vormittag gemalt hat: schwarz, Leichen, Longer zerteilt, die Welt explodiert, überall Blut, etc.) – seiner Meinung nach könnte sie in schon 40 bis 50 Jahren entlassen werden.

Während über sie gesprochen wird, sehen wir Victoria in der Nahaufnahme (wie einst Norman Bates am Ende von *Psycho*) – sie denkt nach, eine Fliege krabbelt über ihr Gesicht, die Augen folgen ihr, plötzlich schnellt ihre Zunge hervor und zieht das Insekt in ihren Mund. Victoria lächelt.

Hatler, Sir John, Long und der sich traurig verabschiedende Longer entfernen sich durch den Zellengang und machen abschließende Kommentare zu diesem Fall.

Hinter den Gitterstäben einer weiteren Zelle steht **Dolly Dickham** (ein Arm und ein Bein in Gips mit Kopfverband) und versucht die Aufmerksamkeit der Anwesenden zu erringen, eine Schale in ihren Händen haltend: Sie habe extra für ihre Stieftochter eine Suppe gekocht, aus Seife und Reinigungsmitteln, vielleicht nicht besonders lecker, aber mit Liebe gemacht ... hallo?

Die anderen gehen an ihr vorbei, ohne auf sie zu achten. In der Zelle nebenan sitzt allerdings – ebenfalls bandagiert – **Schwester Lucipha** und sagt ihr, sie solle endlich die Fresse halten!

Am Ende des Ganges schlägt Hatler einem **Wärter** auf die Schulter und sagt deutlich, dass er ganz besonders gut auf Victoria Dickhams Zelle achten solle. Der Wärter dreht sich langsam um und lacht in die Kamera – es ist derselbe, der vorher auch Chucky Norris freigelassen hat!

ENDE

29. Abspann, Song, Outtakes

30. Park vor Bates Hospital, Tag
Epilog. **Long** und **Longer** sitzen auf einer Parkbank. Even denkt noch einmal resignierend über sein trauriges Schicksal nach, wieder ist er allein, man kann Frauen einfach nicht vertrauen. (siehe Ende *Wixxer 1*) Long meint tröstend, sie hätten ja immer noch einander und nimmt ihn in den Arm.

In diesem Moment ruft jemand Verys Namen: Es ist Longs Vater **Quite Long** (Eddi Arent), ähnlich gekleidet wie Very. Even und Very ist die Situation sehr unangenehm, sie versuchen klarzumachen, dass dies nicht sei, wonach es aussieht.

Papa Long meint, das sei schon okay, heute wären ja viele Männer so, da ist ja auch nichts mehr gegen zu sagen, aber Very hätte sich ja wenigstens einen etwas attraktiveren Freund aussuchen können. Betretenes Schweigen.

(Sollten wir doch noch Blacky Fuchsberger zu einem Auftritt bewegen können, wäre dieser natürlich als Evens Vater ebenfalls mit dabei – oder auch nur einer von beiden, je nachdem was wir ermöglichen können.)

Statement Oliver Kalkofe

Es gab eine Menge, was Oliver Welke, Bastian Pastewka und ich aus der Arbeit an unserem ersten gemeinsamen Filmwerk *Der Wixxer* gelernt hatten, aber eine für uns besonders wichtige Erkenntnis war: je ausführlicher und genauer das Treatment, desto angenehmer und einfacher die spätere Arbeit am finalen Drehbuch!

Deshalb gönnten wir uns ein paar ruhige Tage in Prerow an der Ostsee, weit entfernt von übertriebener Zivilisation, um dort in aller Abgeschiedenheit die Rückkehr des Wixxers so detailliert wie möglich vorzubereiten. Wichtig war für uns dabei vor allem, eine tragfähige Krimi-Story zu finden, die den Film organisch zusammenhält, damit dieser nicht zu einer Comedy-Nummernrevue verkommt, und die möglichst glaubhaft die Existenz eines neuen Wixxers im alten Kostüm erklärt. Zudem hatten wir vor, die Hauptfiguren Long und Longer sowohl mit ihrer individuellen Geschichte als auch in ihrem Verhältnis zueinander stärker in den Mittelpunkt zu stellen als im ersten Teil, wo sie trotz Dauerpräsenz emotional zu Randfiguren geworden waren.

Im nächsten Schritt stellte sich die Frage, wie wir das bereits aufgebaute Wixxer-Wallace-Universum noch genauer definieren und es noch lebendiger gestalten können. Dazu gehörte auch die Entscheidung, welche Figuren aus dem ersten Teil in den zweiten getragen werden sollten und in welchem Umfang. Hier sei speziell der beim Publikum besonders beliebte Alfons Hatler (alias Christoph Maria Herbst) zu erwähnen: Natürlich musste er zurückkehren, nur wie und wie viel? Seine Funktion als Butler im Vorgänger bot sich für die Story nicht an und gab uns zu wenige Entwicklungsmöglichkeiten, deshalb wurde er kurzerhand zum Chefarzt einer psychiatrischen Klinik befördert. Bei seinen Auftritten achteten wir stets darauf, dass es nicht zu viele wurden (eine tolle Nebenfigur, die plötzlich zur Hauptrolle mutiert, geht fast immer daneben!), dafür allerdings jede Szene mit ihm ein Volltreffer werden sollte.

Wie man lesen kann, war anfangs auch geplant, die Figur des Dieter Dubinsky (Olli Dittrich) auf ähnliche Art in den zweiten Teil zu transportieren, allerdings machte uns die Absage Ollis wegen seines patriotischen Einsatzes beim Grand Prix mit seiner Band *Texas Lightning* zum Zeitpunkt der Dreharbeiten einen Strich durch die Rechnung. Aus der Not wurde eine Tugend, und der ihm zugedachte Part ließ eine neue Figur entstehen, die für uns jetzt aus dem Wixxer-

Universum nicht mehr weg zu denken ist und uns auch weiterhin begleiten wird: Even Longers herrlich dumm-arroganter Stiefbruder und Privatdetektiv mit Tanzausbildung Much Longer (Christian Tramitz)!

So genau wir auch versucht hatten, alle Eventualitäten zu bedenken und vorzubereiten: Die Arbeit am wirklichen Drehbuch brachte jede Menge Veränderungen, die Verabschiedung einiger Szenen und Figuren, die uns letztlich mehr behinderten als weiterhalfen, so wie diverse Änderungen im Aufbau der Handlung und der einzelnen Charaktere. Dies geschah meist Schritt für Schritt, von Fassung zu Fassung, in Zusammenarbeit mit den Regisseuren Cyrill Boss und Philipp Stennert, und zwangsläufig mit jeder definitiven Cast-Zusage und dem Versuch, die Figuren so gut wie möglich den Schauspielern auf den Leib zu schreiben.

Auch wenn man natürlich niemals hundertprozentig zufrieden sein kann und wir wieder jede Menge Fehler gemacht haben, die es beim dritten Teil zu Gunsten aufregender neuer Fehler zu vermeiden gilt: Uns hat die Arbeit an diesem Film – zu jeder Zeit und in jedem Stadium! – einen Riesenspaß gemacht, und wir alle sind mit dem Endprodukt mehr als glücklich. In diesem Sinne freuen wir uns auf die bald einsetzende Arbeit an *Triple Wixxx* und noch eine wunderschöne Zeit in unserer herrlich bekloppten kleinen Wixxer-Welt.

Die Szenenoutline / Step Outline

Eine Szenenoutline oder Step Outline ist eine verkürzte Treatmentform. Hier werden die Szenen des zukünftigen Drehbuchs aufgezählt und deren Inhalt meist in einem Satz kurz zusammengefasst. Die Step Outline bildet damit sozusagen das narrative Skelett des Stoffes, in dem der *Main Plot* und seine Entwicklung zusammen gefasst wird. Damit ähnelt die Step Outline dem *Breakdown*, den Dramaturgen zur Analyse eines Stoffes einsetzen.[5]

Für den Autor kann eine Outline ein wirkungsvolles Werkzeug sein, wenn er seine Geschichte plotten will: In der entschlackten und von allem Ballast befreiten Form werden die einzelnen Stufen des Plots klar und damit z.b. schwache Phasen oder konfuse Umsprünge deutlich. Allerdings ist die eher technische Form der Step Outline wenig lesefreundlich und führt aufgrund des kondensierten Informationsgehalts wahrscheinlich zu vermehrten Fragen von Lesern, die noch nicht in das Projekt involviert sind. Als solche ist die Step Outline kein Verkaufsinstrument, sondern »nur« ein gutes Arbeitsmittel für die Stoffentwicklung.

Beispiel *Dresden*

Das folgende Beispiel zeigt den *Work In Progress*-Charakter deutlich: Es enthält Anmerkungen der Redaktion zu der Outline (kursiv gesetzt), die in der folgenden Werkstufe eingearbeitet werden sollen. *Dresden* wurde ausgezeichnet mit dem Deutschen Fernsehpreis 2006: Bester Fernsehfilm; Bayerischen Fernsehpreis, DIVA – Deutscher Entertainment Preis 2007 und dem Jupiter 2007. Einschaltquoten der Zuschauer ab drei Jahren: 12,66 und 11,29 Mio.

Autor: Stefan Kolditz
Produzenten: Nico Hofmann, Sascha Schwingel
Redaktion ZDF: Heike Hempel, Günther van Endert
Produktionsfirma: teamWorx Television & Film GmbH

5　Der Breakdown beinhaltet die wichtigsten Schritte aller Haupt- und Nebenhandlungen und stellt diese in aller Kürze mit den Angaben zu Szene, Handlungsort, Seitenzahl zusammen dar. Vgl. Benke / Routh: Script Development. Konstanz: UVK 2006, S.135-139.

Dresden, Teil 1 – Outline von Stefan Kolditz

(Überarbeitung vom 16.3.2004)

Flug die Elbe entlang. Vorbei an den malerischen Felsen der Sächsischen Schweiz. Die Silhouetten einer Stadt tauchen am Horizont auf. Dresden. Die Kuppel der Frauenkirche schimmert im Licht.

30.Oktober 2005. Eröffnung der Frauenkirche. Außen und innen. Die alte Anna mit ihrer Familie unter den Gästen. Ebenso englische und amerikanische Piloten. Darunter ein alter William.

16. Januar 45. Arnim beweist bei Operation ohne Morphium unter Beschuss Klasse. Unter den Krankenschwestern ist auch Maria, die später noch eine Rolle spielen wird. Anna ist stolz. Arnim will ihr etwas Wichtiges sagen, aber Anna will sich vergewissern, dass niemand von ihren Patienten bei dem Angriff zu Schaden gekommen ist. Was er ihr sagen wolle, könne er auch nachher tun.

Anna trifft ihren Vater auf dem verschneiten Gelände. Sie ist außer sich. Ihr Vater, der seinem Personal Anweisungen gibt, beruhigt sie, ein Versehen, die Bomben hätten ganz sicher nicht Dresden gegolten. Man spürt, dass Carl Mauth seine Tochter liebt. Als sie sich ein paar Schritte entfernt hat, trifft sie ein Schneeball. Ihr Vater rennt lachend davon. In ihm steckt immer noch ein kleiner Junge, findet Anna, der für jeden Streich selbst in dunklen Zeiten gut genug ist. Carl Mauth liebt es zu naschen, obwohl seine Frau ihn ständig ermahnt.

Anna geht in Villa. Mutter bereitet Annas Geburtstag am 12.2. vor. Anna ist genervt, stimmt aber endlich Einkauf in den nächsten Tagen zu. Ob Arnim ihr »etwas« gesagt habe? Anna verneint. Warum? Die Mutter lächelt geheimnisvoll. Der Bombenangriff hat Annas Schwester Eva aus dem Bett geholt. Sie ist erst spät nach Hause gekommen und immer noch ganz erschöpft. Anna weiß, was ihr Blinkern bedeutet: Eva hat die Nacht wieder mit irgendeinem Offizier verbracht. Jetzt hat Eva das Radio angestellt; man hört die üblichen Frontbegradigungen und Siege auf dem Rückzug. In Ostpreußen und Schlesien geht die Offensive der Roten Armee unter Konjew und Schukow in den 4. Tag. Annas Mutter will davon nichts hören und schaltet auf Operettenmusik um. Eva glaubt fest an den Endsieg durch die Wunderwaffen.

Ein B17-Bomber über dunkelblauem Wasser. Der Kanal. Die englische Küste taucht auf. Der Pilot Robert. Nacheinander fallen die Motoren aus. Zum Schluss fliegt er nur noch mit einem. Kurz vor dem Flugplatz streikt auch der letzte Propeller, aber Robert schafft es, die Maschine heil runterzubringen. Die Kameraden sind beeindruckt.

Amerikaner fahren mit Robert in den Pub. Sie haben alles vorbereitet, es geht um die Revanche gegen ihre englischen »Kollegen«.

Amerikanische und englische Piloten im Pub. Rivalität. Im Radio eine Rede Churchills über die Fortschritte der Alliierten. Auch die Offensive der Roten Armee im Osten komme voran.

Churchill in seinem Büro. Er hat die Rede beendet. Gespräch mit seinem Luftfahrtminister Archibald Sinclair. Jetzt klingt das alles weniger optimistisch. Zumindest, was das Gleichgewicht der alliierten Partner betrifft. Die Russen seien beängstigend schnell.

(Diskutieren, durch welche Figuren die englische Seite den äußeren Spannungsbogen bestimmt. Bisher kein klarer Fokus und zu viel Personal. Vorschlag statt Churchill eher Harris und die Ebene darunter darstellen, die Aussagen interpretieren und Vermutungen anstellen.)

Annas Vater geht in sein Zimmer und schließt die Tür sorgfältig hinter sich ab. Er stellt das Radio an, dreht die Lautstärke herunter und dann so lange am Senderregler, bis man die BBC hört. Auch hier wird die Churchill-Rede kommentiert.

Unterdessen hat sich das Geschehen vor den Pub verlagert. Auf dem Dach stehen zwei seltsame Fluggeräte. Es geht darum, wer damit am weitesten kommt – und es auch noch überlebt. Beim letzten Mal haben die Briten gewonnen. Der Preis ist eine Flasche Whisky. Robert »fliegt« für die Amerikaner, William für die Briten. Die beiden sind Freunde. Robert behält den Schraubverschluss als Andenken an den Sieg und als Talisman.

Arnim und Anna im OP-Raum. Das Licht fällt aus. Anna versteht nicht, wieso die Notversorgung nicht anspringt. Sie zündet eine Kerze an – und entdeckt eine Flasche Sekt mit zwei Gläsern. Arnim macht ihr einen Heiratsantrag. Anna reagiert ambivalent. Natürlich ist sie bewegt, aber warum so schnell? Mitten im Krieg?! Gerade, weil Krieg ist, antwortet Arnim. In einer Zeit, in der alles kaputt gehe, sei die Ehe die einzige Hoffnung.

Frühstück. Anna stellt ihren Vater zur Rede. Die Versorgungssituation im Krankenhaus werde immer schlechter. Es fehle an allem, vor allem aber an Morphium. Carl Mauth weiß um die Problematik. Mit seiner Art kann ihm Anna nichts übel nehmen, sie weiß, wie viel ihr Vater um die Ohren hat, damit das Krankenhaus überhaupt weiter arbeiten kann. Der erinnert seine Tochter Eva daran, dass sie immer noch »verheiratet« sei. Die macht ein finsteres Gesicht, sie weiß, dass ihr Vater damit ihre nächtlichen Eskapaden meint. Anna schlägt vor, dass man vielleicht Evas Beziehungen zum Gauleiter Mutschmann ausnutzen solle, um an Morphium zu kommen, aber ihre Mutter braucht Mutschmann für etwas ganz anderes. Sie will wissen, ob es »jetzt passiert« sei. Anna nickt, Arnim habe ihr einen Heiratsantrag gemacht. Die Mutter strahlt, endlich, Arnim sei eine so gute Partie, jede Frau an seiner Seite werde von allen anderen beneidet werden. Annas 24. Geburtstag am 12.2. soll gleichzeitig die offizielle Verlobung sein.

(Diskutieren, ob ein Moment erzählt werden muss, der Anna stärker gegen die

Alliierten aufbringt. Welches Ziel könnte sie haben, das die Geschichte in Gang bringt? Bisher zu unstrukturiert. Beginn erst mit Erscheinen Robert. Vorbereiten.)
Anna geht in die Frauenkirche. Gespräch mit dem Pfarrer über ihre Beziehung und die bevorstehende Verlobung. Der Pfarrer rät ihr, sich nach niemandem zu richten, sondern allein auf ihr Herz zu hören, das Herz sei der direkteste Weg zur Weisheit. Wenn ihr Freund sie liebe, werde er ihre Entscheidung akzeptieren.

25.1. Churchill telefoniert mit seinem Luftfahrtminister Archibald Sinclair. Es geht um den rasanten Vormarsch der Russen im Osten, während die Alliierten im Westen gerade mal geschafft haben, die Ardennenoffensive der Deutschen zu stoppen. Nachdem die RAF fast alle wichtigen Städte im Westen zerbombt habe, will Churchill wissen, welche Städte man sich noch im Osten vornehmen könne. Er braucht ein Zeichen für die Russen, ein Zeichen dafür, dass man immer noch im Spiel und ein gleichwertiger Partner sei, ein Zeichen der Stärke, einen Donnerschlag. In wenigen Tagen wird er in Jalta an der Konferenz der Alliierten teilnehmen. Dort will er Stalin gegenüber punkten.

Dresdens vollkommen intakte Altstadt mit ihren barocken Gebäuden. Anna und ihre Mutter in einem Laden mit Meißner Porzellan. Auch wenn Anna erst ihre Verlobung feiere, man könne mit der Ausstattung für die Hochzeit nie früh genug anfangen. Die Verkäuferinnen und Kunden tauschen ihre Befürchtungen über den Krieg und die Bedrohung Dresdens aus. Jede Menge Nachrichten aus anderen deutschen Städten. Gerüchte. Siegeshoffnung, Depression, Optimismus, dass Dresden nichts passiert.

Anna und ihre Mutter im Café Kreutzkamm am Altstädter Markt. Bürgerliche Behaglichkeit. Die Mutter schmiedet wie immer Pläne für die Zukunft. Anna hält den Wahnsinn kaum noch aus. 500 Kilometer entfernt versinken Städte in Schutt und Asche, verbluten ganze Armeen im pausenlosen Granatfeuer, und hier in Dresden sitzen Frauen am Altmarkt und spielen heile Welt zur Musik eines Stehgeigers.

26.1. Sinclair trifft sich mit Churchill (in Wirklichkeit per Brief). Er befürwortet weitere Angriffe auf Hydrierwerke, nicht auf Städte. Auf diese Weise lege man Deutschlands Kriegsmaschine trocken. Churchill rastet aus. Die Frage nach zu bombardierenden Städten im Osten sei keine Bitte gewesen. Erschrocken verspricht Sinclair, sofort zu handeln.

Amerikanische Flugzeugbasis Südengland. Robert wird zu seinem Staffelkapitän gerufen. Sie würden einen Angriff auf Berlin fliegen, die Rückroute würde sie dicht an Dresden vorbeiführen. Robert kenne doch Dresden? Der nickt. Er sei da geboren. Das Problem sei, dass die Aufklärung kaum vernünftige Fotos von Dresden besäße. Deshalb solle Robert durch seine Ortskenntnis auf dem Rückflug welche schießen. Der schluckt. Sei Dresden jetzt etwa auf der Liste der zu bombardierenden Städte? Sein Staffelkapitän weicht aus.

3. Februar. Zusammen mit seiner Crew steigt Robert in seinen B17-Bomber. Innen und außen. Bevor er abhebt, küsst er den Whiskyverschluss.

Anna und Eva im Kino. In der Wochenschau wird von den heldenhaften Kämpfen der Wehrmacht in ganz Europa berichtet. Vor allem die Erfolge der Luftwaffe und die»Vergeltungsschläge« der V1 und V2 Raketen in London sind zu sehen. Ein Teil des Publikums jubelt und applaudiert bei jedem Treffer, wenn die zerstören Häuser in London und die in den Trümmern herumirrenden Menschen auftauchen, besonders laut Eva, ein anderer Teil schweigt. Dann beginnt der Hauptfilm: Zarah Leander in *Die große Liebe*. Die Liebesgeschichte zwischen einem Piloten und einer Sängerin. Doch Anna kann sich nicht recht konzentrieren. Sie entschuldigt sich bei ihrer Schwester und verlässt das Kino noch während des Films.

Kaum hat Anna die Altstadt verlassen, ändert sich das Bild. Ein endloser Flüchtlingstreck aus Schlesien. Bauern, Frauen und Kinder, zu Fuß und auf Pferdewagen.

Robert und seine Crew über Dresden. Der B17-Bomber im erbitterten Luftkampf mit mehreren deutschen Jägern, vielleicht die neuen Me 262, Düsenjäger, die schnellsten Flugzeuge des Krieges. Innen und außen. Roberts Hydraulik wird getroffen, die Bordwaffen fallen aus. Es ist nur noch eine Frage der Zeit, was folgt: der Abschuss.

Notlandung auf freiem Feld. Innen und außen. Explosion der Maschine. Die Streuner Henry und Anton, die sie ausrauben. Lynchjustiz an Überlebenden. Robert entkommt.

Versteck in Scheune. Verwundung. Kälte. Hunger. Verfolger mit Hunden verlieren ihn. Er wechselt die Sachen. Mit der Whiskykappe trennt er alles aus seiner Wäsche, was auf seine Herkunft schließen lassen könnte.

Annas Mutter ist mit den Vorbereitungen der Verlobung beschäftigt. Ihr Mann dagegen damit, hinter ihrem Rücken ein paar Süßigkeiten aus der Küche mitgehen zu lassen. Sie beklagt sich, dass die Versorgung zu wünschen übrig lasse. Ob Eva nicht einmal ihre *Beziehungen* zum Adjutanten des sächsischen Gauleiters spielen lassen könne. Die verspricht, ihr *Bestes* zu tun.

Im Pub. Die Amerikaner sind zurück. Ohne Robert und seine Crew. William ist betroffen, aber noch muss das nicht heißen, dass Robert tot ist.

Morgendämmerung. Robert bricht auf.

Robert kommt an einer Batterie Flak vorbei. Es sind Attrappen aus Pappe. Dresden ist ungeschützt. Unter ihm liegt die Stadt. Er macht sich an den Abstieg.

Robert auf dem Weg durch das historische Dresden, immer gewärtig, dass jemand ihn als Feind erkennt. Er erreicht den Bahnhof, der überquillt. Flüchtlinge, erschöpfte Kinder und Frauen, verwundete Soldaten auf dem Weg zur Front. Eva in der Uniform des BDM leitet ihre Untergebenen an. Ihr Blick trifft sich mit dem eines jungen Offiziers.

Robert erreicht das Haus seines Vaters, klingelt an der Wohnung. Eine Frau öffnet ihm. Er kennt sie nicht – die zweite Frau seines Vaters. Die mustert ihn misstrauisch. Ihr Mann sei nicht da, er sei ein höherer Beamter im Postdienst und komme nicht vor 18 Uhr, was er von ihm wolle? Hinter ihr ist ein zehnjähriger Junge aufgetaucht. Sein Blick bleibt auf Roberts Stiefeln hängen. Das seien amerikanische. Robert macht, dass er wegkommt.

Er kommt aus dem Haus gelaufen. Hinter ihm Geschrei. Für einen Moment glaubt er, dass es ihm gilt. Aber dann stellt er fest, dass ein Mann mit einem gelben Stern auf der Jacke beschimpft wird (Simon). Robert hält keuchend an: Er ist als alliierter Soldat in einer feindlichen Stadt, ohne Hilfe, ohne ein Versteck und ohne Geld, er hat seit 36 Stunden nichts gegessen, und seine Wunde hat sich entzündet.

Robert hat ein Krankenhaus gefunden. Es wimmelt von Soldaten. Anna dirigiert, Arnim teilt nach Schwere der Verwundungen ein. Anna und Robert laufen aneinander vorbei, ohne dass Anna auf ihn achtet. Robert nutzt den Versorgungstrakt, um unbemerkt in den Keller zu gelangen. Mit seinen weitläufigen Gängen und Verschlägen bietet er ihm ein gutes Versteck. Keuchend lässt er sich fallen. Er ist vollkommen erschöpft. Die Wunde hat wieder angefangen zu bluten.

Robert schreckt hoch. Draußen ist es dunkel. Jemand kommt den Gang entlang. Robert hält den Atem an. Ist er bemerkt worden? Doch der Mann geht an seinem Versteck vorbei. Er trägt mehrere Pakete mit sich, die er in einem Raum deponiert, den er wieder sorgfältig verschließt. Es ist Annas Vater.

Kaum ist Annas Vater weg, als sich Robert auf die Suche nach Verbandszeug und Essen macht. Der Raum, in den Annas Vater die Pakete gebracht hat, ist mit einem Vorhängeschloss verschlossen. Auch wenn die Pakete etwas Essbares enthalten, wäre es dumm, das Schloss aufzubrechen. Also muss sich Robert auf den Weg nach oben machen.

(Versteckspiel von Robert im Keller reduzieren und stattdessen Anna, Arnim und der Lage der Stadt mehr Gewicht geben, z.B. Fliegeralarm, Bewegung. Aufatmen, dass die Stadt verschont wurde.)

Es ist Nacht. Die meisten Ärzte und Schwestern sind zu Hause. Vorsichtig schleicht er die leeren Gänge entlang, bis er im Schwesternzimmer findet, was er braucht. Auf dem Tisch entdeckt er ein Stück Kuchen, das er gierig verschlingt. Dann bricht er einen Schrank auf und versorgt sich mit Verbandsmaterial. Schritte. Jemand kommt den Gang entlang. Es ist Arnim. Nur im letzten Moment entgeht Robert der Entdeckung.

Erschöpft kehrt Robert in sein Versteck im Keller zurück. Hier verbindet er seine Wunde, die nicht gut aussieht. Er weiß, wenn er nicht bald wieder zu Kräften kommt, hat er keine Chance, durchzukommen.

Am nächsten Morgen will Anna von den anderen Schwestern (unter ihnen Maria) wissen, wer die Unordnung verursacht und den Kuchen gegessen habe. Allgemeine Ratlosigkeit. Alle blicken Maria an, doch Anna nimmt sie in Schutz, denn mittlerweile hat sie den aufgebrochenen Schrank entdeckt. Bevor sie der Sache weiter nachgehen kann, wird sie zu einer OP gerufen.

Im Keller geht es Robert immer schlechter. Er hat hohes Fieber. Erneut taucht Annas Vater auf und verstaut mehrere Kisten in dem Verschlag.

Robert hat sich wieder auf den Weg gemacht. Zwar ist abends nicht mehr so viel los auf den Gängen, aber er muss immer damit rechnen, einer Nachtschwester oder einem Bereitschaftsarzt in die Arme zu laufen. Zweimal entgeht er einem Zusammentreffen nur mit knapper Not. Endlich hat er es geschafft, unbemerkt ins Schwesternzimmer zu schleichen.

Auf dem Rückweg entdeckt er ein Pärchen. Es sind Anna und Arnim, die sich küssen. Anna will wissen, ob sie die Verlobung nicht lieber verschieben sollten? Arnim ist irritiert. Habe sie plötzlich Zweifel? Natürlich nicht, es gehe doch nur um den Zeitpunkt. Aber sei sie jetzt nicht etwas egoistisch? Wo sich ihre Mutter schon so viel Arbeit gemacht habe? Anna seufzt, widerspricht aber nicht. Wie immer.

Robert hat sich in den Waschraum geflüchtet. Hier trinkt er gierig, um den Blutverlust auszugleichen.

Mittlerweile haben sich Arnim und Anna getrennt. Sie ist in ihr Zimmer gegangen, um erneut zu entdecken, dass Verbandsmaterial gestohlen wurde.

Als sie auf den Gang gelaufen kommt, verlässt Robert gerade den Waschraum. Der Mann gehört weder zum Personal noch ist er ein ihr bekannter Patient. In seiner Hand entdeckt sie das Verbandsmaterial. Sie ruft, dass er stehen bleiben soll, aber Robert wendet sich zur Flucht. Wütend verfolgt Anna ihn bis hinunter in den Keller. Wo sie ihn aus den Augen verliert. Erst hier unten wird ihr klar, dass sie sich in Gefahr begibt. Verwaist liegen die Gänge vor ihr im Zwielicht. Es ist nachts. Kaum jemand ist im Krankenhaus im Dienst, der ihr zu Hilfe kommen könnte. Erschrocken tritt sie den Rückweg an. Doch als sie um eine Ecke biegt, wird sie gepackt und gegen die Wand gedrückt. Anna wehrt sich couragiert. Sie ringen miteinander. Robert, der hohes Fieber hat, ist zu schwach; er verliert das Bewusstsein. Anna reißt sich los. Erst jetzt sieht sie, dass Robert verwundet ist. Sie stürzt davon.

Sie läuft nach oben und zu Arnim, der Bereitschaft hat und anderes tut.

Eine Frau wird ins Krankenhaus gebracht. Sie stammelt immer nur, dass sie erschossen wurde. Offensichtlich jemand mit einer Psychose. Anna will sie zu einem Arzt schicken, als sie erstarrt: Die Frau hat tatsächlich ein Loch im Nacken. Sie hatte ihren fahnenflüchtigen Geliebten bei sich versteckt und war denunziert worden. Zwei Feldgendarmen hatten sie abgeholt und mit ihrem Geliebten erschossen. Nur dass die Frau nicht tot ist. Anna kümmert sich um sie, während sie Arnim ruft, damit der sie versorgt. Ein Wunder ist geschehen – die Frau hat ihre eigene Exekution überlebt.

Die Feldgendarmen tauchen auf und holen sie erneut ab.

Anna verlangt, dass Arnim der Frau hilft, aber der zuckt nur mit den Schultern. Er sei Arzt. Als Anna sich den Feldgendarmen in den Weg stellt, reißt Arnim sie zur Seite und entschuldigt sich. Dann zieht er Anna mit sich. Was habe die Frau denn anderes erwartet, in Zeiten, in denen alle zusammenhalten müssten? Das seien nun mal die Gesetze des Krieges, die jeder kenne. Sie habe einen Deserteur versteckt. Warum sollten er oder Anna für jemanden sein Leben riskieren, den sie nicht einmal kennen würden?! In Zukunft solle Anna sich aus so etwas raushalten. Die ist schockiert. Was sie überhaupt vorhin von ihm gewollt habe? Anna erfindet eine Ausrede.

In ihrer Not geht Anna in die Frauenkirche. Sie will von ihrem Pfarrer wissen, was sie mit jemandem machen soll, dessen Leben von ihr abhängt. Der Geistliche, der ahnt, dass sie denjenigen vor den Behörden deckt, vielleicht sogar versteckt, versucht ihr Mut zu machen. Aber was, will Anna wissen, wenn sie damit gegen alle Prinzipien Deutschlands verstoße? Wer sage ihr, wer im Recht sei? Natürlich könne niemand von ihr verlangen, ihr eigenes Leben zu opfern, aber es gebe Gebote, die über denen eines Landes stünden, antwortet der alte Mann. Der Mensch sei so lange frei, solange er eine Wahl treffen könne, sich das Recht auf seine eigene Entscheidung nicht nehmen lasse. Freiheit bedeute Verantwortlichkeit. Das sei der Grund, weshalb die meisten Menschen sich vor ihr fürchteten.

William hat erfahren, dass der Abschuss einer B17-Maschine bei Dresden offiziell bestätigt wurde. Es gibt bisher keinen Bericht über überlebende Gefangene. Die Nachricht trifft William schwer.

Auf dem Rückweg durch Dresden läuft Anna ihrer Kollegin Maria in die Arme. Maria ist auf dem Weg nach Hause.

Maria betritt ein Haus und ihre winzige Wohnung. Darin erwartet sie ihr Mann: Simon, der Jude, den wir schon einmal auf der Straße gesehen haben. Maria lebt in einer sogenannten Mischehe. Sie hat sich standhaft geweigert, sich scheiden zu lassen. Nur deshalb ist Simon überhaupt noch am Leben. Bis jetzt. Etwa 200 Juden leben noch in Dresden, die letzten, alle anderen sind schon in eines der KZs gebracht, die meisten längst ermordet worden. Im Haus wohnt auch der Romanist Prof. Klemperer mit seiner Frau Eva.

Anna kommt zu spät zum Abendessen. Große Runde: Vater, Mutter, Eva, Anna und Arnim. Das polnische Mädchen serviert. Arnim wird von den Frauen wie ein Prinz verwöhnt. Nur Anna ist in Gedanken. Arnim erzählt von der Frau, die den Deserteur versteckt gehalten hat. Zwischen ihm und Anna bricht Streit aus. Doch alle anderen sind Arnims Meinung, allen voran Eva. Er habe richtig gehandelt.

Das macht Anna nur noch wütender. Was mit seinem ärztlichen Ethos sei? Ihr Vater greift mit einem Scherz ein, versucht, die Situation zu entspannen. Was sei ein Arzt mit einem hohen Ethos, der tot sei? In der jetzigen Zeit gehe es vor allem darum, zu überleben.

Später. Anna schleicht in die Küche und überrascht ihren Vater in der Speisekammer. Er legt seinen Finger auf den Mund und bittet sie, ihn nicht bei ihrer Mutter anzuschwärzen. Man spürt, dass beide sich sehr nahe sind. Annas Vater freut sich einerseits, seine Tochter mit einem so aufstrebenden, begabten Arzt zu verheiraten, andererseits schmerzt es ihn, wie schnell sie erwachsen geworden ist. Kaum ist er weg, als Anna die Reste des abendlichen Mahls einsammelt.

Annas Vater schleicht mit dem Teller in sein Zimmer. Als er hinter sich wieder zuschließen will, fällt ein Stück Kuchen herunter, im letzten Moment kann er es auffangen. Erleichtert seufzt er auf – und vergisst, hinter sich zuzuschließen.

Anna taucht bei Robert auf. Das Versteck ist verwaist. Erleichtert dreht sich Anna um. Sie will gerade wieder gehen, als Robert sie packt. Er hatte mit ihr nicht mehr gerechnet, und wenn überhaupt, dann dass sie nicht allein kommt. Sie gibt ihm zu essen und zu trinken, dann behandelt sie seine Wunde, die nicht gut aussieht.

Unterdessen sitzt ihr Vater in seinem Zimmer und hört wieder BBC. Die Jalta-Konferenz hat begonnen, auf der Churchill, Roosevelt und Stalin die Nachkriegsordnung in Deutschland besprechen. Die Tür bewegt sich; entsetzt entdeckt er, dass er vergessen hat abzuschließen, denn plötzlich steht seine Tochter Eva im Zimmer. Vater und Tochter fixieren sich einen langen Moment. Dann lächelt Eva und dreht sich wortlos um. Ihr Vater schluckt; er weiß, dass er gerade erpressbar geworden ist.

Anna ist mit der Wundbehandlung fast fertig. Leider habe sie kein Morphium, um seine Schmerzen zu lindern. Dabei flucht sie auf die Alliierten, durch die die Versorgung der Patienten kaum noch gewährleistet sei. Sie hasst vor allem Piloten. Nicht mal vor Krankenhäusern machten sie mit ihren Bombardements halt. Robert hütet sich zu offenbaren, dass er Amerikaner ist. Er verspricht, dass er bald verschwinden werde. In dem Zustand komme er nicht weit, entgegnet Anna. Als er eine Legende erfinden will, sagt sie ihm, dass sie nichts wissen wolle. Sie hält ihn für einen desertierten Soldaten. Als sie jedoch auf seinen Talisman stößt, ist sie einen Moment irritiert.

Als sie in die Villa zurückkehrt, begegnet sie auf der Hintertreppe ihrer Schwester, die einen Mann hinter sich herzieht. Es ist der Adjutant des sächsischen Gauleiters. Annas Vater ist aus seinem Zimmer gekommen. Sein Blick trifft sich mit dem Evas. Die lächelt höhnisch. Und steuert ungerührt mit dem Adjutanten auf ihr Zimmer zu.

Kurz danach hört Anna die Geräusche aus dem Nebenzimmer, die sie gut kennt und die keinen Zweifel daran lassen, was dort gerade passiert. Anna liegt allein im Bett und kann nicht schlafen. Endlich drückt sie sich das Kissen auf das Ohr. Am nächsten Morgen überrascht Arnim Anna mit einem Geschenk. Er möchte, dass sie ihm nicht mehr böse ist.

(Anna und Arnim sind zu isoliert voneinander. Welches Verhältnis haben sie zueinander? Warum heiratet er sie? Was unterscheidet ihn von Robert?)

Eva informiert ihre Mutter, dass ihre Kontakte zum Adjutanten des sächsischen Gauleiters Erfolg hatten. Der habe ihr versprochen, sich um rationierte oder in den Läden gar nicht mehr erhältliche Lebensmittel zu kümmern. Ihre Mutter ahnt, um welche »Kontakte« es sich dabei handelt, hütet sich aber nachzufragen.

Maria beobachtet, wie Anna Verbandsmaterial stiehlt. Sie schweigt.

(Handlungsbogen für Maria klarer konzipieren.)

Anna besucht Robert erneut und sieht sich seine Wunde an. Es geht ihm mittlerweile etwas besser. Annas tiefe Verachtung der Alliierten resultiert nicht aus einem Glauben an den Nationalsozialismus wie bei ihrer Schwester, sondern aus deren Bombardements mit dem dadurch verursachten großen Leid für die Zivilbevölkerung, vor allem Frauen, Kinder und Alte. Es fällt Robert nicht leicht zu schweigen. Anna spürt, dass Robert ein Geheimnis hat, aber noch ist es zu früh, ihn zu fragen.

Als Anna geht, wäre sie beinah ihrem Vater in die Arme gelaufen. Wieder trägt Annas Vater mehrere Kisten den halbdunklen Kellergang entlang. Eine geht auf, und etwas Gläsernes fällt heraus und zerbricht auf dem Boden. Annas Vater läuft hastig weiter und verstaut die Kisten bei den anderen. Unterdessen ist Robert aus seinem Versteck gekommen und hat sich nach dem Glas gebückt. Es ist eine Morphiumampulle.

Im Pub wird von Robert und seiner Crew Abschied genommen. William will immer noch nicht glauben, dass Robert tot ist. Doch alle anderen sind überzeugt, dass beim Abschuss der B17 alle umgekommen sind.

Unterdessen hat Robert sein Versteck verlassen und ist nach oben gestiegen. Er dringt heimlich ins Büro von Annas Vater ein und versucht, eine telefonische Verbindung nach England herzustellen. In der Vermittlung wird ihm gesagt, dass das ohne Genehmigung nicht möglich sei. Robert hängt auf und macht, dass er fortkommt.

Am nächsten Morgen taucht im Krankenhaus Gestapo auf. Sie verhören Annas Vater. Von seinem Apparat aus ist ein Gespräch nach England versucht worden. Annas Vater zeigt sich völlig überrascht, dann schafft er es, die Beamten zu überzeugen, dass nicht er es gewesen sei. Möglicherweise habe sich ein Spion ins Krankenhaus eingeschlichen, vermuten die Beamten. Auch wenn Annas Vater sie zu beruhigen versucht – sie wollen sich umsehen.

Die Beamten machen sich mit Annas Vater auf die Suche nach dem Unbekannten. Sie erzählen Carl Mauth, wie viele versuchen, in der Phase, die den Krieg für Deutschland entscheidet, ihre Schäfchen ins Trockene zu bringen. Aber Gauleiter Mutschmann habe angeordnet, ohne Gnade durchzugreifen. Den Luxus von Prozessen wie gegen die Verräter vom 20. Juli könne man sich nicht mehr leisten. Annas Vater schluckt.

Anna hat einen Teil des Gesprächs mitbekommen. Sie schleicht sich zu Robert in den Keller, um ihn zur Rede zu stellen. Ob er versucht habe, in England anzurufen. Gezwungenermaßen gibt das Robert zu. Anna ist außer sich. Wie naiv er sei? Er wollte nur jemandem sagen, dass es ihm gut geht, antwortet Robert. Als Anna keine Ruhe gibt, erweckt er den Eindruck, es sei seine Frau. Jetzt begreift Anna, dass er kein deutscher Deserteur ist, sondern ein alliierter Soldat.

Die beiden Gestapobeamten wollen in den Keller hinabsteigen. Annas Vater versucht, sie davon abzuhalten. Vergeblich.

Robert hat keine Chance mehr, weiter zu leugnen. Er sei aus einem der Gefangenenlager geflohen und wolle sich, sobald er wieder bei Kräften sei, Richtung Rhein hinter die deutschen Linien durchschlagen. Da müsse er sich beeilen, faucht Anna, denn mittlerweile sei die Gestapo hinter ihm her. Sie habe ihn also denunziert, schlussfolgert Robert. Das trifft Anna schwer, die für ihn ihr Leben aufs Spiel gesetzt hat, das ein Wort von ihm jetzt zerstören kann. Sie lässt ihn stehen.

Die Gestapobeamten stehen vor dem Verschlag mit dem Vorhängeschloss. Annas Vater kann ihre Aufmerksamkeit in eine andere Richtung lenken.

Auf dem Weg nach oben läuft Anna ihrem Vater und den Gestapobeamten in die Arme. Die wollen wissen, was sie hier tue? Sie erfindet eine Ausrede. Ihr Vater schickt sie hastig nach oben.

Die Gestapo findet Roberts Versteck. Leer.

Robert auf dem Weg zum Ausgang. Ihm ist klar, dass er von hier sofort verschwinden muss. Nur dass er immer noch viel zu schwach ist, um sich in dem Zustand tatsächlich durch Deutschland durchzuschlagen. Es ist zu früh. Aber – bleiben kann er auch nicht. Als er den Eingang passiert, spricht ihn ein Soldat mit einem Kopfverband auf einer Liege an. Er gehört zu einem Transport Verwundeter, der gerade angekommen ist. Die Gänge quellen über, die Ärzte kommen kaum nach. Der Soldat bittet mit schwacher Stimme Robert, seine Hand zu halten. Dieser weiß, dass er damit riskiert, jede Sekunde entdeckt zu werden, aber er kann dem Sterbenden den Wunsch nicht abschlagen. Selbst einem Feind nicht. Er kann nur hoffen, dass niemand auf ihn aufmerksam wird. Der Mann stirbt.

Wenig später wird eine Liege in einen der Bettensäle geschoben. Der am Kopf bandagierte Mann ist niemand anderes als Robert. Er hat die Papiere und Identität des Toten angenommen. Als er unbeobachtet ist, nimmt er all seine Kraft zusammen, reißt sich den Verband am Bauch ab und schneidet mit der scharfen Kante der Whiskykappe die mittlerweile heilende Wunde wieder auf. Der Schmerz ist kaum auszuhalten, aber er schafft es.

Kurz danach kommt ein Trupp Ärzte, um die Verwundeten zu untersuchen. Unter ihnen Arnim und Anna. Die entdeckt in dem bandagierten Gefreiten Hans Mayer den Mann aus dem Keller. Anna funkelt ihn wütend an. Doch als Arnim feststellt, dass Roberts Wunden nicht mit dem Begleitschreiben übereinstimmt, bleibt Anna nichts weiter übrig, als einzuspringen und sich zu entschuldigen, in dem ganzen Chaos die Blätter verwechselt zu haben. Die Ärzte ziehen weiter.

Anna ist zurückgekommen. Robert will sich flüsternd bei ihr bedanken, aber Anna will nichts davon hören. Das habe sie nicht freiwillig getan. Sie sei ja praktisch abhängig von ihm. Sie geraten in Streit über den Krieg und die Rolle der Alliierten. Der Auseinandersetzung zwischen ihnen eskaliert. Diesmal hält sich Robert nicht zurück. Während im Ersten Weltkrieg die Kriegshandlungen und Verwüstungen nicht einmal in den deutschen Ostprovinzen stattfanden und im Zweiten Weltkrieg die ersten fünf Jahre Krieg die halbe Welt verwüstet haben, nur nicht Deutschland, kehrt er sich erst jetzt, kurz vor dem Ende, gegen die Verursacher und in das Land zurück, von dem er einst ausging. Zum ersten Mal erleben die Deutschen Krieg auf ihrem eigenen Territorium. Und sofort beklagt man den alliierten Terror an der »unschuldigen« Bevölkerung. Für Robert sind alle Deutschen fanatisch und Denunzianten. Da habe er ja Pech, dass sie nicht ins Bild passe, faucht Anna. Aber er könne sich beruhigen. Sie wolle nichts mehr mit ihm zu tun haben. Das sei das letzte, was sie für ihn getan habe. Und damit stürmt sie davon.

Sie wird von ihrer Mutter erwartet. Wo sie gewesen sei? Sie sei gesucht worden. Überall. Die Schneiderin sei mit dem Kleid zur Anprobe da gewesen. Anna entschuldigt sich, das habe sie völlig vergessen. Die Mutter blickt sie scharf an. Was mit ihr los sei? Anna schluckt und erwidert: »Nichts.«

Einer der Kranken hat einen Volksempfänger, mit dem er Radio hört. Die meisten halten sich von ihm fern, denn er ist ein 150prozentiger. Robert hört zum ersten Mal die charakteristische deutsche Mischung aus romantischer Innerlichkeit in Form von klassischer Musik oder Operettenarien und dem Fanatismus der Durchhalteparolen. Goebbels wettert gegen die Luftterroristen, die am 3. Februar Berlin bombardiert haben. Wenn das gesunde deutsche Volksempfinden es ihnen heimzahle, dann sei das nur verständlich. Es ist nichts anderes als der Aufruf zu Lynchjustiz, der Robert fast selbst zum Opfer gefallen wäre.

Essen in der Familie. Eva politisiert. Früher hätte Anna nur angeödet geschwiegen, jetzt hält sie dagegen. Während im Ersten Weltkrieg die Kriegshandlungen und Verwüstungen nicht einmal in den deutschen Ostprovinzen stattfanden und im Zweiten Weltkrieg die ersten fünf Jahre Krieg die halbe Welt verwüstet haben, nur nicht Deutschland, kehrt er sich erst jetzt, kurz vor dem Ende, gegen die Verursacher und in das Land zurück, von dem er einst ausging. Zum ersten Mal erlebten die Deutschen Krieg auf ihrem eigenen Territorium. Sie weiß, dass sie Roberts Argumente wiederholt hat. Die Familie starrt sie entgeistert an. Dafür könne sie vor Freisler landen, faucht Eva. Wohl kaum, lächelt Anna böse, Freisler sei am 3. Februar beim Angriff der Amerikaner auf Berlin heldenhaft für das Vaterland gestorben. Und für das Fallbeil sei es langsam zu spät, so viel Zeit bliebe dem Volksgerichtshof nicht mehr. Die Mutter versucht hastig, das Thema zu wechseln. Anna springt auf und geht.

Harris diskutiert mit seinem Stellvertreter Saundby die Liste der nächsten Ziele der RAF. Darunter Leipzig, Chemnitz, Dresden. Harris ist unbeirrt, Saundby dagegen unsicher.

Robert geht es sichtlich besser. Er kann schon wieder laufen. Er beobachtet Anna, wie sie mit den Patienten umgeht. Ihre natürliche Art, einfühlsam, aber ohne Pathos, beeindruckt ihn sichtlich. Er weiß mittlerweile, was Anna für ihn riskiert hat. Durch sie beginnt er zu begreifen, dass Courage und Menschlichkeit auch im Deutschland Hitlers existieren. Doch immer wenn sich ihre Blicke treffen, bleibt Annas kalt und abweisend, und immer wenn er ihr über den Weg läuft, weicht sie ihm stumm aus, als sei er Luft.

Arnim stellt Anna zur Rede. Ob sie verrückt sei? Allein ihre Äußerung über Freisler könnte sie den Kopf kosten. Er spürt, dass Anna sich verändert.

Als Anna sich um Roberts Wunde kümmern soll, bittet sie Maria, es stattdessen für sie zu tun.

Maria säubert Roberts Wunde.

Anna fragt Maria, wie es Robert gehe. Die reagiert belustigt. Wenn sie es wissen wolle, wieso schicke Anna sie dann vor? Immerhin, sie habe eine Nachricht, auch wenn sie keine Ahnung habe, was die bedeute: Anna habe recht, es gebe Ausnahmen. Anna weiß, dass Robert damit seinen Vorwurf zurücknimmt, alle Deutschen seien Nazis und Denunzianten. Zum ersten Mal treffen sich ihre Augen wieder.

Vor der Villa hält ein Wagen. Mutschmanns Adjutant hat Wort gehalten. Er liefert Delikatessen für Annas Verlobung. Annas Mutter ist begeistert, Anna selber wütend. Lieber hätte man sich um die Versorgung des Krankenhauses kümmern sollen. Zum Beispiel um Morphium. Ihr Vater zieht sie mit sich weg.

Nachts. Im Krankensaal schläft alles. Robert schleicht in der Dunkelheit zu dem Radiobesitzer und stellt vorsichtig BBC ein. Als der Nachtdienst auftaucht, schafft es Robert gerade noch rechtzeitig, das Radio auszuschalten.

Am nächsten Tag: Der Mann schaltet sein Radio an und wird kreidebleich. Er hat einen »Feindsender« eingestellt – ein Grund für die Todesstrafe. Empört droht er, den Übeltäter zu finden – bis die Stimmung im Krankensaal umschlägt. Alle warnen ihn, wenn er nicht Ruhe gebe, würden sie bezeugen, dass er wiederholt BBC gehört habe.

Anton und Henry, die beiden herumstreunenden Jungs, sind ins Krankenhaus gebracht worden. Der Kleine ist beim Hantieren mit einer Granate schwer verletzt worden. Ein Blick von Arnim auf den Jungen verrät ihm, dass sich eine OP nicht lohnt. Anna will, dass es Arnim trotzdem versucht. Doch der lehnt ab. Der Junge sei verloren. Sie hätten kaum Medikamente, von Morphium ganz zu schweigen. Jeder Versuch sei bloße Verschwendung. Anna reagiert aufgewühlt, aber Arnim erinnert sie, dass in ihrem Beruf Gefühle unangebracht seien, sie solle sich »professionell« verhalten. Als sie das immer noch nicht einsehen will, wird Arnim deutlich. ER sei der Arzt und SIE nur die Schwester. Anna sieht ihm wütend nach, auch wenn sie weiß, dass er eigentlich recht hat.

Robert läuft den Gang auf und ab, um wieder zu Kräften zu kommen. Dabei beobachtet er Arnims und Annas Streit.

Wenig später stirbt der Kleine. Im Vorbeigehen sagt Arnim dem wartenden Jungen, dass sein kleiner Bruder tot sei.

Robert biegt um eine Ecke und erblickt das erste Gesicht, das er nach dem Absturz gesehen hat – den Jungen, der ihn ausgeraubt hat. Roberts erste Reaktion ist, sich sofort unsichtbar zu machen. Denn Anton könnte ihn erkennen und verraten. Aber der steht an einem Fenster und starrt in die Tiefe. Robert schaut sich um. Niemand achtet auf den Jungen, der kurz davor steht hinunterzuspringen. Anna hat sich auf den Weg macht, um Anton den Tod seines Bruders mitzuteilen. Sie sieht Robert am Endes des Flurs, der, obwohl sich der Gefahr aussetzend, entdeckt zu werden, den Jungen einfühlsam tröstet. Diese Geste berührt sie in einer Weise, die sie selber erstaunt. Vielleicht, weil sie sie an Arnim noch nie gesehen hat. Robert schafft es, dass der Junge vom Fensterbrett heruntersteigt.

Anna nähert sich Robert. Das Erlebnis mit dem Jungen hat sie emotional aufgewühlt. Sie tut so, als wolle sie nur Roberts Heilungsfortschritt begutachten, aber als sie ihn berührt, spürt sie etwas, was sie zutiefst verunsichert.

Arnim überrascht Annas Vater dabei, wie der Morphium in Kisten verpackt. Endlich ist angekommen, was er so dringend zum Operieren braucht. Aber Annas Vater verweigert es ihm. Das Geld sei für den Neuanfang, eine Klinik in Basel, die er bereits erworben habe. Eine Investition in die Zukunft.

Anna und Robert sind erschöpft vom Streiten. Anna will seine Geschichte hören. Robert weiß, dass er nach allem, was sie für ihn getan hat, ihr Vertrauen gewinnen muss. Sie erfährt, dass er 1920 in Dresden als Robert Neumann geboren wurde. Mutter Lehrerin, Vater Beamter. Eltern der Mutter als Pazifisten schon nach dem Ersten Weltkrieg nach Wisconsin in den USA ausgewandert. Im Sommer 1933, kurz nach Hitlers Machtübernahme, schickt die Mutter den 13-jährigen Robert in den großen Ferien zu den Großeltern in die USA, angeblich, um sein

Englisch zu verbessern. Heute ahnt er, dass sie in Wirklichkeit ihn in Sicherheit bringen wollte. Sie selbst hat sich einer Gruppe angeschlossen, die konspirativ gegen Hitler arbeitet. Sie wird noch 1933 verhaftet und kommt in eines der als zur Schutzhaft und Erziehung zynisch verharmlosten Konzentrationslager. Wenige Wochen später ist Roberts Mutter tot. Robert bleibt in den USA bei den Großeltern. Der Vater holt ihn nicht zurück. Er heiratet ein Jahr später, die Frau bekommt einen Sohn von ihm. Robert lebt mit dem Trauma der zerstörten Familie. Seine Mutter ist tot, sein Vater hat ihn verstoßen. Sein Hass auf Deutschland ist nicht nur einer auf Kriegstreiber, er ist persönlich: Das Land hat ihm mit 13 Jahren seine Familie genommen. Deshalb sei er auch anders als seine Großeltern kein Pazifist. Das heißt, er habe seinen Vater nie wieder gesehen, geschweige denn sich mit ihm ausgesöhnt, will Anna wissen. Robert verneint. Anna ist erschüttert. Robert fragt, ob es für Anna eine Möglichkeit gebe, dass er in England anrufen könne? Die schüttelt mit dem Kopf, er habe doch gesehen, was danach passiert sei. Sie macht sich Gedanken, wie sie ihm helfen kann, dass er seiner Frau in London eine Nachricht zukommen lassen kann. Außerdem verlangt sie von ihm, ihr zu versprechen, dass er nicht riskiere, seinen Vater zu besuchen. Robert fragt sie stattdessen, ob Anna denn Arnim liebe? Die ist die über die unverschämte Frage empört. Selbstverständlich!

(Diskutieren, was Anna bei Robert verändert.)

Unterdessen: Carl Mauth hat keine Illusionen vom Ausgang des Krieges, egal, was den Menschen weiterhin von den Hitlers, Goebbels oder Mutschmanns versprochen wird. Und er möchte auf keinen Fall in die Hände der Russen fallen. Er bereitet die Flucht in die Schweiz vor. Als Arnim seinem Schwiegervater zu widersprechen versucht, erinnert der ihn daran, dass er ihm die Front erspart hat. Arnim dürfe seiner Familie nichts davon erzählen, verlangt Carl Mauth, besonders Anna nicht. Dann fordert er Arnim auf, ihm beim Tragen der Kartons zu helfen.

Robert fragt Anna, warum sie ohne Morphium operieren würden? Weil es wegen der Alliierten kaum noch Morphium gebe. Aber ein Mann habe große Mengen im Keller des Krankenhauses versteckt, antwortet Robert. Das sei unmöglich, entgegnet Anna.

Als Arnim wieder nach oben steigt, läuft er diesmal Anna in die Arme. Was er im Keller gesucht habe? Einen Moment zögert Arnim, aber dann erfindet er eine Ausrede. Anna ist irritiert.

Arnim allein in seinem Zimmer. Er ist vollkommen durcheinander, doch er hat nicht viel Zeit, sich zu sammeln, denn er wird zu einer dringenden Operation gerufen. Arnim kann die Operation ohne Morphium eigentlich nicht ausführen. Doch er tut es. Anna ist dabei.

Harris und Saundby erhalten die Wetterprognosen für die nächsten 3 Tage für den Raum Magdeburg, Chemnitz, Dresden. Sie sehen nicht schlecht aus. Saundby zögert sichtlich. Als er allein ist, fragt er telefonisch an, ob die Bombardierung Dresdens wirklich sinnvoll sei.

Arnim bei der Operation. Er ist unkonzentriert. Der Patient stirbt. Anna ist überrascht, wie aufgewühlt Arnim ist. So kennt sie ihn gar nicht.

Unterdessen sitzt ihr Vater in einem kleinen Zimmer und dreht am Radioregler, bis er BBC gefunden hat. Er hört die neuesten Nachrichten. Die Jalta-Konferenz ist zu Ende gegangen. Churchill auf dem Weg zurück nach London. An den Fronten seien die Deutschen überall auf dem Rückzug.

Annas Vater greift zum Telefon. Der Termin müsse vorverlegt werden. Morgen feiere seine Tochter ihren Geburtstag, da sei es ungünstig, aber übermorgen, am 13., könnten sie sich treffen. Ob bis dahin das Geld da sei?

Arnim sitzt in seinem Zimmer und trinkt.

Robert in seinem Krankenbett; er kann das Gespräch mit Anna nicht vergessen. Er blickt auf die Uhr. Es ist nach 18 Uhr, sein Vater muss jetzt von der Arbeit zurückgekehrt sein. Hastig steht Robert auf, zieht sich an und schleicht aus dem Krankenhaus.

Als Anna ihm wenig später etwas aus der Küche ihrer Mutter ans Krankenbett bringen will, stellt sie fest, dass Robert verschwunden ist. Sie ahnt und befürchtet, wohin er gegangen ist.

Anna wird von ihrer Mutter abgefangen. Die Schneiderin sei da. Diesmal entkomme Anna ihr nicht. Die beiden Frauen beginnen damit, das Kleid abzustecken. Anna lässt es nervös über sich ergehen, doch endlich hält sie es nicht mehr aus. Sie sei gleich wieder zurück, lügt Anna und stürzt davon.

Robert taucht bei seinem Vater auf. Diesmal ist er da. Vor 12 Jahren hatte Robert ihn das letzte Mal gesehen. Er erkennt ihn kaum wieder. Sein Vater ist inzwischen ein gebrochener Mann, der mittlerweile weiß, dass Roberts Mutter recht hatte. Er will Robert erklären, was mit dessen Mutter passiert ist, warum er ihn nicht zurückgeholt hat, aber Robert will davon nichts hören, zu sehr verachtet er seinen Vater. Stattdessen will er von ihm wissen, ob er ihm helfen könne. Er sei doch ein höherer Beamter im Postdienst, ob er eine Verbindung nach England herstellen könne? Roberts Vater wird aschfahl. Das könne er mit dem Leben bezahlen. Im Übrigen müsse Robert jetzt gehen, seine neue Frau könne jeden Moment zurückkommen. Die Situation eskaliert. Robert sagt, dass sein Vater genauso sei, wie er ihn sich in den letzten 12 Jahren immer ausgemalt habe. Ein Feigling und ein Opportunist. Vielleicht sei es besser, dass seine Mutter tot sei, statt mit ihm zusammenzuleben.

Unterdessen ist Anna auf dem Weg durch Dresden. Die Erlebnisse mit Robert haben ihre Wahrnehmung verändert. Ein Trupp ausgemergelter KZ-Häftlinge schleppt sich an ihr vorbei. Viele der Dresdner wenden den Kopf ab, aber Anna sieht auch, wie ein Passant sich eine Zigarette anzündet und dann wegschnippst.

Scheinbar zufällig vor die Füße eines Häftlings, der sich schnell danach bückt.

Die Tür geht. Zu spät. Die Frau von Roberts Vater ist mit ihrem Sohn nach Hause gekommen. Sie ist überzeugte Nationalsozialistin, die immer noch an den Führer und den Endsieg durch die V2 glaubt. Ihr gemeinsamer Sohn ist mittlerweile zehn und hofft, dass der Krieg noch lange genug dauert, damit auch er noch eingezogen wird. Wenigstens zum Volkssturm. Robert ahnt, welches Schicksal ihm durch die Entscheidung des Vaters erspart geblieben ist. Die Frau erkennt Robert. Das sei der Mann, von dem sie ihm vor ein paar Tagen erzählt habe. Wahrscheinlich einer der Deserteure, vor denen täglich gewarnt werde. Sie greift zum Telefon und wählt.

Wenig später klingelt es an der Tür. Doch es ist nicht die Gestapo, sondern – Anna. Sie tritt sehr überzeugend und autoritär auf. Sie sei auf der Suche nach einem Patienten, der unter einer schweren Persönlichkeitsspaltung leide, ein Leiden, das besonders in diesen Tagen auftrete. Das hier sei sein dritter Ausflug in dieser Woche. Die Frau weiß nicht, ob sie Anna glauben soll. Wieso er ausgerechnet sie ausgesucht habe? Nun, sagt Anna, ihr Mann sei vor einigen Tagen im Krankenhaus gewesen, um sich behandeln zu lassen, da sei wohl Robert auf ihn aufmerksam geworden. Die Frau schaut Roberts Vater fragend an. Ein langer Moment der Stille. Dann nickt er. Sie wisse doch – seine Herzschmerzen, die schlimmer geworden seien.

Auf dem Rückweg ist Anna überdreht und ausgelassen. So etwas Verrücktes hat sie noch nie getan, und es fühlt sich gut an. Bis sie einer Patrouille in die Arme laufen, die sie auffordert, sich auszuweisen. Robert wendet sich zur Flucht. Anna folgt ihm. Sie fliehen durch enge Gassen bis zur Frauenkirche.

Da ihre Katakomben öffentlicher Luftschutzkeller sind, ist die Kirche offen. In der Dunkelheit flackern einige Kerzen, mit denen um Schutz oder das Überleben von Angehörigen gebeten wird. Sie haben die Verfolger abgehängt. Anna und Robert steigen zur Silbermannorgel hoch. Robert erinnert sich noch, wie er als Kind die Frauenkirche besucht hatte, die ihn wie kein anderes Bauwerk beeindruckt hat. Er saß auf einer Bank und hörte dem Chor zu, in dem seine Mutter sang. Unten ist die Tür aufgegangen. Die Patrouille. Doch bevor die Anna und Robert entdecken kann, tritt ihnen der Pfarrer entgegen. Ob er einen Mann und eine Frau gesehen habe, die sich in die Kirche geflüchtet hätten? Der Pfarrer verneint. Die Patrouille zieht sich zurück.

Harris und Saundby erhalten die Antwort, dass Churchill persönlich an der Bombardierung Dresdens interessiert sei. Saundby seufzt und leitet alle Schritte ein. In spätestens 36 Stunden solle der Plan umgesetzt werden.

Unterdessen sind Anna und Robert die Treppen empor bis in die Laterne geflohen, dem Aufsatz auf der Kuppel in fast 70 Metern Höhe. Von hier oben haben sie einen herrlichen Blick über die nächtliche Stadt. Es ist ein magischer Moment.

Unter ihnen hat der Pfarrer angefangen, auf der Orgel zu spielen. So nah waren sie sich noch nie. Anna spürt, wie viel ihr Robert mittlerweile bedeutet. Sie hat den Eindruck, er akzeptiert sie so, wie sie ist. Sie küssen sich. Nach einem Augenblick wird Anna klar, was sie da gerade tut. Erschrocken und verwirrt stößt sie Robert von sich. Sie sei gebunden und werde sich morgen verloben. Robert zögert, er weiß, was er jetzt sagt, kann alles zerstören, aber er muss es tun. Er holt tief Luft und sagt, dass Anna Dresden verlassen müsse. Dresden stehe mittlerweile weit oben auf der Bombardierungsliste, auch wenn Anna wie die meisten Dresdner das für unwahrscheinlich halte. Einen Moment lang braucht Anna, um zu begreifen, was er da gesagt hat. Die Erkenntnis trifft sie wie ein Schlag. Sie schnappt nach Luft. Robert ist zwar Amerikaner, aber er ist aus keinem der Kriegsgefangenenlager geflohen – er ist Pilot. Einer der verhassten alliierten Piloten. Und ein Lügner. Und sie habe die ganze Zeit darüber nachgedacht, wie sie ihm helfen könne, seiner Frau ein Lebenszeichen zukommen zu lassen. Wahrscheinlich habe er sich auch noch über ihre Blödheit amüsiert. Robert sagt, sie wisse, dass das nicht der Fall sei. Doch Anna will nichts mehr hören.

Die Kamera schwenkt nach unten, und jetzt ist es wieder der 30. Oktober 2005. Anna steht vor der Frauenkirche und blickt nach oben zu der Laterne, in der sie vor 60 Jahren mit Robert stand.

(Diskutieren, ob man in der Gegenwart aufhören sollte oder besser mit dem Weggang Annas aus der Kirche und den Flugzeugen, die in einigen Stunden – 9 Stunden in der Realität – über Dresden sein werden.)

ENDE DES 1.TEILES

Statement Günther van Endert

Die Weiterentwicklung der Outlines zum fertigen Drehbuch
Die Outlines wurden vom Produzenten, dem Regisseur und der Redaktion als hervorragende Grundlage für die weitere Entwicklung des Stoffes betrachtet. Die Geschichte stand damit fest und wurde in ihrer Struktur und vielen grundlegenden Momenten im Folgenden auch kaum mehr verändert. Vielmehr wurden die Beziehungen zwischen den Figuren intensiviert und dadurch die Emotionalität erhöht sowie das authentisch-historische Geschehen in der Darstellung noch griffiger und damit nachvollziehbarer.
Die wichtigsten Änderungen und Weiterentwicklungen:

Aus Annas erster Begegnung mit Robert im Keller des Krankenhauses wurde eine Art *Magic Moment*, eine gegenseitige Anziehung auf den ersten Blick. Früher als in den Outlines entschied sich Anna im Film für Robert. Die durchgehendere Geschichte ihres Schwankens zwischen zwei Männern hätte der Erzählung des Angriffs zu viel Raum weggenommen.

Robert war im Film nicht mehr Amerikaner, sondern Engländer. Dadurch verstärkte sich der Gedanke der Versöhnung von Kriegsgegnern durch das Paar Anna / Robert, flogen doch die Briten den vernichtenden Nachtangriff. Roberts Dresdner Herkunft und die Figur seines Vaters entfielen. Auch seine genuin englische Herkunft diente dem Versöhnungsgedanken und der Glaubhaftigkeit des Films.

Abstrakte, das heißt von den Personen relativ losgelöste politische Diskussionen wurden reduziert. Der themenbezogene Diskurs fokussierte im Film auf die Frage der militärischen Notwendigkeit bzw. der weiteren Motive des Angriffs und die durch ihn aufgeworfenen politisch-moralischen Fragen.

Es erschien sinnvoll, die britischen Angriffs-Erwägungen nicht auf der Ebene der politischen Führung (Churchill), sondern auf der militärischen Führungsebene zu zeigen. Denn damit ließ sich das Geschehen im Bombercommand High Wycombe unmittelbar vor dem Bombardement authentisch vor Augen führen.

Um die Spannung zu erhöhen, musste das über dem friedlichen Dresdner Leben schwebende Damoklesschwert stärker fühlbar werden. Deshalb setzten in der Weiterentwicklung des Stoffes die Vorbereitungen des Angriffs früher ein.

Die Rahmenhandlung mit der alt gewordenen Anna in der heutigen Zeit entfiel, denn sie hätte die emotionale Wirkung des Films eher gebremst. Stattdessen wurde im laufenden Nachspann die Wiedereröffnung der Dresdner Frauenkirche 2005 gezeigt, um den Bezug zur Gegenwart herzustellen.

Der Film musste das Grauen des Kriegs verdeutlichen und ging deshalb bei der Möglichkeit, solches überhaupt im Fernsehen darzustellen, sehr weit. Mit Rücksicht auf die Primetime wurden dennoch einige besonders grausame Szenen gestrichen.

Auch durch diese Weiterentwicklung entstand ein stimmiges und packendes Drehbuch – als Basis eines Films, der mit dem Deutschen Fernsehpreis als der herausragende Fernsehfilm des Jahres 2006 geehrt wurde.

5. Das Serienkonzept

Serienkonzepte sind oftmals sehr unterschiedlich, da sie sich im Aufbau und in der Art der Präsentation nach dem Format richten, das sie darstellen wollen. In der Regel handelt es sich allerdings um komplexe Gebilde, schließlich beinhalten Serien komplizierte Konstellationen, vielschichtige Themen und spezifische Erzählweisen. Ein Konzept für eine solche Serie wird dieser Komplexität zumindest im Ansatz gerecht zu werden versuchen. Allerdings hängt die Ausführlichkeit, mit der die Serienidee behandelt und dargestellt wird, auch mit dem Entwicklungsprozess zusammen, wie die hier versammelten Beispiele zeigen. Vielseitige, mehrfarbige Präsentationsmappen kommen sicherlich erst am Ende eines längeren Entwicklungsprozesses zum Einsatz, wenn nur noch die Geschäftsführung eines Senders oder die Programmdirektorenkonferenz einer Sendergruppe überzeugt werden muss. Aber auch die Serienkonzepte, die bei einem Fernsehsender eingereicht und dort zunächst nur auf Redaktionsebene und/oder im Lektorat behandelt werden, müssen das Format und seinen Inhalt erschöpfend darstellen, so dass sich die Tauglichkeit der Serienidee überprüfen lässt.

Das muss ein **Serienkonzept** bieten:
- Das Konzept beschreibt die Grundidee der Serie in verständlicher und klarer Form. Die besondere Prämisse wird herausgehoben. Es hilft, wenn Sie zunächst versuchen, den Kern der Serienidee in einem einzigen Satz, einer *Logline*, zu formulieren. Je genauer man den Kern des Formats für sich definiert, desto einfacher die Ausarbeitung.
- Hier wird deutlich, ob die Serienidee eher auf den Figuren oder dem Plot basiert. Beinahe jede Serie fokussiert sich besonders auf die Figuren, weil sie, als wiederkehrende Charaktere, diejenigen sind, mit denen sich das Publikum identifiziert. Insofern ist gerade hier das Identifikationspotenzial, die Glaubwürdigkeit und die Mehrdimensionalität der Figuren entscheidend. Die Konstellation der Figuren muss Konfliktpotenzial besitzen, tragfähig sein und die Bedürfnisse der Serie optimal erfüllen. Es darf nicht zu viele und nicht zu wenige Figuren geben. Manche Serienformate begreifen die Figuren allerdings fast ausschließlich als Funktionsträger und legen ihren Fokus viel stärker auf den jeweiligen Plot und die Erzählweise der Serie. *Law and Order, Criminal Intent* und auch *C.S.I.* sind solche Formate, in denen die Figuren ganz klar hinter der Geschichte oder besonderen Darbietung des Geschehens zurücktreten.

- Die Figuren werden dargestellt und, je nach Größe der Rolle, mehr oder weniger ausführlich beschrieben. Natürlich bekommt den größten Raum die Hauptfigur – sofern es eine solche gibt. Doch gerade die Zeichnung der Figur, mit deren Augen das Publikum die Geschichte sehen soll, bedarf der größten Sorgfalt. Ihre Darstellung muss auch den Leser des Konzeptes überzeugen. Nur mit Schlagwörtern wie »jung, attraktiv, sportlich und das Studium in Rekordzeit abgeschlossen« kann man professionelle Leser nicht begeistern. Eine solche Formulierung findet sich in jedem zweiten Konzept wieder.

- Das visuelle Konzept der Serie – sofern es von besonderer Bedeutung für die Realisierung ist – sollte offenbar werden. Es ist möglich, dem intendierten Look des Formats ganze Kapitel zu widmen, gerne auch mit Zeichnungen und Abbildungen. Allerdings sollte dieses Thema nicht überhand nehmen, schließlich geht es in erster Linie um den Inhalt.

- Die Plots und ihre inhaltliche Gestaltung sollten deutlich werden. Um es einmal frei nach Lee Goldberg[6] zu formulieren: Franchise, Franchise, Franchise ist das Grundkonzept einer guten Serie. Das bedeutet, dass jede Episode jeder Serie das einmal etablierte Schema immer wiederholt und damit die Erwartungen des Zuschauers jede Woche aufs Neue erfüllt – selbstverständlich ohne ihn zu langweilen.

- Ein Serienkonzept wird auch aus diesem Grund eine Auswahl an Beispielfällen anbieten, die mehr oder weniger ausformuliert sind. Schließlich gilt es auch zu beweisen, dass die Serienidee tatsächlich seriell tragfähig ist (ein häufig geäußertes Gegenargument bei den Entscheidern) und sich genügend Geschichten finden lassen, die das Schema erfüllen. Dabei wird deutlich, ob die Serienidee über eine Art »Springboard«[7] oder einen Katalysator verfügt, der in jeder Folge verlässlich aufs Neue einen dramatischen Konflikt etabliert. Bei einem Krimi handelt es sich natürlich um den Mord, der jede Woche verübt und vom Protagonisten aufgeklärt werden soll. Bei etwas ungewöhnlichen Formaten wie My Name is Earl ist es jedes Mal die Aufgabe, die sich Earl zum Anfang der Folge stellt, welches schädliche Verhalten aus seiner Vergangenheit er diesmal wieder gut machen und damit von seiner Liste abhaken möchte. Nicht jedes Format hat einen solchen inhärenten katalytischen Effekt. Abhängig vom Genre (Soaps und Weeklies verzichten auf solch einen klaren Auslöser) und vom Grad des Anspruchs

---

6   »At its core, every series has a central contradiction. It has to be the same show every week, and yet at the same time, it has to be new, fresh and different.« Goldberg/Rabkin: Successful Television Writing. 2003, S. 14.

7   Vgl. Pamela Douglas: Writing the TV Drama Series. 2005, S. 20.

(Serien wie *Die Sopranos* besitzen eine weitaus komplexere Erzählstruktur) nimmt man von solch klar strukturierten Erzählformen Abstand.

- Zumeist wird in Serienkonzepten die Pilotfolge als Exposee geschrieben, weil man auf diese Weise den Einstieg in das Serienformat demonstriert und dieser besonders wichtig ist. In diesem Sinne wirkt die Pilotfolge wie die Exposition zur gesamten weiteren Serie: Hier werden die Gesetze aufgestellt, nach denen das Format funktioniert. Hier werden die Charaktere zusammengeführt und der Boden für die uns im weiteren Verlauf begleitenden Komplikationen gelegt. Von den anderen Plots existieren oftmals nur kurze Anrisse oder der Pitch. Seltener gibt es auch hiervon eigene Exposees.

- Wichtig ist, dass die Art der Plots auch Rückschlüsse auf die zu erwartenden Kosten der Serie ziehen lassen, was für die Akzeptanz der Idee bei den Senderverantwortlichen wichtig sein kann.

- Dialogbeispiele sind nur bei bestimmten Genres sinnvoll. Bei Krimiformaten zum Beispiel kann gut darauf verzichtet werden, schließlich ist dort der Erzählduktus der Handelnden meistens nicht von Bedeutung. Anders sieht es bei komischen Formaten aus. Auch wenn die Komik sich nicht nur aus den Dialogen, sondern aus den Situationen und Konstellationen ergibt, empfiehlt es sich hier oft, dem spezifischen Humor der Serie durch Dialogbeispiele Ausdruck zu verleihen. (Vgl. dazu die Konzepte von *Berlin, Berlin,* Seite 102ff. und *Stromberg,* Seite 121ff.)

- Das Serienkonzept spiegelt den Ton der Serie wieder. Wenn es ein witziges Format ist, sollte auch das Konzept lustig und zumindest amüsant zu lesen sein. Gerade im Bereich der Komik ist beim Konzept vieles erlaubt. Ein Konzept für eine Krimiserie kann abseits des Pilotexposees verständlicherweise wenig Spannung aufbauen, dafür gilt es hier, die Figuren und ihre Konstellation möglichst deutlich zu schildern und die Konflikte zwischen ihnen so klar wie möglich zu umreißen.

- Vor allem aber muss das Serienkonzept eindeutig erkennen lassen, welche Zielgruppe das Format anspricht. Der Autor sollte sein Publikum am besten kennen, aber zumeist sind es die Senderverantwortlichen, die ihre Zielgruppe und deren Bedürfnisse am besten einschätzen können.

- Besonderes *Artwork* benötigt ein Serienkonzept nicht. Sicherlich, ein passendes Bild auf dem Cover, welches das Thema und den Ton der Serie trifft, ist begrüßenswert. Auch Fotos, die die Figuren beschreiben, sind denkbar, allerdings haben diese oft auch einen schalen Nebeneffekt: Weder Tom Cruise noch Steve McQueen werden in Ihrem deutschen Serienformat mitspielen, egal wie passend Ihnen der jeweilige Schauspieler für Ihre Figur auch scheinen mag. Sofern man im realistischen Rahmen bleibt, können Bilder von Schauspielern eingefügt werden, damit der Leser bei der Lektüre eine Figur eventuell besser vor Augen hat. Die Erfahrung zeigt allerdings, dass man die Auswahl der entsprechenden Schauspieler den Produktionsfirmen überlassen sollte. Sie haben oftmals eine viel genauere Vorstellung von dem, was Sender wünschen und vor allem einen viel genaueren Überblick über die Schauspielerszene.

Beispiel *Berlin, Berlin*

Die ARD-Vorabendserie hat folgende Preise gewonnen: Grimme Preis 2003 für *Bestes Buch* (David Safier). Deutsche Fernsehpreis für *Beste Sitcom* 2004 und International Emmy Award für *Best Sitcom*. *Rose d`Or* für Felicitas Woll 2004, Deutscher Fernsehpreis als *Beste Schauspielerin* 2002, Adolf Grimme Preis 2003.

Mit dem Konzept zu *Berlin, Berlin* liegt hier ein sehr detailliertes und ausgefeiltes Serienkonzept vor, das mit ursprünglich rund 80 Seiten sicherlich ungewöhnlich ausführlich ist. Die Länge beruht auf der Tatsache, dass es einen der letzten Schritte in der Konzeptentwicklung darstellt (zumindest in jenem Teil, in dem noch ein Konzept benötigt wird) und sehr viel Vorarbeit geleistet worden ist. In früheren Phasen der Serienentwicklung, in denen man »nur« mit der Redaktion arbeitet, sind solche ausgefeilten Konzepte nicht nötig.

Das Konzept beinhaltet drehbuchähnlichen Passagen, die die Tonalität des Formats verdeutlichen sollen, und grafische Elemente, die die Zeichentrick-Animationen vorweg nehmen. Auf diese und auf die acht Exposees zu den weiteren Folgen muss aus Platzgründen hier leider verzichtet werden.

Autor: David Safier
Produzent: Holger Ellermann
Produktionsfirma: Studio Hamburg
Redaktion Radio Bremen / NDR: Elke Hillebrand, Dr. Bernhard Gleim

Berlin, Berlin – Serienkonzept

»Berliner ist man nicht, Berliner wird man.«
Kurt Tucholsky

»Diese Stadt zeigt, dass Gott einen interessanten Sinn für Humor hat.«
Rabbi Barslai

Die Hauptfiguren:

Name: Lolle
Alter: 20
Geburtsort: Malente
Kurzbeschreibung: Lolle ist ein typisches Mädchen ihrer Generation – optimistisch, über alles informiert und dennoch völlig unerfahren.
Größtes Problem: Sie weiß noch nicht, was sie vom Leben eigentlich will.
Größte Stärke: Lolle wird vom Wind des Lebens immer wieder in Schlammpfützen geweht. Doch wie ein Stehaufmännchen schafft sie es immer wieder, sich hinzustellen, den Dreck abzuklopfen und sich lustvoll dem Leben zu stellen.
Größter Wunsch: Sich selbst zu verwirklichen und das Glück zu finden. Wie immer das auch aussehen mag.
Elternhaus: Lolle wuchs bei liebevollen Eltern auf, die sie immer unterstützten und ihr stets verständnisvoll begegneten. Und das sogar in der Pubertät.
Teenagerrebellion: Sie ließ sich ein Tattoo machen. Von einem kleinen Pferde-Pony.
Moment der größten Scham: Als sie das erste Mal nackt mit ihrem Freund Tom im Bett lag, bekam sie vor lauter Unsicherheit einen Lachkrampf.
Furchtbarstes Erlebnis: Als sie sieht, wie Tom seine neue Freundin küsst.
Liebesleben: Ein einziges Tohuwabohu. Nachdem sie sich von Tom innerlich gelöst hat, gibt es zwei Menschen, für die sie mehr als Freundschaft empfindet: ihre Mitbewohner Rosalie und Sven.
Berufsleben: Lolle schlägt sich, mangels konkretem Lebensplan, als Job-Hopperin durch. Mal läuft sie sich als Bedienung in einer Kneipe die Füße wund. Mal betreut sie als ungelernte Aushilfe alte Menschen. Und mal knipst sie im Kaufhaus Pixi-Fotos von unerträglichen Kindern.
Verhältnis zu Berlin: Lolle sieht die große Stadt mit mindestens ebenso großen Augen. Jeden Tag wird sie von Berlin überrascht. Und das liebt sie. Davor hat sie aber auch Angst. Und meistens beides gleichzeitig.
Menschliche Schwäche: Bei Frust stopft sie mehr Süßigkeiten in sich hinein als das Krümelmonster.

Abneigungen: Waagen, ungerechte Menschen, sämtliche Modesportarten, Boygroups, Musik von Rammstein, Teenie-Horrorfilme wie *Scream*, Models und ihren nesthockenden Bruder Norbert.

Vorlieben: Comics zeichnen, Zeichentrickserien (*Simpsons* und *South Park*), Süßigkeiten, romantische Filme (vorzugsweise mit Meg Ryan), Treue, Tarot, ihr Tattoo, ihre gefärbten roten Haare, Musik von Xavier Naidoo und englische Songs, in denen festgestellt wird, dass es zwar regnet, aber die Sonne schon bald wieder scheinen wird.

Name: Rosalie
Alter: 23
Geburtsort: Berlin-Marzahn
Kurzbeschreibung: Rosalie ist eine warme, liebevolle und sensible Person. Leider weigert sie sich beharrlich, das irgendjemandem außer ihrer besten Freundin Lolle wirklich zu zeigen.
Größtes Problem: Sie vertraut den Menschen nicht.
Größte Stärken: Ihre Ehrlichkeit und ihr Humor.
Größter Wunsch: Auch wenn sie es nicht so zugeben würde: Ihre pessimistischen Seiten zu überwinden und das Leben mehr genießen zu können.
Elternhaus: Rosalie wuchs bei einem Stiefvater auf, der sie verprügelte und einer Mutter, die sie nicht verteidigte.
Teenagerrebellion: Mit 16 lief sie von zu Hause weg. Für immer.
Moment der größten Scham: Als sie mit 16 das erste und einzige Mal anschaffen ging.
Furchtbarstes Erlebnis: Ihr Selbstmordversuch.
Berufsleben: Sie besucht ein Abendgymnasium, um ihr Abitur nachzumachen. Doch es fällt ihr extrem schwer, sich den blasierten Lehrern unterzuordnen.
Liebesleben: Ein einziges Tohuwabohu: Rosalie verliebt sich langsam aber sicher in Lolle. Sie hat aber Angst, sich ihr gegenüber zu öffnen und damit ihre Freundschaft zu gefährden.
Verhältnis zu Berlin: Rosalie kennt die Stadt auch von unten. Und dadurch verherrlicht sie Berlin nicht wie die Zugezogenen. Aber sie würde Berlin nie gegen eine andere Stadt eintauschen. Denn jede andere Stadt in Deutschland wäre ihr zu eng.
Menschliche Schwäche: Sie kann fluchen wie zweiundzwanzig Rohrspatzen, und ihre Temperamentsausbrüche führen schon mal dazu, dass Gegenstände zu Bruch gehen. Zum Beispiel Wecker, die es tatsächlich wagen zu klingeln.
Abneigungen: Machismo, Heuchelei, Illoyalität, Kleider (wenn sie sie selbst tragen muss), Sommerhits, vor elf Uhr morgens aufstehen, saubermachen, Alkohol.

Vorlieben: Zigaretten, leere Kunstmuseen, Musik von Marilyn Manson, The Prodigy und Atari Teenage Riot, Klassik, Mineralwasser, der Dorotheenstädtische Friedhof und der Sport, der ihrem Temperament den Ausgleich gibt: Aikido.

Name: Sven
Alter: 27
Geburtsort: Berlin Prenzlauer Berg
Kurzbeschreibung: Links-konservativ, Prenzlauer Variante
Größtes Problem: Er darf nach seiner Scheidung seinen Sohn Daniel nicht mehr sehen.
Größte Stärken: Treue und Fürsorglichkeit.
Größter Wunsch: Er möchte noch mal die Chance haben, eine Familie zu gründen. Und dann will er alles richtig machen.
Elternhaus: Sven wurde nach dem Tod seiner Mutter von seinem störrischen Vater aufgezogen. Von ihm »erbte« er seine Angelleidenschaft und den – manchmal übertriebenen – Stolz.
Teenagerrebellion: Gewann gegen seinen Vater beim Angelwettbewerb.
Moment der größten Scham: Lief bei der Geburt seines Sohnes vor lauter Nervosität in einen falschen Kreißsaal.
Furchtbarstes Erlebnis: Als seine Frau Silvia ihn mit dem gemeinsamen Sohn Daniel verließ.
Berufsleben: Als Silvia schwanger wurde, brach Sven seine Tischlerlehre ab, und begann als Taxifahrer zu jobben, um seine Familie zu ernähren. Seitdem fährt er fünf Nächte die Woche durch die Straßen von Berlin.
Liebesleben: Ein einziges Tohuwabohu. Sven verliebt sich langsam aber sicher in seine Cousine Lolle. Er hat aber Angst, sich ihr gegenüber zu öffnen und damit ihre Freundschaft zu gefährden.
Verhältnis zu Berlin: Sven ist ein Großstädter, aber im Herzen ein bodenständiger Kleinstädter. Oder besser gesagt Prenzlauer. Im Prenzlauer Berg wurde er geboren, hier kennt er jede Ecke. Hier ist sein ganz persönliches Dorf
Menschliche Schwäche: Wenn es um Liebe geht, ist er nicht gerade ein Kommunikationstalent. Er gehört zu den Menschen, die als Liebesbeweis lieber zehn Regale bauen als Rosen zu schenken. Dabei erkennt er nicht, dass eine Frau ab und zu lieber Rosen hätte als zehn Regale.
Abneigungen: Alimente, Hertha BSC, Untreue, *Star Wars Episode 1*, Kunst, die er nicht versteht, Techno, Formulare, Tagschichten beim Taxifahren, Skins, Punks, Fetischfreaks, alle anderen Sorten von Großstadt-Tribalisten und seine Schlafstörungen.
Vorlieben: Angeln, Sandra Bullock (Traumfrau), Union Berlin, Nachtschichten beim Taxifahren, kurzrasierte Haare, darüber im Winter eine Wollmütze, *Star*

Trek und *Star Wars*, denn aus diesen Filmen und Serien zieht er einen großen Teil seiner Lebensphilosophie.

Das emotionale Dreieck

Lolles Buch des Lebens ist noch fast leer, und sie will es mit aufregenden, großartigen Geschichten vollschreiben. Rosalie und Sven hingegen haben das Leben nicht mehr als offene Palette aller Möglichkeiten vor sich ausgebreitet. Sie haben schon Dinge erlebt und entschieden, die für ihr ganzes Leben nicht mehr wirklich korrigierbar sind und sie immer noch entscheidend beeinflussen. Es sind Erlebnisse und Entscheidungen, die bei ihnen Wunden hinterlassen haben.

Lolle hilft den beiden, an diesen Wunden zu gesunden: So begleitet sie zum Beispiel Rosalie bei ihrer ersten Konfrontation mit ihren Eltern, und sie sorgt dafür, dass Sven sich nicht das Leben nimmt, nachdem er erfährt, dass seine Ex mit seinem geliebten Sohn nach Australien zieht. Umgekehrt stehen Rosalie und Sven ihr mit ihren Erfahrungen und ihrer Wärme bei, wenn Lolle sich die ersten Verletzungen im großstädtischen Überlebenskampf zuzieht.

Alle drei schaffen es so, gemeinsam zu wachsen, zu reifen und ihr Lebenschaos über die Jahre der Freundschaft hinweg zu ordnen. Dabei profitieren und lernen sie von ihren verschiedenen Charaktereigenschaften. Die oft unsichere Lolle wirft ihren – manchmal schon naiven – Optimismus in die Waagschale, die im Herzen traurige Rosalie ihre toughe Geradlinigkeit und der wortkarge Sven seine bodenständige Fürsorglichkeit.

Doch diese Charaktereigenschaften schaffen auch Konflikte: Mal führen sie zu ganz kleinen alltäglichen Streitereien, wie sie in jeder Freundschaft und in jeder Wohngemeinschaft vorkommen. Mal prallen in Krisensituationen die unterschiedlichen Temperamente und Lebenseinstellungen so stark aufeinander, dass man ein Zerbrechen ihrer Freundschaft befürchten muss.

Erschwerend kommt hinzu, dass auch noch Liebe im Spiel ist. Denn im Verlauf der Zeit verlieben sich sowohl Sven als auch Rosalie in Lolle. Als die beiden das realisieren, schließen sie einen Nichtangriffspakt. Sie befinden, dass es drei Arten von Menschen gibt: Frauen, Männer und Mitbewohner. Und letztere gefährden nicht eine großartige Dreier-Freundschaft durch so etwas fragiles und verrücktes wie Liebe.

Doch bei ihrem Pakt haben Sven und Rosalie ihre Rechnung ohne Lolle gemacht. Denn auch die empfindet etwas für die beiden und sie ist immer wieder hin- und hergerissen, ob es nur sehr intensive Freundschaft ist, oder vielleicht doch mehr. Mal ist sie besonders fasziniert von Rosalies Unabhängigkeitsdrang. Und mal von Svens Sehnsucht nach einem harmonischen geordneten Leben. So findet sich Lolle in einem emotionalen Dreieck wieder. Und bei dem hilft ihr auch kein in der Schule eingebimster Pythagoras.

Die Nebenfiguren:

Sissy

Die 14-jährige stets höfliche Sissy wohnt im gleichen Haus wie unsere WG und ist ein Schlüsselkind. Sie wächst zusammen mit ihrem Sega-liebenden kleinen Bruder Josha bei ihrer alleinerziehenden Mutter auf. Die hat zwischen ihrem Hotelrezeptionsjob und ihren Versuchen, einen neuen Mann zu finden, wenig Zeit für ihre Kinder. Deswegen ist Sissy – aus der Not geboren – auch selbständiger als Lolle, wenn es um Dinge wie Haushalt und Reparaturen geht. In der Schule allerdings findet Sissy mit ihrer etwas reiferen Art bei den Gleichaltrigen nicht unbedingt Anschluss. Dabei will sie doch so cool sein wie die Mädchen in ihrer Klasse, die die Jungs abbekommen. Sie ist es aber nicht. Weder vom Wesen, noch vom Outfit oder den Vorlieben her. Doch Sissy sucht nicht in irgendwelchen Jugendzeitschriften nach Lebenshilfe. Nein, sie wendet sich an Lolle und erhofft sich von ihr Ratschläge in Sachen Jungens und Liebe. Ausgerechnet.

Rabbi Barslai

Der pensionierte Rabbi Barslai zeichnet sich durch freundliche Gelassenheit aus. Er sieht das Leben positiv und ist dankbar für die schönen Dinge um ihn herum. Schließlich musste er als kleines Kind Verfolgung und Tod miterleben. Seine Eltern wurden von den Nazis umgebracht und er wuchs in Palästina bei einer Tante auf, die das Trauma der Verfolgung nicht verwinden konnte. Aber Barslai fand Kraft in der Religion und in den Menschen um ihn herum, die trotz ihrer seelischen Narben das Leben meisterten. Ende der 1960er-Jahre ging Barslai als Rabbiner zurück nach Deutschland. Dort arbeitete er bis zu seiner Pensionierung und wohnt nun im gleichen Haus wie unsere WG. Dieses Haus gehörte vor der Arisierung seinen Eltern, er bekam es nach einigen unangenehmen Rechtsstreits wieder. Jetzt widmet er sich hier seinem großen Hobby: der Computertechnologie. Zu den wenigen, die ihn in seinen Hochphasen vom Computer weglocken können, gehört Lolle. Sie hat Barslai ins Herz geschlossen. Und mit seiner im Laufe des harten Lebens erworbenen Weisheit fungiert er als eine Art Mentor für sie.

Hart S. Fischer

Hart ist ein Nachbar, der für Lolle höchst gewöhnungsbedürftig ist. Der Mann ist Hardcore-Raver und legt regelmäßig bei Berlins einzigem noch existierenden Piratensender auf. Hart kennt sich in der Ecstasyszene aus, spielt am Computer 3-D-Ballerspiele und beleidigt die Nachbarn in einer Tour. Er liebt es, zu schockieren, hat Waffen in seiner Wohnung und ist sehr intelligent. Und vor allen Dingen: Er hat schwarzen Humor. So täuscht er schon mal zum ersten April seinen eigenen Tod vor, nur um zu sehen, wie seine Freunde oder Feinde reagieren. Hart hat aber auch einige entscheidende Vorteile: Braucht unsere WG etwas, was nicht ganz legal ist, dann kann Hart es garantiert besorgen. Und braucht sie Schutz, dann ist er stets zur Stelle.

Tuhan Diem

Diem kam in den 1980er-Jahren in die DDR, um bei der NVA für das vietnamesische Militär ausgebildet zu werden. Doch dann fiel die Mauer, und Diem sah für sich die Chance, in Deutschland zu bleiben. Er holte seine junge Familie nach und eröffnete einen kleinen Imbiss, den er, in Abneigung zu seinen ehemaligen kommunistischen Chefs, »Saigon« nannte. Diem hat – nach unseren westlichen Maßstäben – eine stets höfliche Art. Er rastet nur aus, wenn er sich mit seinem Sohn Truhong streitet. Der ist in Berlin aufgewachsen und sieht sich – im Gegensatz zu Tuhan – nicht als Gast, sondern als Berliner. Und in Tuhans Augen hat sein Sohn schon viel zu viele westliche Unarten angenommen. Zwischen den beiden vermittelt Sven des Öfteren. Denn der bodenständige Sven hat sich in den letzten zehn Jahren mit den beiden angefreundet. Geht er doch nur bei Tuhan essen. Und nirgendwo anders.

Der Klavierspieler

Im Hinterhof gegenüber wohnt »Der Klavierspieler«. Unsere Helden hören ihn oft musizieren, wenn sie in ihrem »Wohnzimmer«, also auf dem Balkon, sitzen. Er spielt sentimentale Klavier-Versionen von jüngeren »Klassikern«, z.B. von Take That, den Backstreet Boys oder Xavier Naidoo. Dabei ist er für unsere WG nie zu sehen, denn sein Klavier steht im toten Winkel und er lässt sich im Haus nie blicken. Unsere drei WG-Bewohner wissen daher nicht, ob er alt oder jung, dick oder dünn, gut drauf oder mies ist. Sie wissen nur, dass er mit seiner Musik ihren Stimmungen oft sehr sehr nah ist.

»Berlin, Berlin« Locations

Prenzlauer Berg, Müggelsee, Neue Synagoge, Dorotheenstädtischer Friedhof, Wagenburg-Siedlungen, Ost-Berlin, Alexanderplatz, Potsdamer Platz, Marzahn, Ernst-Thälmann-Park, Stadion von Union Berlin, Studios in Babelsberg, Oranienburger Siedlung Eden.

Wir kennen die »Mega«-Vergleiche, mit denen Berlin heute umschrieben wird: Das Kneipenleben im Bezirk Mitte/Oranienburgerstr. sei der Montmartre von Berlin mit seiner Mischung aus wiedergeborenem jüdischen Berlin, Boheme und Amour. Zwischen Wittenberg- und Nollendorf Platz mit seinen Ethnokneipen habe Berlin Ähnlichkeit mit New York. Überall schaffen sich Menschen derzeit Nischen in einer Stadt, die ihnen diese Freiheit lässt. Vor allem im Osten.

Es ist die Rede vom Babylon an der Spree mit seinem Basar der Religionen:

Buddhisten am Brandenburger Tor und auf dem Gendarmenmarkt, Sufis in Berlin-Wilmersdorf und Sikhs im Bezirk Mitte. Tamilische Hindus feiern ihre religiösen Feste, Muslime haben ihre eigenen Schlachthöfe, Juden ihre kosheren Restaurants, auf afrikanische Gottesdienste trifft man in einem Park im Wedding. Ein Duft von Kurkuma, Kardamon und Zimt durchzieht die Stadt.

Eines ist klar: Berlin muss nicht mehr Weltstadt werden. Sie ist es bereits und muss sich hinter keiner europäischen Metropole mehr verstecken. Mit diesem Selbstbewusstsein entfaltet sich die Stadt und wird von Tag zu Tag interessanter. Aber es gibt auch die brutale, traurige, arme Kehrseite der bunten Medaille: die Verlorenheit in der Großstadt, die Anonymität, die Verzweiflung, mit der man in ihr lebt, wenn man kein richtiges Ziel hat. Werden die Begegnungen zwischen den Menschen immer kürzer und kälter oder gibt es noch Herzensbildung, Wärme und Freundschaft? Freiheit bedeutet auch Selbstverantwortung.

Selbstverantwortung muss gerade die Generation der Twentysomethings schnellstens lernen. Ihnen bietet sich nicht mehr die Reibungsfläche des Elternhauses, das letztendlich doch die meisten Wunden heilte und die meisten Fehler verzieh. Es gibt keine Schule und keine Lehrer mehr, die es milde belächeln, wenn die Schüler opponieren. Es gibt keine vorgegebene Richtung mehr wie damals den Weg zum Schulabschluss, sei der Weg dahin auch noch so öde, phantasielos und nervend gewesen. Auch die bisher gültigen Freund- und Feindbilder in Gestalt der Eltern und Lehrer sind verschwunden. Gegen wen arbeitet man sich nun ab? An wem kann man sich orientieren und sich durch all dies selbst definieren?

Die kontinuierliche Auseinandersetzung mit den Erwachsenen wird in dieser Zeit zwischen 20 und 30 durch die Konfrontation mit unterschiedlichen Lebenswelten ersetzt, zu denen man sich verhalten muss: Ausbildung oder Uni, soziale Gruppen, WG oder eigene Wohnung. Auch wenn die Twentysomethings noch nicht an eine Familie und die Rente denken, zum Leben braucht man Geld und zum Gelderwerb die Arbeit. Man beginnt sich als Mitglied einer Gesellschaft zu spüren, die nicht unbedingt auf einen gewartet hat. Keiner fragt nach Befindlichkeiten und Gefühlen. Wo bleiben die Träume, die man gerade noch hatte? Wird man seinen Platz finden in der Erwachsenenwelt? Wird man sein Geld verdienen können mit etwas, was einem darüber hinaus Spaß macht? Viel Abenteuer liegt in der Luft. Spieltrieb ist noch erlaubt. Aber wie lange noch?

Es ist das Alter des Dazwischen, in dem vieles entschieden wird, manches wird man später bereuen, aber eben das kann man jetzt noch nicht wissen. Ein Zwischenzustand auch im Sinne der Gefühlslagen. Die Twentysomethings schwanken zwischen dem Wunsch nach Geborgenheit und Sicherheit und dem Wunsch nach Freiheit und Selbstverwirklichung.

Potenziert werden all diese Probleme in dem Moloch Großstadt. Nur hier kann sich das Leben unserer kleinen Wohngemeinschaft so und nicht anders abspielen.

Hier sind noch Abenteuer möglich, aber hier finden unsere drei Hauptfiguren auch ein Zuhause, von dem aus sie sich immer wieder den Gefahren der Großstadt stellen können. Lolle will diese Stadt erobern und wir werden oft mit ihr bangen, ob sie mit ihrer Großäugigkeit in diesem Moloch Berlin bestehen wird. Lolle wird schneller als woanders lernen müssen, Entscheidungen zu treffen. Wir wollen sie bei ihrem Erwachsenwerden in der Metropole Berlin begleiten.

Zentrale Locations

Was ist noch spannender als Berlin? **Ost-Berlin!** Unsere drei Hauptfiguren wohnen am **Prenzlauer Berg** – dem Stadtteil, in dem die meisten jungen Leute Berlins wohnen. Dem Stadtteil, in dem das jugendliche Leben pulsiert. Und dem Stadtteil, in dem das alte neben dem neuen Ost-Berlin existiert: Sanierte Häuser stehen neben Häusern, die noch Einschusslöcher haben. In einem dieser Alt-Berliner Häuser lebt unsere WG in einer Altbauwohnung. Die strahlt einen ganz eigenen Charme aus, resultierend aus der Mischung von alt und neu. Die Sanitäranlagen und die Holzdielen sind älter als unsere drei WG-Bewohner zusammen. Dafür sind andere Dinge, z.B. die Computer, die Bilder an den Wänden und die moderne Hi-Fi-Anlage, die auch im Bad Lautsprecher hat, neueren Datums.

Da jede unserer drei Hauptfiguren ihr eigenes Zimmer hat, mangelt es an einem Gemeinschaftsraum. Aber es gibt ein alternatives »Wohnzimmer«: den **Balkon.** Hier treffen sich die Drei, wenn es ihnen schlecht geht. Hier treffen sie sich, wenn es ihnen gut geht. Und hier treffen sie sich auch zu ihrem Lieblingsritual. Denn wie jedes Wohnzimmer hat auch der Balkon seinen »Fernseher«: den **Hinterhof.** Die Drei beobachten hier ihre Nachbarn und deren Treiben: Zum Beispiel ein ständig streitendes schwules Paar, einen Bodybuilder, der nackt vorm Spiegel posiert, oder eine alte Frau, die sich eine Talkshow nach der anderen ansieht und dabei laufend Kommentare abgibt.

Wenn unsere drei WG-Bewohner auf dem Balkon sitzen, treten sie auch in Kontakt mit den Nebenfiguren unserer Serie, die ihnen von anderen Balkons oder Fenstern zurufen. Sie philosophieren mit Rabbi Barslai über künstliche Intelligenz, streiten mit Hart S. Fischer über seinen stinkigen Balkonmüll, oder bieten Sissy Kontakt zur Außenwelt, wenn sie mal wieder Hausarrest hat.

Zu den zentralen Locations der Serie gehört neben dem Prenzlauer-Berg-Altbau mit seinem Hinterhof auch der **Billigimbiss »Saigon«,** geführt von dem Vietnamesen Tuhan. Der kleine Imbiss hat vier Tische und einen Herd, der dauernd in Betrieb ist. Zu ihm kommt unsere WG immer dann, wenn niemand Lust hat zu kochen. Also oft. Besonders Sven fühlt sich hier heimisch, gibt ihm die Freundschaft zu Tuhan doch die Möglichkeit, über seinen kleinen Berliner Tellerrand zu schauen.

Und zusätzlich lernt Lolle immer neue Ecken im **Osten und drumherum** kennen: den Müggelsee, die neue Synagoge, den Dorotheenstädtischen Friedhof,

Beispiel *Berlin, Berlin*

den neuen Alexanderplatz, Marzahn, den Ernst-Thälmann-Park, die Wagenburg-Siedlungen, den Potsdamer Platz, die Oranienburger Siedlung Eden, das Stadion von Union Berlin, die Studios in Babelsberg, die besetzten Häuser, Clubs, Läden, Kneipen, Imbisse und, und, und. Überall erlebt sie aufregende und/oder skurrile Dinge. Denn wir nutzen konsequent den Charme und die Brüche dieser widersprüchlichen Stadt in unseren Geschichten.

Die Stilelemente

Lolle ist eine Figur, die voller innerer Widersprüche steckt und weit davon entfernt ist, ihre gesamte Innen- und Gedankenwelt nach außen zu zeigen. Deshalb haben wir nach einer Möglichkeit gesucht, mehr als nur Lolles Reaktionen im Bild zu zeigen, ihre Ausdrucksmöglichkeiten zu erweitern. Und wir haben sie gefunden: mit Hilfe der beiden Stilelemente des *Voice-Over* und den Zeichentrick-Animationen, die die Erlebnisse und Erfahrungen von unserer Hauptfigur durch die ganze Serie begleiten. Obwohl sie höchstens zwei oder drei Mal pro Folge aufgenommen werden, sind sie charakteristisch für unsere Hauptfigur Lolle.

Voice-Over

Normalerweise wird die Voice-Over gerne als exponierende Erzählstimme benutzt, die Off-Stimme erklärt, was zwischen den Szenen geschehen ist oder bevor der Film begann, und gibt Informationen über Charaktere und Beziehungsgeflechte. Lolles Voice-Over hat eine andere Funktion. Wir werden von ihrer Off-Stimme nie Sätze hören, die mit:»Als ich ihn das erste Mal sah ...« oder»Norbert ist eigentlich ein Mensch, der ...« beginnen. Stattdessen sind ihre Voice-Overs direkte Reaktionen auf das, was gerade geschieht, was sie aber – wie zum Beispiel in den Drehbuchseiten zum Eingang der Präsentation ersichtlich – aus naheliegenden Gründen nicht im On äußern kann. Oder wir nutzen das Voice-Over, um innere Stimmungen von Lolle zu verbalisieren. So können wir in Solo-Szenen als Zuschauer noch mehr bei ihr sein und mehr Identifikation mit der Figur empfinden, als es normalerweise bei einer Serienfigur möglich ist.

Bild 37 LOLLES ZIMMER   **INNEN/NACHT**

Lolle liegt auf ihrem Bett. Das Licht ist aus, aber sie kann nicht schlafen.

LOLLE (VOICE OVER
Ich bin ein großes Mädchen ...
Mädchen ... Quatsch: Ich bin eine
Frau. ... das muss ich endlich mal
ändern, mich als Mädchen zu sehen

```
... Also: ich bin eine Frau ...
klingt doch gleich viel besser. ...
ich hab' es gar nicht nötig, diesem
Kerl hinterherzulaufen. Ich hab'
auch ohne ihn ein großartiges Leben:
Ich habe Freunde: Sven, Rosalie...
und ich hab' eine nette Wohnung ...
und meine Bücher. .. und ... und
... einige wirklich nette Bücher...
»Sinn und Sinnlichkeit« zum Beispiel
... und ...»Nebel von Avalon« und  …
```

Ihr Blick fällt auf das Telefon.

LOLLE (VOICE OVER)
…und ich ruf' ihn jetzt an.

Sie wählt und es ist besetzt. Sie legt erleichtert auf.

LOLLE (VOICE OVER)
Danke Gott. Es gibt dich also doch.

(SZENE GEHT WEITER)

Zeichentrickanimationen

Unsere Zuschauer sind mit Zeichentrick aufgewachsen. Ob Disney-Filme im Kino, Zeichentrickcartoons im Fernsehen oder 3-D-Animationen in Computerspielen – Zeichentrick ist überall, wo man auch hinsieht. Zurzeit gibt es mehr Zeichentrick-Animationen als jemals zuvor. Und die temporeichen, gezeichneten und überzeichneten Geschichten sind ein fester Bestandteil der Jugendkultur und ein vertrauter Teil ihres Alltags.

Lolle ist ein Zeichentrick- und Comic-Fan. Sie zeichnet selber und hat dafür ein großartiges Talent. Im Laufe der ersten dreizehn Folgen von Berlin, Berlin wird sie entdecken, dass sie vielleicht sogar im professionellen Sinne etwas aus ihrem Zeichentalent machen kann. Was läge also näher, als dass wir ihre innere Gedankenwelt und ihre Phantasie mit Hilfe von Zeichentrickanimationen darstellen. Die Zeichentrickanimationen können zeigen, wie sie sich fühlt, was sie am liebsten in einer bestimmten Situation tun würde, aber sich nicht zu tun traut. Damit präsentieren wir eine weitere Seite ihres Charakters. In den Zeichentricksequenzen ist Lolle etwas mutiger und konsequenter als in der Realität, in der Phantasie steht sie mehr zu sich, ihren Gefühlen und Impulsen. Und wir als Zuschauer können daran erkennen, wohin ihre Reise gehen wird.

Zeichentrick kann aber auch auf humorvolle Weise komplexere innere Haltungen und Ansichten unserer Hauptfigur illustrieren, ohne umständlich zu dialogisieren. Wir sehen auf diesem Weg direkt, wie Lolles Haltung zu Dingen ist, die gerade um sie herum passieren:

```
BILD 25 PARTY                                    INNEN/TAG
Furchtbar auf einer Party zu sein, bei der man niemanden
kennt. Lolle steht gelangweilt und leicht unsicher an
einer Wand gelehnt und hört einem Typen zu, der auf einen
anderen, niedergeschlagen wirkenden Typen einredet.

              TYP 1
         Meiner Meinung nach ist das alles
         eine Sache der Gene.


              TYP 2
         Dass sie mir abgehauen ist, liegt an
         den Genen?


              TYP 1
         Klar, der Kerl hat deutlich mehr
         Geld als du. Und Frauen suchen sich
         nun mal das Alphatierchen. Früher
         haben sie den genommen, der in der
         Höhle am stärksten war. Jetzt nehmen
         sie den mit dem meisten Geld. Frauen
         folgen nur diesen Ur-Instinkten.

Die Kamera geht nun auf Lolles angewidertes Gesicht.
```

Zeichentrick-Animation (Lolles Phantasie)

Typ Nummer 7 ist als Comicfigur bekleidet wie ein Höhlenbewohner und hat zusätzlich langes Haar und ist unrasiert. In der Hand trägt er einen Mammutkopf mit Stoßzähnen. Er geht auf Lolle triumphal posierend zu und will sie küssen. Doch sie holt hinter dem Rücken eine Keule hervor und zieht sie ihm über den Kopf. Er fällt zu Boden. Über dem Ohnmächtigen kreisen Sternchen, Vögelchen und Mammuts mit Flügeln. Und Lolle ist zufrieden. (Im Konzept bebildert.)

Wieder in der Realität

```
              TYP 1 (WENDET SICH
              UNVERMITTELT AN LOLLE)
        Wie ist es bei dir. Was ist dir an
        einem Mann wichtiger: Charme oder
        Geld?

              LOLLE
        Ähem...ich muss mal an die frische
        Luft.

Sie geht hastig davon.
```

Den Möglichkeiten des Zeichentricks sind keine Grenzen gesetzt. Für unsere Serie ist besonders entscheidend, dass sich in Zeichentricksequenzen Tabus viel einfacher in Frage stellen oder sogar brechen lassen als in der Realität. Diese Qualität möchten wir uns für *Berlin, Berlin* zunutze machen. Wir haben damit ein Stilelement, das in dieser konsequenten Form noch in keiner Real-Serie eingesetzt wird. Also eine absolute Neuerung. Genauso wie die Darstellung von Lolles Gedanken durch das Stilelement der Voice-Over, das in einer deutschen Serie noch nicht seinen comedyähnlichen und dramatischen Möglichkeiten entsprechend eingesetzt wurde. Darüber hinaus haben diese beiden Stilelemente die Möglichkeit, ein facettenreiches Spektrum unserer Hauptfigur zu bieten und ihre Ausdrucksformen zu erweitern.

Dramedy
Lolle wird der Star dieser sogenannten Dramedy, neudeutsch für Tragikkomödie. In diesem Genre liegen Lachen und Weinen nah beieinander. Wir schicken Lolle durch Lebenskrisen – wie den Verlust ihres Freundes Tom –, die durch die Umstände oder andere Charaktere komisch gebrochen werden. Oder wir erleben mit ihr komische Situationen, die durch tragische Momente gebrochen werden. Wie das konkret in den Geschichten aussehen kann, das lesen Sie in den folgenden Exposees.

Pilot:
Anfang
(Anm. des Autors: Es folgen die ersten Seiten des Konzeptes, die aus Platzgründen hier nicht abgedruckt werden können. In ihnen wird in Drehbuchform geschildert, wie Lolles Freund Tom nach dem Abitur nach Berlin geht, um seinem

Onkel auf dem Markt zu helfen, anstatt die nächsten vier Wochen bis zum gemeinsamen Urlaub mit ihr zu verbringen. Doch kurz vor der Abreise nach Italien macht Tom Schluss: Er hat eine neue Freundin. Lolle schlägt das Angebot ihres Vaters aus, eine Fotolehre im Ort zu machen, und fährt nach Berlin. Als sie Tom auf dem Markt mit ihren Gefühlen konfrontieren will, begegnet sie Rosalie, die offensichtlich ebenfalls eifersüchtig auf Toms neue Freundin ist ...)

Und so geht es weiter
Lolle klingelt bei ihrem Cousin Sven und bekommt zunächst einen Schreck: ein Mann im Krümelmonster-Kostüm öffnet ihr. Sven nimmt den Kopf des Kostüms ab und entschuldigt sich: Er braucht das Kostüm für den Kindergeburtstag seines Sohnes. Ansonsten erkennt er Lolle nicht. Erst als sie das Stichwort »Alexanderplatz« sagt, dämmert es: Vor ihm steht seine Cousine, die er einst dort vergessen hatte. Er bietet Lolle an, bei ihm zu übernachten. Als sie eintritt, wundern sich ihre Augen allerdings über die leere Wohnung. Sven bemerkt das und erklärt:»Silvia hat mich verlassen, und ich wollte mich nicht auch noch um die Möbel streiten.«

Lolle, die nicht schlafen kann, schleicht sich nachts zum Kühlschrank und mopst sich Schokolade. Plötzlich hört sie vom Balkon, ein»Bedien' dich ruhig« von Sven. Vor lauter Schreck verschluckt sich Lolle. Sven lädt sie auf den Balkon ein. Hier geht er immer hin, wenn er wegen seiner Schlafstörungen nicht schlafen kann. Er lauscht dann dem Treiben der Nachbarn und fühlt sich dabei»irgendwie nicht so allein«. Und als Lolle mit Sven gemeinsam lauscht und den Pianisten »Come back for good« (*Take That*) spielen hört, fühlt auch sie sich das erste Mal in Berlin nicht ganz so einsam.

Am nächsten Tag in der Markthalle: Lolle beobachtet von einer Würstchenbude aus unbemerkt Tom und Bernadette. Letztere arbeitet an einem Käsestand in der Markthalle und besucht ihren Liebsten immer wieder. Plötzlich kommt Rosalie auf Lolle zu. Die will wegen dem Eidotterfiasko gleich eine Entschuldigung stammeln. Doch davon will Rosalie gar nichts hören. Sie zeigt stattdessen auf Toms neue Freundin und erklärt, dass das ihre Ex ist. Lolle hat an der Tatsache zu kauen, dass Tom nun eine Freundin hat, die eine Freundin hatte. Mehr schlecht als recht versucht sie, sich das nicht anmerken zu lassen. Rosalie quetscht Lolle aus. Die gibt zu, dass sie Tom beobachtet. Und dass sie hofft, dass Tom bald wieder zu ihr zurückkehrt. Rosalie bezeichnet Lolle wegen dieser Hoffnung als naives Landei und kündigt an, ihr das Gegenteil zu beweisen.

2. Akt
Dazu fährt sie mit Lolle zu Bernadettes Wohnung. Für die hat Rosalie keinen Schlüssel mehr, weil sie ihn vor lauter Zorn in die Spree geworfen hat.

Deswegen macht sie die Tür mit einem Messer auf, was Lolle mit einem mulmigen Gefühl beobachtet. Die beiden treten in die Zwei-Raum-Wohnung, und Lolle stellt entsetzt fest, dass Tom hier eingezogen ist. Als Rosalie ein altes Urlaubsfoto von sich und Bernadette an der Pinnwand findet, sieht Lolle den Trennungsschmerz in ihren Augen. Rosalie fühlt sich ertappt, reißt sich zusammen und geht in die Offensive. Sie fragt, ob Lolle immer noch glaubt, dass »der kleine Wichser« wieder zu ihr zurückkommt. Lolle will nicht, dass sie Tom beleidigt, und beleidigt ihrerseits Bernadette als »Lesbenschlampe«. Es kommt zu einem Streit, der sich immer weiter hochschaukelt. Am Ende fragt Lolle wütend, was Rosalie eigentlich von ihr will, und Rosalie antwortet der verdutzten Lolle: »Dass wir die beiden auseinanderbringen.« Bevor Lolle etwas erwidern kann, hören sie im Treppenhaus Tom und Bernadette.

Hastig verstecken sie sich im Schrank. Die beiden Ex-Geliebten kommen herein und fallen, sehr zu Lolles Entsetzen, sofort übereinander her. Bernadette möchte beim Ausziehen hören, ob Tom jemals so verliebt war wie jetzt in sie. Lolle im Schrank hat Angst vor seiner Antwort. Ihr stockt regelrecht der Atem. Doch statt ehrlich zu antworten, sagt Tom nichts. Er weicht aus, indem er Bernadette immer heftiger küsst. Und auch auf ihre Nachfragen geht er nicht ein. Stattdessen intensiviert er seine Verführung.

Als die Liebhaber eingeschlafen sind, schleichen Lolle und Rosalie aus dem Schrank. Rosalie bleibt vor den beiden Schlafenden stehen und betrachtet sie. Lange. Für Lolle, die nicht erwischt werden will, unerträglich lange. Dann nimmt Rosalie eine der brennenden Kerzen und stellt sie vor Toms nackten Fuß. Und beim Hinausgehen schlägt sie die Tür so heftig zu, dass die Kerze umfällt. Als die beiden beim Runterlaufen der Treppen Toms »Aua-Aua« hören, grinst Rosalie. Und Lolle muss – obwohl sie es eigentlich nicht will – auch grinsen.

Auf dem Dorotheenstädtischen Friedhof schwallert eine hoffnungsfrohe Lolle Rosalie dicht: Tom ist bei Bernadettes Frage ausgewichen. Das heißt, dass er Lolle mehr geliebt hat als Bernadette jetzt. Rosalie hält dagegen: »Quatsch. Der war nur so geil, dass er nichts mehr sagen konnte.« Lolle aber glaubt, dass sie noch eine Chance bei Tom hat. Und deswegen wird sie Rosalie helfen, die beiden auseinander zu bringen. Rosalie holt ihren versteckten Rucksack heraus. Lolle ist verblüfft. Übernachtet Rosalie etwa hier? Rosalie antwortet: »Manchmal«, und erklärt, dass sie diesen Friedhof liebt. Lolle sagt: »Du bist etwas strange.« Und Rosalie grinst nur: »Sagte die Frau mit dem Pony-Tattoo.«

Lolle lädt Rosalie zu Sven ein. Der ist über diesen Besuch wenig erfreut. Ja, gar unfreundlich. Erst nach Bitten von Lolle willigt er ein, Rosalie für eine Nacht übernachten zu lassen. Was Lolle nicht wissen kann: Svens schlechte Laune ist eine Übersprungshandlung. Er hatte sich am Telefon mit seiner Ex-Frau gestritten.

Am nächsten Morgen hat Sven ein schlechtes Gewissen. Daher bereitet er den Frauen ein großartiges Frühstück, bei dem Lolle zum ersten Mal in ihrem Leben Ost-Brötchen isst. Von gegenüber winkt Rabbi Barslai freundlich rüber. Sven stellt Rosalie und Lolle vor, und der freundliche alte Mann gibt Lolle seine ganz persönliche Berlin-Einschätzung: »Diese Stadt zeigt, dass Gott einen interessanten Sinn für Humor hat.«

Nachdem Barslai sich wieder seinem Buch über künstliche Computerintelligenzen zuwendet, kommt das Gespräch der drei Frühstückenden auf das Thema: »Wie bringt man Tom und Bernadette auseinander?« Rosalie antwortet: »Indem sie mitbekommt, dass er sie betrügt.« Lolle ist verdattert und kann es kaum glauben: »Tom betrügt Bernadette?« »Nein, aber sie muss es glauben«, antwortet Rosalie, »Bernadette hasst nichts mehr als Untreue.«

Werbebreak

Lolle hat auch schon eine Idee, wie man Bernadette einreden kann, dass Tom sie betrügt. Dazu sprüht sie am S-Bahnbahnhof Sven, der sein Krümelmonster-Kostüm trägt, mit Parfüm ein. Als Tom aus der S-Bahn steigt, umarmt ihn das Krümelmonster, und er ist danach völlig verblüfft, dass er jetzt so sehr nach Frauenparfüm stinkt. Lolle ist der festen Überzeugung, dass Bernadette Tom nie glauben wird, dass ein nach Frauenparfüm riechendes Krümelmonster ihn umarmt hat. Sie wird denken, dass da eine andere Frau im Spiel ist. Umso enttäuschter ist Lolle, als sie in der Markthalle beobachtet, wie Bernadette zwar irritiert an Tom schnüffelt, ihm aber seine Geschichte glaubt.

Auf dem Balkon macht Rosalie Lolle klar, dass man in Berlin alles glaubt. Da bedarf es mehr als »Dorftricks«. Lolle erklärt wütend, dass sie Rosalie schon zeigen wird, dass sie mehr auf dem Kasten hat als die albernen Berliner. Sagt es und rauscht beleidigt in die Wohnung. Dort wird sie Zeuge, wie Sven sich traurig von seinem Sohn verabschiedet. Daneben steht eine ungeduldige Silvia. Als die beiden draußen sind, erzählt Sven Lolle, dass seine Frau ihn wieder vom Kindergeburtstag ausgeladen hat. Lolle ist der Ansicht, er solle dennoch hingehen. Silvia wird ihn ja wohl kaum vor den Augen des Kindes hinauswerfen. Wenn Sven will, begleitet sie ihn. Daraufhin muss Sven laut lachen. Lolle irritiert das, und er erklärt: »Sie wohnt am Alexanderplatz«, Lolle grinst zurück: »Dann überwinden wir halt unser Trauma.«

Am nächsten Tag sitzt Tom in der S-Bahn. Plötzlich setzen sich neben ihn vier Teenie-Mädchen. Sie keilen ihn ein, und eins der Mädchen saugt sich küssend an seinem Hals fest. Er will sich losreißen, aber die anderen Mädchen halten ihn fest. Von den Mitfahrern interessiert sich dafür keiner. Immerhin ist das hier Berlin. Da ist man aus der S-Bahn wildere Szenen gewöhnt. Schließlich lässt das Mädchen von ihm ab und rennt mit ihren Freundinnen aus der Tür. Tom torkelt nun verwirrt aus der S-Bahn. Mit einem fetten Knutschfleck am Hals. Und die zufriedene Lolle gibt hinter einer Säule jedem der Mädchen 30 Mark.

Rosalie, die mit Lolle an der Würstchenbude steht, erkennt Lolles Phantasieleistung an: Erst ein Krümelmonster mit Parfüm, dann die Attacke der Killerteenies – das ist selbst für eine Berlinerin wie Bernadette schwer zu glauben. Und tatsächlich: Als Bernadette zu ihm kommt, sieht sie den Knutschfleck und ist tief getroffen. Und seinen Erklärungen glaubt sie nicht.

In der WG feiern Lolle und Rosalie ihren Erfolg mit Sekt und überlegen sich dabei alberne Ideen, wie man den Riss zwischen den Liebenden noch verbreitern kann. So kommen sie zum Beispiel auf den Gedanken, Tom versteckte Lautsprecher unter die Haut zu pflanzen. Die rufen dann beim Sex mit Bernadette immer andere Namen z.B. »Gib's mir Annabelle!« »Gib's mir Cecilia!« Mitten in ihr Lachen klingelt das Telefon. Sven kommt hinein: Es ist Lolles Mutter. Lolle geht ran und ihre Mutter erklärt, dass Lolle übermorgen in Malente ihre Lehre beginnen kann. Lolle legt auf, ihre gute Laune hat einen Dämpfer bekommen.

Am nächsten Tag am Würstchenbudenausguck: Die beiden Freundinnen beobachten, wie zwischen Tom und Bernadette Eiszeit herrscht. Rosalie hat jetzt eine Idee, wie man die beiden endgültig auseinanderbringen kann: Sie wird eine Pillenpackung in Bernadettes Wohnung schmuggeln. Die eifersüchtige Bernadette nimmt keine Pille und wird dementsprechend Tom gar nichts mehr glauben. Lolle hat nur eines an Rosalies Plan auszusetzen: Sie lässt ihn Rosalie nicht alleine durchziehen. Sie wird mitkommen. Rosalie freut sich über Lolles Unterstützung und will gleich los. Aber Lolle muss vorher noch dringend aufs Klo.

Damit Tom sie nicht sieht, geht sie unauffällig durch die Halle. Plötzlich ruft hinter ihr jemand: »Lolle?« Sie dreht sich um, und ein alter Mann steht vor ihr. Sie erkennt ihn nicht, und er sagt: »Ich bins, Lars, der Onkel von Tom.« Bei Lolle fällt der Groschen, sie lächelt nervös-höflich. Der Onkel erklärt, dass er jetzt wieder gesund ist und endlich wieder seine Arbeit antreten will. Lolle, die auf glühenden Kohlen steht, könnte nichts weniger interessieren. Sie will fliehen. Doch bevor sie das kann, ruft Onkelchen: »Tom, Tom ... schau mal, wer hier ist.« Tom kommt von seinem Stand hervor und ist völlig verblüfft, Lolle zu sehen.

Rosalie bekommt in ihrem Würstchenbudenausguck einen Riesenschreck. Und auch Lolle rutscht das Herz in die Hose. Tom fragt, was sie denn hier macht. Mangels Ausrede stammelt sie: »Ich bin wegen dir da.« Tom weiß nicht, was er dazu sagen soll. Lolle noch weniger. Aber dafür die dazukommende Bernadette. Sie möchte wissen, wer das ist. Tom erklärt, dass das Lolle ist. Und Bernadette ist nun nicht mehr zu bremsen: Ihr ist nun alles klar. Während sie zusammen waren, hat er auch noch mit seiner Ex-Freundin rumgemacht. Tom erklärt, dass das nicht stimmt. Aber die weinende Bernadette lässt ihn stehen und verschwindet: Sie will ihn nie wiedersehen. Tom geht ihr hinterher. Und Lolle schaut ihm betreten nach.

3. Akt

Auf dem Friedhof versteht Lolle nicht, dass Rosalie so still ist. Sie haben doch geschafft, was sie wollte. Aber Rosalie erwidert, dass es ihr sehr wehgetan hat, Bernadette so verletzt zu sehen. Lolle will das nicht hören, verdrängt ihre Schuldgefühle. Sie will gleich morgen Tom auf dem Markt besuchen. Auch wenn das bedeutet, dass sie Sven nicht zum Kindergeburtstag begleiten kann. Der ist zwar darüber leicht traurig, sagt aber nur: »Schnapp dir deinen Tom.«

Überraschenderweise freut Tom sich, Lolle zu sehen. Er ist sehr glücklich, dass Lolle noch mit ihm redet. Nach all dem, was er ihr angetan hat. Und Lolle versucht krampfhaft, nicht darüber nachzudenken, was sie ihm angetan hat. Tom erzählt, dass Bernadette sich von ihm getrennt hat, und von ihrem mangelnden Vertrauen. Klar, ihm sind verrückte Dinge passiert, die er sich nicht erklären kann. Aber das hier ist halt Berlin. Da passiert so etwas. Lolle hingegen hat ihm immer vertraut. Dabei schaut er Lolle intensiv an, und die wird von diesem Blick ganz verwirrt.

Tom setzt sich mit Lolle in seinen leeren Obst-LKW vor der Halle. Die beiden sitzen nebeneinander, und Tom erzählt, dass es mit Bernadette nie einfach war. Sie ist so ganz anders als Lolle: streitsüchtiger, stressiger, hektischer ... nun wie soll er sagen, berlinerisch halt. Mit Lolle aber war alles so harmonisch. Friedlich. Sie hat ihm nie wehgetan!

Lolle schweigt dazu. Und man sieht es förmlich hinter ihrer Stirn arbeiten. Tom schweigt nun auch und nähert sich ihr. Langsam. Zärtlich. Er gibt ihr einen Kuss. Sie erwidert ihn nur zögerlich. Dann küsst er sie noch mal. Sie erwidert den Kuss nun intensiver. Die beiden beginnen sich nun leidenschaftlich zu küssen. Aber plötzlich weist sie ihn zurück. Er ist nicht wirklich überrascht. Er denkt ja, dass sie noch zu verletzt ist und will sich bei ihr entschuldigen. Aber Lolle legt ihren Finger an seinen Mund und sagt den Satz, den er zu ihr in Malente sagte: »Ich muss dir etwas sagen ...«

Tom und Lolle klettern aus dem LKW. Ein kurzer kühler Abschied seinerseits. Sie schaut ihm wehmütig nach, wie er in dem Markthallengetümmel verschwindet.

Lolle kommt aus der S-Bahn hastig auf den Alexanderplatz gerannt und blickt sich suchend um. Schließlich sieht sie, wie etwas entfernt ein Taxi hält und Sven in seinem Krümelmonsterkostüm aussteigt. Sie rennt hin und er fragt überrascht, was sie denn hier macht. Zu seiner Freude antwortet sie: »Ich muss heute noch auf einen Kindergeburtstag.« Rosalie ist auch froh, sie zu sehen, und fragt nach, wie es mit Tom war. Lolle erklärt, dass sie ihm die Wahrheit gesagt hat. Rosalie antwortet: »Das ist gut«. Die beiden umarmen sich.

Nach dem Kindergeburtstag sitzt Sven auf dem WG-Balkon, niedergeschlagen. Ohne seinen Sohn Daniel wird es für ihn sehr einsam. Lolle spürt das genau, obwohl er es nicht sagt. Stattdessen schlägt Sven Rosalie vor, doch bei ihm einzuziehen. Er kann die Miete, jetzt, wo er Alimente zahlen muss, eh nicht alleine schaffen. Rosalie sagt spontan zu. Und merkt an, dass ja dann immer noch ein Zimmer frei ist. Eins, in das noch jemand einziehen könnte. Und beide schauen Lolle an.

Alle drei gehen anschließend bei Tuhan essen. Dem Zuschauer ist nicht ganz klar, ob Lolle nun das Angebot angenommen hat oder nicht. Als Tuhan die Currysuppe serviert, hat sie jedenfalls keinen Appetit. Sie steht auf und fragt nach einem Telefon. Und dann ruft sie ihren Vater an, um ihm ihren Entschluss mitzuteilen: Sie bleibt in Berlin!

Statement Holger Ellermann

Berlin, Berlin ist als Serie ein Glücksfall gewesen. Von Anfang an. Die erzählerische Energie und Phantasie, die Kraft der Figuren und der Sog des beschriebenen Lebensgefühls waren schon in dieser Konzeptphase zu spüren. Im Rückblick ist bemerkenswert, wie viel von dem Ursprungskonzept sich in den späteren Folgen wiederfindet. Das ist alles andere als selbstverständlich. Vieles wird sonst verworfen, noch mal neu gedacht oder im negativen Fall auf dem langen Weg zur Produktion einer ersten Staffel zerredet. Bei *Berlin, Berlin* verhielt sich das nicht so und ich bin sicher, dass dies auch ein Grund für den großen Erfolg der Serie gewesen ist. Die Vision des Autors David Safier wurde sowohl von der Redaktion als auch von Produktion und Regie nicht nur respektiert, sondern mit Begeisterung geteilt.

Natürlich ist nicht alles aus dem Konzept später so umgesetzt worden wie es der Autor ursprünglich formuliert hat. Beispielsweise fiel die Mentoren-Figur des Rabbi Barslai weg, weil sie sich zu sehr mit der Figur des weisen Tuhan doppelte. Rabbi Barslai hat es daher nur zu einer Episoden-Figur gebracht. Und auch das emotionale Dreieck zwischen Lolle, Sven und Rosalie ist nicht so ausdramatisiert worden, wie es im Konzept steht. Die sexuelle Identität von Lolle in der Serie ist eindeutiger: Sie verliebt sich in Sven, wenngleich es auch eine Folge gibt, die die Anziehung zwischen Lolle und Rosalie zum Thema hat. Kurzum: Es hat Anpassungen gegeben, aber schon der ursprüngliche Entwurf zur Serie nimmt sehr viel von dem vorweg, was später die Serie prägen sollte.

Besonders das Stilmittel »Zeichentrick« zeigt, wie klar die Vorstellung darüber war, wie die Cartoons eingesetzt werden sollen.

Berlin, Berlin kann also als ein Beispiel dafür gewertet werden, dass die Entwicklung einer Serie kein Prozess in stark unterschiedlichen Entwicklungsschritten sein muss. Die Klarheit der Konzeption hat die Serie von Beginn an geprägt.

Beispiel *Stromberg*

Die Serie gewann folgende Auszeichnungen: Adolf-Grimme Preis 2006, Deutscher Fernsehpreis »Beste Sitcom« 2007, für den Hauptdarsteller gab es den Bayerischen Fernsehpreis 2005, Deutscher Comedypreis 2005 und 2006.

Autor: Ralf Husmann
Produzent: Ralf Husmann
Produktionsfirma: Brainpool TV GmbH
Redaktion Prosieben: Edda Sonnemann, Dagmar Harms, Jobst Benthues

Stromberg – Serienkonzept

Grundidee:
Doku-Sitcom rund um den »ganz normalen« Büroalltag.

Story:
Warum gibt es immer Rasen vor Versicherungsgebäuden? Damit es nicht soviel Krach macht, wenn sie das Geld zum Fenster hinauswerfen. Scherze dieser Art kennt und macht Stromberg zur Genüge.

Stromberg ist Ressortleiter für den Bereich Schadensregulierung, Buchstaben M bis Z. Damit steht er natürlich in direktem Konkurrenzkampf zum Bereich für die Buchstaben A bis L, vor allem seit sich hartnäckig Gerüchte halten, die beiden Bereiche könnten demnächst zusammengelegt werden. Das bedeutet nicht nur, dass vermutlich einige Mitarbeiter entlassen werden, sondern auch, dass es in naher Zukunft einen Gesamtleiter Schadensregulierung geben wird. Und der heißt natürlich Stromberg, wenn es nach Stromberg geht. In Herrn Turculu, dem türkischstämmigen Leiter für den Bereich A bis L, hat Stromberg allerdings einen hartnäckigen Konkurrenten.

Wie man unschwer erkennen kann, trägt Stromberg also einen Haufen Verantwortung. Aber er trägt ihn mit Fassung und Humor. Sehr viel Humor. Er kann auch schon mal ausrasten, aber ein Gewitter reinigt bekanntlich die Luft. Gut, es gewittert ziemlich häufig, aber erstens schreit Stromberg nie ohne Grund und zweitens immer mit einem freundlichen Unterton.

Schließlich müssen die Zahlen am Ende stimmen und nicht nur das: Unterm Strich sollten die Zahlen besser sein als bei den »Vollverlierern von A bis L«, wie Stromberg sich ausdrückt.

Stromberg hat keine Angst vor der anderen Abteilung, nur hat er manchmal das Gefühl, dass seine eigene Abteilung ihm in entscheidenden Dingen nicht recht folgen kann (»Es gewinnt nicht das Eichhörnchen, das die meisten Nüsse gesammelt hat, sondern das, das sich am besten erinnert wo es sie versteckt hat... Was das für unsere Abteilung heißt?... Das sind genau diese idiotischen Scheiß-nachfragen, die mich absolut rasend machen!!!«)

Stromberg sieht sich als ein Muster von einem Chef: im Prinzip immer für seine Mitarbeiter da, stets ein offenes Ohr und kompetent, nicht nur in Versiche-rungsfragen, sondern auch in allen Bereichen des täglichen Bürolebens. Schließ-lich verbringt man die meiste Zeit des Tages im Büro ja nicht mit Arbeit, sondern mit dem filigranen Kampf gegen die Kollegen, um die eigene Karriere, die Aner-kennung der Chefs oder wenigstens einen besseren Firmenparkplatz.

Stromberg, als Mitglied der mittleren Führungsetage steht da natürlich unter besonderem Stress, schließlich hat er, in eigenen Worten, zwar schon »Kontakt zum Führerbunker«, ist aber gleichzeitig auch noch »ein Frontschwein, dem im täglichen Kampf die Formulare nur so um die Ohren fliegen«. Das heißt, er steht in der Hierarchie quasi zwischen oben und unten, deswegen muss Stromberg bei allem Humor eben ab und zu eben auch mal ausrasten.

Stromberg ist verheiratet und in anderen Kreisen wäre seine Gattin die klas-sische Spielerfrau. Das heißt, sie erwartet von Stromberg natürlich auch, dass er noch mindestens ein bis zwei Sprossen auf der Karriereleiter nimmt, schließlich will sie irgendwann einmal das Häuschen am Stadtrand mit Vorgarten und Ga-rage.

Die Frauen und Stromberg, das ist ohnehin so ein Thema.

Stromberg hat Schlag bei Frauen und er kann eben nicht immer nein sagen, zumal es zwischen seiner Frau und ihm eine Zeitlang etwas schwierig war. (»Sie hat ein kleines Problem mit Sex... sie muss dazu erst in Stimmung kommen, wie diese Kungfu Mönche, bevor sie dicke Bretter zerschlagen!«)

Außerdem macht sie ihn für ihre Kinderlosigkeit verantwortlich, nur weil ein paar Ärzte ein paar Tests mit ihm gemacht haben, was natürlich lächerlich ist, aber man kennt ja die Frauen, zumindest Stromberg kennt sie und so nimmt er auch das mit Humor. Und, wie gesagt, Stromberg hat Schlag bei den Frauen, was ihm sehr hilft, da seine unmittelbare Vorgesetzte auch eine Frau ist. **Frau Berkel** – von Stromberg liebevoll Tuberkel genannt – ist ein paar Jahre jünger als

Stromberg, der langsam »auf der falschen Seite von 40« ist, dessen »errechnetes biologisches Alter aber bei 32 liegt«.

An der Art, wie Tuberkel Strombergs subtile Anmachen regelmäßig abblitzen lässt, erkennt Stromberg ziemlich klar, dass sie ein Faible für ihn hat.

Stromberg hat ein paar Managementseminare besucht, wo man ihm in punkto Menschenführung aber nichts entscheidend Neues beibringen konnte, denn dazu braucht man schließlich nur gesunden Menschenverstand, Humor und ein fundiertes Wissen über die Schwächen der Mitarbeiter.

Und noch etwas kann von großem Wert sein: Ein loyaler Angestellter. Den hat Stromberg in Gestalt von Bert Heisterkamp, genannt **Ernie**. Gut, viele Kollegen nennen ihn auch anders. Zum Beispiel »Arschkriecher« »Amöbe« oder auch »Wenn Schmierkäse eine menschliche Form annehmen könnte, sähe er so aus!«.

Dabei ist Ernie ziemlich intelligent. Er weiß zum Beispiel, dass der Tag auf dem Mars genau 37 Minuten länger ist als der Tag auf der Erde und er weiß, dass ihm als Nichtraucher eine Menge Rechte im Büro zustehen. Und es ist eher letzteres Wissen, dass dazu führt, dass Kollegen über ihn sagen:»Was nutzt es schlau zu sein, wenn man doof ist!«

Ernie ist 36, mental aber deutlich älter. Er wohnt nicht mehr bei seiner Mutter, aber sie macht ihm nach wie vor die Wäsche, kauft seine Klamotten und hat eine sehr klare Vorstellung davon, welches Mädchen zu ihm passt. Das hat dazu geführt, dass Ernie bislang noch gar keine feste Beziehung hatte. Viele im Büro sind bereit Geld darauf zu wetten, dass Ernie noch Jungfrau ist. Ernie selbst spricht nicht gern über dieses Thema. Ein anderes Thema, über das Ernie nicht gerne spricht, sind seine Schuppen. Oder seine Vorliebe für lilafarbene Anzüge.

Soweit bekannt ist, hatte Ernie eine Kindheit, aus der Kafka gut und gerne ein paar Erzählungen hätte machen können und auch heute noch gehört Ernie keineswegs der Spaßgesellschaft an. Im Gegenteil. (»Vermutlich gibt es im Kosovo oder im Irak ne Menge Leute, die mehr Spaß haben als Ernie!«).

Manche vermuten, dass Ernie eines schönen Tages bis an die Zähne bewaffnet im Büro auftauchen wird, um alle niederzumähen. Bis es soweit ist, steht Ernie aber verlässlich in Strombergs Büro, um den neusten Klatsch und Tratsch weiterzugeben oder auch um Verstöße gegen Vorschriften jedweder Art sofort zu melden.

Man kann nicht sagen, dass Stromberg Ernie wirklich sympathisch findet, aber er weiß natürlich, was er an ihm hat.

Unglücklicherweise ist Ernies Büronachbar **Ulf**, dessen Hauptinteresse darin liegt, den Tag so bequem wie möglich herum zu bringen. Ulf kann erstaunlich obszöne Dinge aus Büroklammern biegen, Ulf kann aus geschätzten sieben Metern eine Papierkugel in den Abfalleimer spucken, Ulf kann mit einem Fernglas herausfinden, ob die Kollegin im Gebäude auf der anderen Straßenseite einen

BH trägt und Ulf hat sich zu einem regelrechten Taubenexperten entwickelt, seit er die Tiere regelmäßig von seinem Bürofenster aus füttert. Wenn er arbeitet, nimmt Ulf viel zu häufig Partei für die Anrufer und gegen die Versicherung und eigentlich wäre Ulf der Topkandidat auf Strombergs Abschussliste, wenn Ulf nicht ein exzellenter Kneipenführer wäre, und außerdem wirklich beliebt bei fast allen Kollegen.

Geld und Ulf kommen hingegen nicht unbedingt gut miteinander aus. Ulf hat meistens keins. Dann ärgert er sich kurz über die vielen verpassten Chancen (»Hier, diese kleinen gelben Klebezettel, auf so was könnte ich auch kommen oder diese Saugnapffiguren im Auto, alles Ideen die ich auch schon hatte. Oder Reißverschlüsse. Hab ich praktisch erfunden. Aber gab's ja schon ...«)

In diesen Situationen ist es gut, dass **Tanja** immer ein offenes Ohr für ihn hat. Tanja hat eigentlich immer für alle ein offenes Ohr oder zumindest einen Schokoriegel. Tanja hat sich gerade von ihrem langjährigen Freund getrennt. Die vielen Aufmunterungsversuche der Kollegen haben in vielen Fällen auch damit zu tun, dass fast alle nur allzu bereit wären, sich sofort in ein Abenteuer mit Tanja zu stürzen, wovon sie aber erst mal nichts wissen will. Tanja mag romantische Filme, kennt mehr als 30 Möglichkeiten Spaghetti zuzubereiten, steht auf Bon Jovi und Step Aerobic und kann eine Wohnung mit ein paar Bahnen Stoff, ein paar Pflanzen und Bilderrahmen gemütlich machen. Tanja findet ihren Job ganz okay und sie nimmt Stromberg nicht besonders ernst. Aber eines nicht allzu fernen Tages will sie mindestens zwei Kinder und dann höchstens noch halbtags arbeiten.

Mit dem Thema Kinder hat **Erika** schon abgeschlossen. Sie hat eine (missratene) Tochter, die mit 17 von zu Hause ausgezogen ist, um nach Berlin zu ziehen. Hauptgrund für diesen Schritt war angeblich Erika. Erika hat so ziemlich jede Diät gemacht, und von problematischen Drüsen bis zu schweren Knochen so ziemlich jede Ausrede probiert, um sich jetzt, mit Anfang fünfzig, zu der Erkenntnis durchzuringen, dass sie keine Rubensfigur hat oder ein Vollweib ist, sondern schlicht und ergreifend dick. Seitdem macht ihr jedes Stück Käsekuchen doppelt Spaß. Um so mehr, als sie festgestellt hat, dass ein kleines Verdauungsschnäpschen im Anschluss an den Käsekuchen oft wahre Wunder wirkt. Erika nimmt kein Blatt vor den Mund. Sie ist diejenige, die sehr offen mit jedem über ihre Verdauungsprobleme redet und genauso offen sagt, wenn sie bei ihrem Gegenüber Mundgeruch feststellt. Sie sieht keine Notwendigkeit mehr, sich aus falsch verstandener Konvention zu verstecken, also schwitzt sie hemmungslos, wenn es warm ist und hat mitunter auch schon mal die Füße ohne Strümpfe auf dem Schreibtisch um ihre Krampfadern zu entlasten. Für Erika ist das Büro eine mehr als willkommene Abwechslung zu ihrer Ehe und so ist sie fast immer die erste die kommt und die letzte die geht.

Das Büro ist eine Doku-Comedy, das heißt, obwohl komplett geschrieben und inszeniert, wirkt *Stromberg* wie eine Dokumentation oder eine der äußerst beliebten Doku-Soaps. Dazu tragen auch Interviewpassagen der einzelnen Figuren bei. Die Protagonisten sind sich der Kamera bewusst, gedreht wird auf Video an einem original Set.

Die einzelnen Episoden bauen zwar nicht direkt aufeinander auf, dennoch gibt es fortlaufende Handlungsstränge. Im Gegensatz zur klassischen Sitcom, bei der die Ausgangs-Situation am Ende wieder hergestellt wird, kann es hier in einzelnen Episoden durchaus Entwicklungen geben, die man am Ende nicht wieder zurücknimmt. Stromberg steht klar im Mittelpunkt der Serie, dennoch haben auch andere Figuren *Subplots*.

Der Parkplatz

> »Wenn du ein Schiff bauen willst, so trommle
> nicht die Männer zusammen, um Holz zu
> beschaffen, sondern lehre die
> Männer die Sehnsucht nach dem endlosen Meer.«
> *De Saint Exupéry*

Das, so in etwa, ist Strombergs Motto wie er seine Abteilung in seinen Augen führt, wenngleich er beständig durch Kleinigkeiten aufgehalten wird, zum Beispiel, seinen Parkplatz. Während fast alle in vergleichbarer Position einen angemessenen Firmen-Parkplatz besitzen, hat Stromberg einen Randplatz neben den Besucherparkplätzen, eingekeilt von einem Pfeiler auf der einen und Mülltonnen auf der anderen Seite. Einen schlechteren Autofahrer als ihn, zum Beispiel eine Frau, würde dieser Parkplatz rein fahrerisch schon überfordern. Gott sei Dank nimmt Stromberg solche Dinge gewohnt locker. Er ist keiner, der auf Privilegien besteht...

Tanja sucht derweil denjenigen, der eine ziemlich eindeutige Zeichnung von ihr an die Wand des Herrenklos gemalt hat, was zunächst mal zu einer Ortsbesichtigung und einer anschließenden Diskussion über die Freiheit der Kunst im Allgemeinen und den Grad von Realismus im Besonderen führt (vor allem bezüglich Brustumfang und Körperbehaarung). Tanja findet das Ganze abartig, widerwärtig und typisch männlich. Natürlich will keiner der »Künstler« gewesen sein, obwohl sowohl Ulf als auch Ernie als besonders verdächtig gelten müssen.

Die hitzige Debatte über sexuelle Belustigung im Büro wird unterbrochen, als die Frau des allseits beliebten Kollegen Hilpers aus dem Außendienst tränenüberströmt auftaucht und allen mitteilt, dass Kollege Hilpers einen Herzinfarkt erlitten hat – mit 39. Er ist so gerade noch mal mit dem Leben davon gekommen. Allgemeine Betroffenheit, auch bei Stromberg, der umgehend in seinem Büro tröstende Worte für Frau Hilpers findet, zum Beispiel mit einer sehr plastischen Aufzählung von Möglichkeiten, wie es noch schlimmer hätte kommen können: Schlaganfall, wo man dann am Ende mit schiefen Gesicht sabbert oder Parkinson, wo man noch nicht mal mehr ein Glas Bier trinken kann, ohne es zu großen Teilen zu verschütten.

Außerdem nutzt Stromberg feinfühlig gleich die Gelegenheit, um sich nach Hilpers nun doch vakantem Parkplatz zu erkundigen...

Erika ist entschlossen dem Sexismus in der Firma den Garaus zu machen und in Tanjas aktuellen Fall den Schuldigen zu finden. Sie lässt die Männer der Abteilung einzeln vorzeichnen. Schließlich weist die Zeichnung und vor allem der dazugehörige Spruch einige unverkennbare Besonderheiten bei der Schrift auf, die den Zeichner überführen werden.

Ulf und Ernie sehen es gar nicht gern, dass Tanja so unter der Kloschmiererei leidet und verstricken sich dabei in eine Diskussion über anatomische Einzelheiten bei Tanja, wobei beide da natürlich – leider – nur vermuten können. Ulfs Vermutungen basieren dabei auf persönliche Erfahrungen mit anderen Frauen, Ernies Vermutungen basieren auf »Heftchen«, was er aber natürlich nie zugeben würde, genauso wenig wie seine Verliebtheit in Tanja. Ulf hat damit weniger Probleme, war bislang bei ihr allerdings auch nicht erfolgreich. Die ganze Diskussion führt aber am Ende, wie jede andere Diskussion der beiden auch zu einem verbalen Kräftemessen.

Stromberg findet die Auseinandersetzung um Tanja albern, würde stattdessen von den beiden gern eine Meinung einholen, wie schnell man die Frau eines Kollegen anbaggern darf, nachdem der einen Herzinfarkt hatte.

Frau Berkel, Strombergs unmittelbare Vorgesetzte, unterbricht die Klärung dieser interessanten Frage. Sie hält ihm vor, dass seine Abteilung von allen die geringste Produktivität hat. Keine besonders guten Voraussetzungen für Stromberg, um bei der vielleicht bevorstehenden Zusammenlegung der beiden Abteilung demnächst die Gesamtleitung zu übernehmen. Stromberg kontert mit dem Verweis auf die Leistungen früherer Jahre, in denen die Produktivität zwar nie so konkret gemessen wurde, er aber objektiv weiß, dass seine Abteilung da mit Sicherheit immer ganz vorne gewesen wäre und ihm ja außerdem dauernd Steine in den Weg gelegt werden. Zum Beispiel beim Thema Parkplatz. Zu seinem großen Erstaunen muss Stromberg feststellen, dass Hilpers' Parkplatz offenbar schon vergeben ist und zwar an den Leiter der Abteilung A-L Herrn Turculu. Nun hat Stromberg natürlich nichts gegen Ausländer, insofern geht die Entscheidung aus seiner Sicht in Ordnung, zumal Herr Turculu als Türke mit einem Parkplatz wie dem von Stromberg komplett überfordert wäre, denn Autofahren ist ja ganz klar nicht die Stärke der Türken. Andererseits hätte der Kollege Turculu da durchaus eine gewisse Schamfrist abwarten können, bevor er alle Hebel in Bewegung setzt. Aber vielleicht legt man im Morgenland ja andere Maßstäbe an.

Während Erika in der Mikrowelle einen ihrer gefürchteten Eintöpfe aufwärmt, erfährt sie von Tanja, dass es nun auf den Tag genau ein Jahr her ist, dass ihr Mann zu ihrem Ex-Mann wurde. Dieses traurige Datum erklärt wohl auch ihre besondere Empfindlichkeit an diesem Tag.

Stromberg hört im Vorbeigehen von Erikas Einsatz gegen Frauenfeindlichkeit in Bezug auf Tanja und stellt sich natürlich sofort an die Spitze der Bewegung. In einer kurzen Ansprache an die Abteilung wendet er sich gegen jede Art von sexueller Belästigung der weiblichen Mitarbeiter und gegen die leider immer noch vorherrschende Art mancher Kollegen, Frauen als Menschen zweiter Klasse zu behandeln...

Sein Vortrag wird unterbrochen von der abermals weinenden Frau Hilpers, die nun unter Tränen behauptet, Stromberg habe laut Aussage einer Zeugin, ihren Wagen auf dem Besucherparkplatz mit seinem Auto gestreift ohne sich anschließend weiter darum zu kümmern...

Stromberg will ihr aus diesen, natürlich völlig grundlosen, Anschuldigungen keinen Vorwurf machen. Sie sind das Ergebnis einer typisch weiblichen Hysterie. Frauen können mit emotionalem Stress, (ausgelöst zum Beispiel durch den Herzinfarkt des Mannes), eben nicht so gut umgehen und dass Frauen als Zeugen mehr oder weniger unbrauchbar sind ist eine unbestreitbare Tatsache. Hinzu kommt, dass die vermeintliche Zeugin aus der Abteilung des Herrn Turculu stammt. Der versucht offenbar mit allen Mitteln seine Vorherrschaft auszubauen, ohne Rücksicht auf den Zustand des Kollegen Hilpers. Stromberg bietet ein Taschentuch zum Tränentrocknen und seine Schulter zum Anlehnen. Während Frau Hilpers beide Angebote schluchzend annimmt, nutzt Stromberg die Gelegenheit die Sprache auf die Gestaltung des Abends zu bringen, insbesondere da seine Frau an diesem Abend nicht zu Hause ist...

Während die anderen männlichen Mitarbeiter unter Erikas strengem Blick brav nackte Frauen zeichnen, erstellen Ulf und Ernie an einem Flipchart derweil eine Rangliste der Frauen im Büro. Mit welcher Frau würde man sofort schlafen, nur nach Einfluss von Bier, nur im Kriegsfall, nicht mal dann, usw.

Frau Berkel beobachtet zufällig die Zeichenaktivitäten der Abteilung und kann sich nur wundern. Sie kommt erneut in Strombergs Büro – gerade rechtzeitig, um mitzubekommen, wie Stromberg dem Kollegen Turculu in klaren Worten mitteilt, dass man in diesem Kulturkreis nicht einfach grundlos Leute verdächtigt, nur weil eine Frau meint, irgendwas gesehen zu haben. Stromberg hat allerdings nicht mit dem Überwachungsvideo des Parkplatzes gerechnet, dass Herr Turculu dabei hat.

Er hält es anschließend aber durchaus für möglich, dass die Perspektive der Kamera täuscht, (man kennt das ja von Fußballübertragungen) und findet außerdem, dass mit derartigen Gestapo-Methoden wie Videoüberwachung der Schritt zum Polizeistaat bereits vollzogen ist, was seiner Meinung nach schwerer wiegt als ein kleiner Kratzer im Lack, den er vielleicht verursacht hat. So etwas mag in der demokratisch noch unterentwickelten Türkei vielleicht ja niemanden stören, hier allerdings ist das letzte Wort über diese Sache noch nicht gesprochen. Frau Hilpers weint...

Ernies Versuch, Tanja wieder zu besserer Laune zu verhelfen, besteht in einer neuen Zeichnung, die er mit großer Sorgfalt an die Toilettentür gemalt hat. Leider fehlt Tanja offenbar der Sinn für solche Art von Komplimenten und Ernie hat wieder einmal das Nachsehen.

Nachdem Ulf von Erika gehört hat, warum Tanja vielleicht ein bisschen empfindlicher ist als gewöhnlich, gibt er sich große Mühe einfühlsam mit seiner Lieblingskollegin zu reden und ihr die männliche Psyche näher zu bringen, die letztlich so funktioniert, dass eine solche Schmiererei auf dem Klo im Prinzip nur der vielleicht unglückliche Ausdruck von Wertschätzung ist.

Herr Turculu ist wieder gegangen und mit ihm auch Frau Hilpers, nachdem Stromberg versprochen hat, sich um die Sache mit dem Auto zu kümmern. Das Ganze sei schlicht und einfach ein unglücklicher Unfall gewesen. Stromberg verspricht Frau Berkel auch die Mängel in seiner Abteilung abzustellen und zwar sofort. Unverzüglich geht er mit Frau Berkel im Schlepptau zu seinem Team und will noch einmal grundsätzlich klären, wer wie woran zu arbeiten hat. Es könne schließlich nicht angehen, so Stromberg, dass einzelne Kollegen aus der Abteilung den ganzen Tag damit zubringen, sich um die Klärung quasi privater Fragen zu kümmern, auch wenn die im weitesten Sinne mit der Firma zu tun haben, wie im Falle dieser Kloschmiererei. Das Thema Sex sollte in dieser Abteilung wirklich keine Rolle spielen. Vielmehr gehe es um die präzise Einhaltung von Arbeitsbereichen, die er gern noch mal aufmalen will. Die Namen auf dem Flipchart stammen noch von der Rangliste der Kolleginnen, die Ulf und Ernie erstellt haben und die nicht ganz leicht zu erklären ist. Als Stromberg mit einem improvisierten Diagramm die Zuständigkeiten aufmalt, sieht nicht nur Tanja die frappierende Ähnlichkeit mit der Handschrift auf der Kloschmiererei...

Mobbing

Was gehört in eine Roulade? Natürlich Senf, Gehacktes und eine Gurke. Ein ganz klarer Fall, findet Stromberg und ist deshalb umso erstaunter, als er in der Kantine seine Roulade gurkenlos vorfindet. Eine seiner Meinung nach freundlich vorgetragene Nachfrage beim Koch führt am Ende zu einem kurzen, aber lautstarken Wortwechsel, einer am Boden liegenden Roulade und den an Stromberg gerichteten Vorwurf er sei »ein kleinliches Arschloch«. Erika gibt ihm recht, dass die

Kantine problematisch ist, weil sie »da nie richtig satt wird« und so avanciert Erika durch bloße Zustimmung in Strombergs Meinung zur besten Mitarbeiterin der Abteilung.

Angeregt durch einen Fernsehbeitrag den er gesehen hat, hat Ernie erkannt, dass das, was da im Büro gegen ihn läuft, klares Mobbing ist und damit verboten. Und mit diesem Mobbing muss Schluss sein, findet Ernie. Erstens heißt Ernie nämlich Bert, also Berthold, und will in Zukunft auch so genannt werden, zweitens ist im Büro im Prinzip Rauchverbot und drittens sollen in Zukunft keine abfälligen Bemerkungen mehr gegen ihn gemacht werden. Weder über seine Schuppen, noch über seine Krawatten oder über seine Mutter oder über die belegten Brote, die sie ihm angeblich jeden Tag mitgibt. Ernie hat zwar Humor, gar keine Frage, aber irgendwo hört der Spaß auf und deshalb hängt Ernie jetzt zehn Gebote an seinen Schreibtisch, an die sich alle zu halten haben. Wenn nicht, wird Ernie den Betriebsrat einschalten.

Unterdessen ist Kollege Hilpers an einem zweiten Herzinfarkt gestorben. Erika sammelt in der Belegschaft des Büros für die Witwe. Sie kommt zu Stromberg just in dem Moment, in dem der sich am Telefon der Kantine gegenüber als Gesundheitsamt ausgibt. Auch Stromberg gibt großzügig, – von wegen »kleinliches Arschloch« – und Erika ist regelrecht gerührt. Nebenbei erzählt Stromberg von seinem subtilen Racheplan für den Kantinenkoch, denn diese Beleidigung will er nicht so ohne weiteres auf sich sitzen lassen. Wie wäre es, wenn die Abteilung geschlossen die Kantine so lange boykottiert, bis dieser Koch sich offiziell bei Stromberg entschuldigt? Einer für alle, alle für einen. Erika findet das vielleicht ein bisschen kleinlich und hat außerdem Hunger. Aber nachdem Stromberg auf diese Einwände patzig reagiert, verspricht sie es sich noch mal zu überlegen.

Anders als seinerzeit bei Moses scheinen die zehn Gebote von Ernie nicht sofort auf ungeteilte Zustimmung zu stoßen. Ulf korrigiert ein paar Rechtschreibfehler und stellt anschließend lautstark für die Allgemeinheit fest, dass es sich bei der »Substanz« vor Ernies Schreibtisch nicht um Ernies Schuppen handelt, sondern um durch einen Locher produziertes weißes Konfetti.

Stromberg trägt sein Boykottanliegen nun auch bei Tanja vor und die gibt ihm überraschend recht. Der Kantinenkoch ist ihr auch schon unangenehm aufgefallen. Sie schlägt statt Kantine ein Mittagessen beim Italiener um die Ecke vor und dazu kann Stromberg natürlich nicht nein sagen. Er lässt sich im Gegenteil dazu hinreißen, Tanja gleich als seine bei weitem beste Mitarbeiterin zu titulieren. Dieses überraschende Date hat aber einen Nachteil: Der Italiener nimmt keine Kreditkarten. Das führt dazu, dass Stromberg seine Spende an die Hilperswitwe zurück haben will. Er habe da im allgemeinen Durcheinander zu viel gegeben. Das findet Erika nicht, zumal die Aussagen darüber, wie viel Stromberg denn nun gespendet habe, bei Erika und Stromberg durchaus unterschiedlich sind. Stromberg setzt sich durch, kassiert aber ein »kleinliches Arschloch« von Erika. Das wiederum führt zu einem Anschiss von Stromberg, nicht als Vergeltung, wie er versichert, sondern weil die Produktivität der Abteilung leide, wenn Erika in ihrer Arbeitszeit Spenden sammelt und dabei zum Beispiel die Verteilung der Post liegen bleibt. Er, Stromberg, brauche die hereinkommende Post immer sofort und persönlich und im Übrigen stehe Erika ohnehin auf seiner Wackelkandidatenliste.

Da die Belegschaft erstaunlich viel Kreativität entwickelt hat, sich über Ernies zehn Gebote lustig zu machen, beginnt Ernie eine schwarze Liste zu führen. Alle bemühen sich allerdings nach Kräften, möglichst häufig darauf zu erscheinen, so dass Ernie mit dem Protokollieren kaum nachkommt.

Stromberg ist beim Italiener nicht nur ausgesprochen bemüht, seine Italienerfahrungen und sein Know-how in punkto Lebensart zum Besten zu geben, sondern Tanja auch mit seinem schier unerschöpflichen Fundus an kleinen Thekenspielchen zu unterhalten. Alles läuft bestens. Stromberg unternimmt gerade einen vorsichtigen Versuch, Tanja darauf anzusprechen, wann in etwa sie über die plötzliche Trennung von ihrem Mann hinweg sein wird, als plötzlich Ernie auftaucht, um sich einerseits dem Protest seines Chefs solidarisch anzuschließen und andererseits über die anderen Mitarbeiter zu beschweren. Das versaut nicht nur Stromberg die Tour, sondern wird auch gastronomisch zu einem Problem, als Ernie seine mitgebrachten Stullen auspackt und lediglich »ein stilles Wasser ohne Zitrone« ordert. Sehr schnell findet sich »der Italiener« auf Ernies schwarzer Liste wieder und anschließend fliegen alle drei aus dem Lokal.

Im Büro haben sich die Kollegen unter der Führung von Ulf derweil speziell für Ernie eine eigene Ausgabe der Sesamstraße ausgedacht, die sie jetzt zur Uraufführung bringen. Erwartungsgemäß kommt das bei Ernie gar nicht gut an und da Frau Berkel mitten in die Aufführung platzt, appelliert Stromberg eindringlich an die Belegschaft derartiges Mobbing zukünftig zu unterlassen. Insbesondere wenn es gegen seinen praktisch besten Mitarbeiter gehe.

Frau Berkel begrüßt Strombergs Einsatz gegen Mobbing, vor allem weil es in der Abteilung von Herrn Turculu neulich einen gravierenden Fall gegeben habe, wo der Betriebsrat am Ende durchgesetzt hat, dass man sich von mehreren Mitarbeitern trennen musste. Das ist natürlich Musik in Ernies Ohren. Und Stromberg betont, dass die menschliche Komponente der Arbeit ihm vielleicht von jeher wichtiger gewesen ist, als den jungen, egoistischen, karriereversessenen Kollegen, wobei man natürlich auch Herrn Turculu verstehen muss, der ja von Haus aus vermutlich nichts hatte und daher erstmal an sich denkt.

Unter großem Tamtam holt Ernie also eine Kollegin aus dem Betriebsrat an seinen Arbeitsplatz und beginnt anhand seiner schwarzen Liste einen detaillierten Bericht über die jüngsten Vorfälle im Büro.

Frau Berkel hätte von Stromberg gerne gewusst, warum er sich auf einen Behinderten-Parkplatz beworben hat und Stromberg erläutert, dass ihm ein besserer Parkplatz als sein gegenwärtiger ohnehin zustehe und er außerdem seit Jahren ein nicht zu unterschätzendes Rückenproblem habe, wofür es auch ein Attest gebe. Stromberg wird regelrecht sauer, als Frau Berkel vermutet, dass er da getrickst hat. Er arbeite grundsätzlich ohne Tricks und schließlich gehe es nur um das, was ihm rechtmäßig zustehe: Ein ordentlicher Parkplatz ohne Säulen und Mülleimer. Just in diesem Augenblick platzt der Kantinenkoch aufgebracht herein. Stromberg bestreitet allerdings vehement, sich telefonisch als Mitarbeiter des Gesundheitsamtes ausgegeben zu haben. Er bestreitet ebenso vehement, anonym das Gesundheitsamt angerufen zu haben, weil es angeblich Mäuse in der Küche gäbe. Das ist nun wirklich albern, findet Stromberg. Nur weil der Kollege Koch von den Klassikern der deutschen Küche keine Ahnung hat, wird er ihm ja wohl nicht gleich Mäuse anhängen. Es ist ja vermutlich gar nicht so einfach, für so viele Leute gleichzeitig zu kochen, darum beschwert sich Stromberg ja auch nie, wenn zum Beispiel die Beilagen meistens nur lauwarm sind oder der Begriff »medium« häufig von der Küche doch sehr großzügig interpretiert wird. Und schon taucht der Begriff »kleinliches Arschloch« wieder auf.

Die Kollegin aus dem Betriebsrat hat sich Ernies Bericht bis zum Ende angehört. Da er Ulf als den Initiator des Mobbings hervorgehoben hat, will sie mit Ulf zuerst reden und gesteht ihm, dass sie sich seit langem nicht mehr so amüsiert habe, wie bei Ernies Erzählungen. Wenn Ulf auch privat dauernd solche lustigen Einfälle habe, sollten sie sich vielleicht mal auf einen Kaffee nach der Arbeit treffen, denn momentan habe sie in ihrem Leben sehr selten etwas zu lachen. Einem Kaffee nach der Arbeit ist Ulf eigentlich nie abgeneigt ...

Stromberg ist mit mildem Lächeln dabei, den Koch und Frau Berkel wieder nach draußen zu begleiten, als Erika sich ihm in den Weg stellt, um ihm mitzuteilen, dass soeben ein Bote eine Lieferung für ihn gebracht habe, die noch bezahlt werden müsse und nachdem Stromberg ja seine Spende an die Hilperswitwe schon zurück haben wollte, sei sie nicht bereit Geld vorzustrecken. Und der Bote bestünde auf einer sofortigen Bezahlung, anderenfalls nähme er die Mäuse nämlich wieder mit, die Stromberg so dringend haben wollte...

Statement Ralf Husmann

Die ursprüngliche Idee zu Stromberg entstand bei der Serie *Anke*, mit Anke Engelke, in der es den cholerischen Redaktionsleiter Schroeder gab. Geplant war damals ein *Spin-off* mit Schroeder, in dem der seinen Job verliert und bei einer Versicherung neu anfangen muss. Zu dieser Serie ist es allerdings nie gekommen, viele der damals geplanten Figuren, Plots und Konstellationen wurden aber bei *Stromberg* übernommen, unter anderem der Kampf um einen besseren Parkplatz, und die Figur von Ernie, der ständig gemobbt wird. Viele Entwicklungen im Laufe der Staffeln haben sich allerdings eher zufällig ergeben. So tauchte die Figur der Betriebsratsnudel Sabine »Sabbel« Buhrer ursprünglich eigentlich nur in zwei Folgen auf, bekam aber durch ihre Darstellerin Maja Beckmann ein derartiges Eigenleben, dass wir sie seitdem immer wieder in der Schadensregulierung auftauchen lassen. Der gesamte Plot der Folge *Nicole* in Staffel drei ergab sich aus einer Randbemerkung bei einer Folge in Staffel zwei, in der Nicole als einzige zu Stromberg hält – eigentlich nur ein Mini-Gag, der mir aber so in Erinnerung geblieben ist, dass ich dachte, es wäre doch reizvoll, wenn Nicole Stromberg eben wirklich gut, nett und lustig findet.

Andere Dinge, wie die Chefin für Stromberg aus Staffel eins, die Zwischenschnitte auf Kaffeemaschinen, Kopierer und sonstige Büroutensilien, oder natürlich auch die schöne Idee, das Ganze als Doku zu drehen, haben wir von den Engländern adaptiert, soll heißen, geklaut. Ich entschuldige mich an dieser Stelle, und hoffe gleichzeitig, dass der Tatbestand mittlerweile verjährt ist. Wir versuchen zu vermeiden, dass die Figuren sich im Laufe der Zeit zu sehr wiederholen. Ernie muss zwischendurch auch immer mal wieder gewinnen, damit er nicht der Stereotyp eines Losers wird. Er bekommt eine Freundin, die ihm keiner zugetraut hätte, oder er unterbreitet einen vernünftigen Vorschlag, der ihn beinah zum Abteilungsleiter werden lässt. Auch Stromberg hat hin und wieder wache Momente, in denen er etwas richtig macht oder eben zum Beispiel bei Nicole punktet. Nicht zuletzt deswegen hat auch zum Beispiel das Führungspersonal in der CAPITOL gewechselt, weil wir der Meinung waren, dass Strombergs Vorurteile gegen seinen türkischen Mitkonkurrenten oder seine Chefin nach der ersten Staffel auserzählt waren.

Die Gefahr der Wiederholung oder Übertreibung scheint mir auch die größte Schwierigkeit bei länger laufenden Formaten wie Stromberg zu sein. Die Schauspieler wollen naturgemäß dem Affen etwas mehr Zucker geben als in der letzten Staffel, die Regie versucht, in der neuen Staffel alles noch besser oder zumindest anders zu machen und die Autoren sowieso, was mitunter dazu führen kann, dass man sich zu sehr von der ursprünglichen Idee entfernt. Es ist eine stetige Gratwanderung, wenn es darum geht, wie viele der liebgewordenen Marotten und Besonderheiten der Figuren und Strukturen man immer wieder bedienen muss und wann diese Marotten anfangen zu nerven. Wir versuchen, den Figuren also auch eine gewisse Entwicklung zuzubilligen. Anders als bei klassischen Sitcoms wie *Ein schrecklich nette Familie* oder den *Golden Girls*, kehren wir bei Stromberg nicht unbedingt wieder am Ende einer Folge in die Ausgangsposition zurück. Erika wird am Ende der letzten Folge eben nicht wieder gesund, sondern stirbt unwiderruflich. Idealerweise baut zum Beispiel Folge 7 inhaltlich auf der Entwicklung von Folge 6 auf, ist aber auch für den Zuschauer noch nachvollziehbar, der Folge 6 nicht gesehen hat. Damit versuchen wir ein Mittelding zwischen Serien wie *24* und Serien wie dem *Landarzt*.

Und wir haben natürlich auch jedes Mal die Hoffnung, damit irgendwann international und national auch so erfolgreich zu sein wie *24* und der *Landarzt*. Aber das Leben geht nicht nach Wunschzetteln. Das weiß auch Bernd Stromberg ...

Beispiel *Schulmädchen*

Autor: Matthias Dinter
Produzent: Philip Voges
Produktionsfirma: Hofmann & Voges Entertainment GmbH
Redaktion RTL: Johannes Frick, Sven-Oliver Müller

Schulmädchen – Serienkonzept (Staffel 1)

- Das Format
- Das Prinzip der moralischen Diskussion
- Figurenführung: Die Hauptfiguren
- Nebenfiguren

Pitches / Plotvorschläge
1. Der Duft der Frauen
2. Größer ist besser
3. Drei sind einer zu viel
4. Qual der Wahl
5. Ruf! Mich! An!
6. Der Käfermann

Das Format
Schulmädchen ist eine schnelle, erotische und politisch inkorrekte Teen- Comedy-Serie für die Zielgruppe der 14–49-jährigen. *Schulmädchen* dreht sich um den Kosmos junger Mädchen in der Zeit der ersten sexuellen Abenteuer und weltanschaulichen Orientierungen. Die Protagonisten sind vier bildhübsche junge Frauen im Alter von 16 bis18 Jahren – lebendige und wilde Spiegelbilder der neuen Jugend – hip, modisch, körperbewusst, intelligent, crazy und in erster

Linie darauf aus, Spaß zu haben. Die braven Zeiten von *Lehrer Dr. Specht* und Co. sind endgültig vorbei.

Schulmädchen schildert mit viel Humor konsequent modern die heutige »Generation Y« und zeigt genau das, was einen in diesem Alter wirklich interessiert: Liebe, Sex und die Probleme, die sich daraus ergeben. Seien wir ehrlich: *Schulmädchen* behandelt die Themen von *Sex and the city* in einer jüngeren Generation. Wir schildern dabei nicht von oben herab, sondern aus der Sicht der Jugendlichen, aus ihrem Lebensgefühl und ihrem Verständnis der Welt. Sie sind clever, kosmopolitisch, experimentierfreudig und finanzstark, Vertreter einer weltbewussten Erben-Generation, die ihre Werte nicht übernehmen, sondern selbst schaffen.

Schulmädchen hat nichts mit den üblichen TV-Jugend-Dramen zu tun, sondern orientiert sich am Genre des respektlosen Highschool-Kinofilms. Wir wollen den Spaß eines *American Pie*, die Echtheit von *Kids* und den Style von *Clueless*. Natürlich gibt es die klassischen Konflikte um Liebe, Konkurrenz, Initiation und persönlichen Erfolg. Doch alle Probleme werden im Sinne der Comedy gelöst – verrückt, cool, ironisch und jedenfalls aufregend und anders.

Ort der Handlung ist ein Gymnasium in der sinnlichen Isar-Metropole München, deren Lebenslust und -freude immer wieder mit der Tatsache kollidiert, die Hauptstadt des konservativsten Bundeslandes zu sein. Unsere Schule steht aber nicht im langweiligen Moosach, sondern im mondänen Bogenhausen. Sie beherbergt alle Typen des heutigen Teenagers, vom Nerd bis zum Slacker. Doch eines ist klar: Diese Kids haben Kohle – jedenfalls fast alle.

Im Mittelpunkt steht die angesagteste Mädchenclique der Schule: Der Boss unserer Mädchen-Gang ist **Stella**, eine klassische »Rich Bitch« – hinter deren zur Schau getragener Arroganz aber eine latente Unsicherheit lauert. Als zweite im Bunde haben wir **Cara**, das sympathische Sexygirl, süß und lieb, aber auch schlau und ein Luder. Ihr verzeiht man einfach alles (und jeden!). **Lili**, die toughe Individualistin der Gruppe, bringt die Dinge stets auf einen rationalen Punkt und vertritt immer eine andere Meinung als ihre Mitstreiterinnen. Die Hauptidentifikationsfigur des Zuschauers ist aber **Laura**, der »Joe Everybody«, das Mädchen vom Land, das sich in der Großstadt Swinging Munich und in ihrer Clique behaupten muss – und stets die moralische Instanz der Serie stellt. Durch den inneren Monolog als *Voiceover* wird ihre komplexe Gefühlswelt mit allen Träumen, Zweifeln und Widersprüchlichkeiten eines typischen Teenagers am weitesten ausgelotet.

Stilistisch geht *Schulmädchen* über das normale Serien-Erzählen hinaus und begibt sich zum Teil in die Cartoon-hafte Erzählweise der neuen Teenie-Komödien. Das heißt konkret: Nutzung von Voice-Over-Erzählung (zur ökonomischen Informationsverarbeitung, kontrastierender Komik und Innenweltsicht unserer Identifikationsfigur Laura), rasanter Kamerastil und überhöhte Tonbearbeitung

(Mittel, die in der Lage sind, eigene Gags zu transportieren) und starker Musik-Einsatz, auch im Songbereich.

Schulmädchen ist frech, frisch, sexy und ohne Bremse. Uns unterscheidet aber eher das »wie« als das »was«. Denn letztlich geht es um die immerwährenden Konflikte Jugendlicher in der Unmittelbarkeit des heutigen Lebensgefühls. Und so findet man hinter aller Abgedrehtheit, Coolness und dem ganzen Style das Thema, was den Teens über alles wichtig ist: die Freundschaft. Denn was immer passiert – unsere Girls halten schlussendlich doch zusammen.

Das Prinzip der moralischen Diskussion

Schulmädchen ist frech, respektlos und freizügig – das genau macht das Programm erfrischend »jung« und »anders«. Gleichwohl hat die RTL-Medienforschung gezeigt, dass ein Teil der Test-Zuschauer moralische Probleme mit für sie anstößigen Szenen hatte. Dies führte zwar nicht zu einer generellen Ablehnung des Programms – vor allem aufgrund der Identifikationsfigur Laura. Dennoch wollen wir einem möglichen Verlust dieser Zuschauergruppe der »Moralisierer« vorbeugen, indem wir

1. Laura als überragende Identifikationsfigur und moralische Instanz konsequent fortführen,
2. nicht die Handlungen einschränken, sondern ihre moralischen Dimensionen noch überzeugender und differenzierter thematisieren,
3. Sympathie für jede Figur schaffen, indem bei aller Coolness natürlich von ihren Problemen, Schwächen und Widersprüchlichkeiten erzählt wird.

Schulmädchen heißt ja trotz des provokanten Titels nicht, dass sich unsere Heldinnen sinnlos durch die Gegend bumsen. Und es soll auch nicht heißen, dass Sex keine Probleme auslösen kann. Im Gegenteil: Wann immer die Handlung eine moralische Frage aufwirft, wird diese diskutiert werden. Ob dies nun per Voice-Over im zweifelnden Kopf der romantischen Laura geschieht, oder im Gespräch mit ihren Freundinnen. Und da Sexbombe Cara, Society-Schlampe Stella und »The Queen of Cool« Lilli auf jeden Fall verschiedene Meinungen – und garantiert eine andere als Laura – haben werden, wird nichts passieren, ohne dass nicht darüber nachgedacht worden ist.

Was nicht heißt, dass sie sich nach ausgiebiger Diskussion wie Nonnen verhalten werden. Schließlich sollen gerade ihre Fehlentscheidungen aufgrund Karrieregeilheit, Ruhmesgeilheit oder einfach nur Geilheit die Handlung – und die Komödie – anfeuern. *Schulmädchen* ist eben nicht Uschi Glas, die der jungen Schülerin vom Geschlechtsverkehr abrät – sondern Enie van de Meiklokjes, die ihr ein Kondom in die Hand drückt: Bitte mit!

Figurenführung – Hauptfiguren:

Laura (Birthe Wolter)
Laura – das Mädchen vom Land in der aufregenden großen Stadt – wird in ihrer Rolle des Underdogs, der sich durchsetzt, als absolute Identifikationsfigur erlebt. Deshalb werden wir dieses Motiv auch weiterhin in allen folgenden Episoden betonen. Laura ist es, die die Handlung per Voice-Over erzählt und kommentiert (auch wenn sie nicht die Hauptfigur einer Folge ist) – und sie ist es auch, die sich stets neu orientieren, platzieren und integrieren muss: Soll sie sich auch den Busen vergrößern lassen? Kann sie nach drei Bier noch Auto fahren? Sind farbige Kondome wirklich krebserregend? In Lauras Kopf wird stellvertretend für den Zuschauer über all die moralisch fragwürdigen Dinge diskutiert, die einem Teenager so täglich über den Weg laufen. Und oft genug nimmt sie sich das eine vor – und macht dann das ganz andere. Peer Pressure, Träume vom Ruhm oder einfach nur Verliebtheit trüben oder klären ihren Blick, bis sich zum Schluss jeder Folge ein Fazit über die Geschehnisse aussprechen lässt. Denn gerade Lauras »innere Diskussion« sorgt dafür, dass sie sich jedes Problem von allen Seiten anschaut – und nicht nur aus der Sicht reicher Münchener Girlies.

Laura ist zwar eine Romantikerin und die Serienfigur, die sich am häufigsten verlieben wird – aber sie ist auch eine begabte Problemlöserin – weil sie improvisiert. Auf ihre Ideen, wie man den Karren aus dem Dreck fahren kann, käme keines der anderen Mädels. Laura wird im Verlauf der Serie immer wieder auf Probleme stoßen, die in ihrer eigenen Herkunft zu suchen sind – d.h. sie wird, auch wenn sie in der ersten Folge die beste Freundin der Schulmädchen geworden ist, sich immer wieder aufs Neue in die Gruppe integrieren müssen. Sie ist schließlich weder superreich noch so angesagt oder hip, wie die anderen – streng nach dem Motto: »Du kannst das Mädchen aus Passau herausbekommen, aber nie das Passau aus dem Mädchen.« Es wird also genug Konfliktpotential aus dem Prinzip »Provinz trifft auf die große weite Welt« vorhanden sein, um mehrere Staffeln damit zu füllen. Denn durch Lauras große Augen sehen wir all die neuen Dinge, die sie noch nicht kennt, und mit denen sie sich noch nie auseinandersetzen musste.

Stella (Simone Hanselmann)
Stella wird, wie im Pilotfilm auch, im Laufe der Staffel die absolute Materialistin und unangefochtene Leitwölfin unserer Mädchenclique bleiben – denn in puncto Style und Society ist sie einfach unschlagbar. Ihre Tanzkarte ist zwar voll, aber für den letzten Schritt ist ihr einfach keiner gut genug: »Ich hab nichts gegen feuchte Höschen, aber wer sie mir auszieht, bestimme ich!«

Auf ihrer Suche nach Ruhm, Karriere und dem richtigen Mann für ihre Ent-
jungferung wird sie zwangsläufig immer wieder auf die merkwürdigsten Typen
und Situationen treffen, was viel komisches Potential in sich birgt und sie auch
zur Protagonistin der ein oder anderen Folge machen wird. Das Publikum wird
es lieben, sie scheitern zu sehen – und sich ihr dadurch nahe fühlen: Sie ist eben
doch nicht so perfekt, wie sie stets vorgibt. Und das Gefühl kennt jeder, der beim
Posen schon mal auf die Nase gefallen ist. Zumal sie mit ihrer Sucht nach dem
Neusten, Besten und Teuersten in genau dieselbe Kerbe schlägt – immer nach
dem Motto »Sie haben kein Brot? Dann essen sie doch Kuchen!«

Stella akzeptiert Laura zwar seit der Pilotfolge als Freundin, sie werden aber
trotzdem immer wieder aneinander geraten – denn Lauras »Hands-on«-Methoden
können oft nicht auf die Absegnung durch Queen Stella warten – ein absoluter
Affront gegen das Alpha-Tier!

Cara (Laura Osswald)
Cara ist das naive, stets gutgelaunte »liebe Luder« der Serie: Ihr ist in Sachen
Sex einfach alles erlaubt. So wie wir atmen, essen und trinken, hat Cara Sex. Sie
hat schon längst aufgehört zu zählen, denn, wie sie selber sagt: »Mein Unterleib
hat ein eigenes Gehirn.« Dabei heißt naiv nicht dämlich – im Gegenteil. Cara ist
hochintelligent – nur macht sie sich nichts draus. Sie kriegt hervorragende Noten – ohne gelernt zu haben. Manchmal ist Gott halt mit den Gleichgültigen ...
Niemand sollte aber Angst vor Caras Libido haben. Sie ist keine männermordende
Sex-Bestie, sondern hat einfach Spaß am freizügigen Teenie-Leben. Sie geht in
ihrer natürlichen Naivität spielerisch und mit Humor an die Dinge heran – und
will einfach noch viel ausprobieren, bevor sie sich fest bindet. Immer nach dem
Motto »Warum die Kuh kaufen, wenn ich nur einen Liter Milch will?« Bei ihren
vielen Sex-Abenteuern mit den unterschiedlichsten Typen werden sich ihr allerdings auch einige schwere Fragen stellen – z.B. was passiert eigentlich, wenn ich
mich einmal wirklich verlieben sollte? Was geht da mit mir ab? Ist das Kribbeln
im Bauch wirklich schon Liebe – oder nur PMS...?

Innerhalb der Gruppe fühlt sich Cara am meisten zu Laura hingezogen – die
beiden haben ein kumpelhaftes Verhältnis und werden während der nächsten
Staffeln gute Freunde werden. Caras Schulter wäre die erste, an der sich Laura
ausweinen würde – und Cara genießt in diesen Momenten die Rolle der Retterin
der »Kleinen Schwester« – wie schon im Piloten. Dies kann jedoch in der einen
oder anderen Episode zu gewissen Problemen mit Stella führen – die ja schließlich die älteste Freundin von Cara ist. Zudem ist Cara diejenige, die am wenigsten
nachdenkt, bevor sie etwas tut – oft mit problematischen Konsequenzen...

Lilli (Jessica Franz)

Lilli ist die Abgeklärte, Rationale der Gruppe. Wenn sie nicht so hübsch wäre, könnte man sie glatt mit Daria aus der gleichnamigen MTV-Animationsserie verwechseln. Lilli ist intelligent, weltmännisch, gebildet – oder gibt sie sich nur so? Sie kommentiert die Erlebnisse der Mädchen stets mit ihren typischen, zynischen Onlinern. *Sex?* How dated ... *Mode?* War gestern ... *Drogen?* Das Müsli des neuen Jahrtausends ... Lilli, die im Pilotfilm noch wenig pointiert zu Tage trat, soll in der Serie nun schärfer gezeichnet werden: Sie ist nicht nur der absolute Musikfreak, sondern auch eine Art »Salon-Revoluzzer«, kann sich als einzige in der Gruppe für politische Themen begeistern und geht dafür auch mal auf die Barrikaden. Sie wird dann leicht zur Aktivistin – allerdings mehr aus Übertreibung als aus Engagement. Ihr Protest gegen Kinderarbeit in der Dritten Welt kann doch nicht bedeuten, nie wieder Prada zu tragen! Somit wechseln die Ungerechtigkeiten in der Welt auch von Folge zu Folge, je nachdem womit sich Lilli gerade beschäftigt. Sie ist sozusagen ein kritischer Trendsetter, von allen vier Mädchen die am meisten ausgeprägte Individualistin – und die selbsternannte Ratio der Clique. Immer nach dem Motto: »Ich kaufe, also bin ich – aber das bedeutet mir nichts!«

Lilli glaubt nicht an die Liebe: Sie hält sich selbst für die Einzige, auf die sie sich verlassen kann. Dies betont sie vor allem gegenüber der romantischen Laura immer wieder. Die Mädchen halten das jedoch für Selbstschutz: Lilli will vielleicht niemanden zu nah an sich heran lassen. Und diese Distanz wirkt sich auch manchmal bei den Mädels aus – vor allem Stella kann es nicht ab, vom »Weltgewissen« Lilli kritisiert zu werden...

Nebenfiguren:

Ramona (Arzu Bazmann)

Direkter Gegenspieler unserer Girlgroup ist auch weiterhin das »Duo Infernale« Ramona und Bettina. Die beiden werden unsere Mädchen immer wieder herausfordern, wenn es darum geht, in den Beauty- und Style-Olymp aufzufahren. Aber sie werden bei ihren Bemühungen ewig die Zweiten bleiben – auch wenn kleine Zwischentriumphe des Duos unseren vier Mädels ab und an vor Augen führt, dass sie nicht zwangsläufig die Krone der Schöpfung sind...

Philip

Lauras kleiner Bruder (14 Jahre) wird weiterhin mit seinen vorlauten Sprüchen nerven und mit seinen kranken Ideen oft für Verwirrung sorgen. Ob dies nun ein Underground-Shop für Lauras gebrauchte Höschen ist oder die Herbeiführung einer polizeilichen Schul-Durchsuchung wegen Internet-Kriminalität – Philip ist in seiner noch jüngeren Denkungsweise viel unbedarfter als die Mädels und überlegt sich selten die Konsequenzen seiner Handlungen – ganz im Gegensatz zu Laura, die dies stets im voraus abwägt...

Paul

Lauras Vater wird in seiner Rolle als Polizist und Vater immer wieder ein Auge zudrücken – nur, treib´s nicht zu weit! Schließlich lässt sich seine gefrustete Seele nicht ewig treten: Paul bleibt für die Dauer der Serie auf der Suche nach einer neuen Frau. Klar, auch wir wollen ihn glücklich sehen – aber jede neue Frau wäre auch eine neue »Mutter« für Laura – und das wird nicht so einfach...

Mitschüler

Weitere feste Nebenfiguren werden der Obernerd **Pullundermann** (Themenkreis Internet, Masturbation, LAN-Parties, Pickel, Fetischismus & Wissenschaft), Kiff-kopp ZigZag (Themenkreis Drogen, Skateboards, Playstation, Musik & Konzerte) und Türken-Checker **Alican** (Themenkreis Im- & Export, Machismo, Waffen, Handy-Schwarzmarkt, Dauerorgasmen, BMWs) sein.

Lehrer

Ebenfalls wird uns die Lehrer-Belegschaft der Schule mit Antagonisten und Problemen versorgen – darunter AG-Leiter Klocke und allen voran Direktorin Birkle. Ansonsten werden die Mädchen natürlich in jeder Folge neue Männer kennenlernen, mit denen sie reichlich Abenteuer erleben werden...

Pitches/Plotvorschläge:

Der Duft der Frauen

Lilli ist das aktuelle »Girl of the week« der hippen Wäschefirma »Danger«. Ihr Plakat, das sie in knapper Unterwäsche zeigt, sorgt für einiges Aufsehen. Ausgerechnet der Sportlehrer der vier Mädels – ein unsympathischer Schleifer namens Miedreich – lässt sich von Lillis Reizen ablenken und baut einen Unfall. Entsprechend sauer ist er in der folgenden Sportstunde, wo er seinem Hobby frönt: dem versteckten Begrapschen seiner weiblichen Schüler. Laura, Cara, Lilli und Stella sind außer sich. Aber was sollen sie ohne Beweise machen? Ihr Ruf ist schließlich nicht ganz astrein. Parallel stellt Laura fest, dass ihre Unterwäsche ständig verschwindet – und jetzt fehlen auch Lillis Höschen. Des Rätsels Lösung: Ohne Wissen der Mädels hat Philip – Lauras Bruder – einen schwunghaften Höschenhandel begonnen und vertickt ihre Unterwäsche auf dem Schulhof, was selbst Türken-Checker Alican Respekt abnötigt.

Während der nächsten Sportstunde beobachtet Laura, dass Miedreich beim Hilfestellung geben auf den Trikots der männlichen Mitschüler Magnesia-Abdrücke hinterlässt und entwickelt einen Plan: Sie geht Direktorin Birkle holen, während sich die anderen Mädels von Miedreich betatschen lassen sollen. Er hinterlässt eindeutige Spuren, Birkle wird sie sehen und Bingo! – sie wären Miedreich los! Leider hat Laura Miedreich unterschätzt – denn bevor er diesmal lostatscht, wischt er sich die Hände an einem Handtuch sauber – und die Mädels stehen ohne Beweise vor Direktorin Birkle! Miedreich ist jetzt erst recht sauer und droht den Mädels: Wenn sie noch einmal versuchen ihn anzuschwärzen, wird er ihren Höschen-Handel auffliegen lassen – und dann fliegen sie. Zum Beweis schnüffelt er an einem Höschen und lässt die vier panisch zurück: Wer zum Teufel verkauft ihre Unterwäsche? Der Schuldige ist schnell gefunden: Philip, der mit seinen pubertierenden Freunden bereits wilde Höschenparties schmeisst. Laura, Cara, Stella und Lilli krallen sich den Übeltäter und machen ihm den »Prozess«. Das Urteil: Der Höschenhandel hört sofort auf und Philip muss dafür sorgen, dass Miedreich verschwindet. Während die Mädels in der folgenden Zeit weiteren Demütigungen durch Miedreich augesetzt sind, setzt sich Philip mit Pullundermann zusammen und bastelt in Chemie einen hartnäckigen Superkleber. Zudem hackt er sich in die Terminpläne der Oberschulamtsprüfer und schafft es, einen von ihnen zu Miedreichs nächster Sportstunde zu bestellen. Die Mädels präparieren Miedreichs Handtuch mit dem Klebstoff – und als Miedreich triumphierend zugreift, sieht er sich einem Oberschulamtsprüfer gegenüber, während seine Hände verfänglich an Brust und Schritt von Cara kleben. Miedreich wird fristlos gefeuert. Laura, Cara, Stella und Lilli feiern ihren Triumph und freuen sich auf den neuen, sehr gutaussehenden Sportlehrer – doch der stellt sich leider als schwul heraus...

Größer ist auch besser
Die ewige Jungfrau Stella hat tatsächlich einen Freund – den hippen Tristan aus superreichem Haus. Doch als Tristan sie in sein Jugendzimmer führt, hängen die Wände voll mit Postern von Busenwundern. Stella, die sich ziemlich sicher ist, endlich ihren Kirschenknacker gefunden zu haben, ist verwirrt: Stehst du eigentlich nur auf große Busen? Die Antwort: Manchmal. Seit diesem Ereignis ist Stella hinsichtlich ihres eher kleinen Busens total verunsichert – »Manchmal«, so'n Quatsch – und wird infolgedessen immer nervöser und zickiger im Umgang mit Tristan. Als der dann schließlich mit ihr Schluss macht, weil sie ihn mit ihrer launischen Art und der permanenten Fragerei nach der Schönheit ihres Körpers nervt, fühlt sie sich vollends bestätigt: Wie alle Männer steht er nur auf dicke Titten! Als Stella dann auch noch beim Casting für die Hauptrolle der Schulaufführung von »Romeo & Julia« gegen Ramona verliert, blüht ihr Minderwertigkeitskomplex zur Neurose auf: Flach *und* unbegabt? Her mit der Zyankali-Kapsel!

Aber halt: Nach den Osterferien erscheint Stella wieder in der Schule – mit einem stolzen Grinsen im Gesicht und Doppel D-Oberweite in der Bluse. Stella meint nur, dass so ein Wonderbra-Wunder wirke. Unsere Mädels glauben ihr kein Wort. Auch Tristan fallen fast die Augen raus, als er Stella zum ersten Mal mit ihren Riesenmöpsen sieht – und Stella fallen die Augen ebenfalls heraus, denn Tristan hat eine neue Freundin – und die ist flach wie das Wattenmeer! Katastrophe: Schließlich waren die falschen Titten dafür da, ihn zurückzugewinnen – aber wie soll das gehen, wenn er eine Freundin hat, die sich selbst für Körbchen A noch zwei Grapefruits ins Hemd stecken müsste? Als Tristan ihre Verwirrung bemerkt, erklärt er ihr, dass es bei einer Beziehung nicht auf die Größe der Brust ankomme. Er habe es ihr die ganze Zeit schon sagen wollen: Sie soll sich das Gehirn aufblasen lassen, nicht die Titten!

Stella gesteht ihren Freundinnen jetzt, dass sie beim Schönheitschirurgen war – und zu viert durchleben sie nun das Auf und Ab Stellas neuer Oberweite: Einerseits nerven die Dinger total – immer im Weg, stören beim Sport, man kann nicht mehr auf dem Bauch schlafen, wer weiß, wie schnell die ausleiern –, andererseits haben sie ihre Vorteile: Alle Lehrer sind wahnsinnig nett zu ihr und geben ihr gute Noten, die heißesten Typen pfeifen ihr hinterher – und als Ramona aus Neid nachziehen will, aber auf der Treppe der »Perfect Body«-Klinik ausrutscht und sich die Nase bricht, bekommt Stella doch noch die Rolle der Julia!

Stellas Starstatus ist noch höher als vor der ganzen Episode – und sogar Tristan, der als angesagter Typ auch eine angesagte Freundin braucht, scheint sich wieder für sie zu interessieren: Er schießt seine flachbrüstige Freundin in den Wind und macht sich wieder an Stella ran. Als sie aber schließlich von »der Flachen«, die als Souffleuse beim Schultheater arbeitet, erfährt, dass man ihr die Rolle nicht wegen ihres schauspielerischen Talents, sondern nur wegen ihrer dicken Titten gegeben hat, ist sie in ihrem Stolz endgültig verletzt. Sie beendet den Zwist mit ihrer Konkurrentin, lässt sie sich ihren Busen wieder verkleinern, schießt Tristan in den Wind und gibt die Losung aus: Das Blut der Freundschaft ist dicker als Silikon!

Drei sind einer zuviel

In einer durchzechten Nacht rekapitulieren die Mädels die Sex-Erlebnisse ihres bisherigen Lebens und stellen fest, dass sie unter anderem bisher noch keinen Dreier ausprobiert haben: ein unerträglicher Zustand – zumindest für Cara. Für drei Mojitos verspricht sie diese Scharte auszuwetzen. Passenderweise hat Cara gerade den Abiturienten und angehenden Modedesigner Florian an der Angel. Florian ist zwar etwas erstaunt über ihren Dreier-Wunsch, kreuzt aber brav abends bei ihr auf – und wundert sich: Wo ist denn ihre Freundin? Er habe sie wohl falsch verstanden, meint Cara: Sie wolle, dass er seinen Freund Bernd mitbringe, auf den sei sie schließlich auch schon lange scharf. Widerwillig lässt Florian sich darauf ein und spannt den netten Bernd mit ein. Aber als alle drei im Bett liegen, bemerkt Cara plötzlich, dass Florian sich gar nicht besonders um sie kümmert, sondern wild mit Bernd herumknutscht! Cara ist schockiert und schmeißt beide raus. Florian kann überhaupt nicht verstehen, was sie hat: Schließlich wollte sie doch Sex mit ihm und seinem besten Freund. Aber dass sie beide *so* gut befreundet sind, wusste Cara nun ja auch wieder nicht: Sie will ihn nie wieder sehen. Die anderen Mädels lachen sich zunächst einen Ast, vor allem Laura, die wegen einer wichtigen Party gerade für die halbe Schule Kleider im Akkord näht: Sie hatte mit Florian zusammen daran gearbeitet, und ihr war gleich klar, dass er schwul oder zumindest bi ist. Berufswunsch Modedesigner! Mal ehrlich, warum nicht gleich Friseur oder Visagist? Doch was hilft´s: Cara hat den netten Florian bereits in ihr offenes Herz geschlossen und will ihn auf den Pfad der Heterosexualität zurückbringen. Doch als sie sich bei Florian entschuldigt, will der nichts mehr von ihr wissen. Noch schlimmer: er bekennt sich jetzt ganz offen zu Bernd. Cara ist in ihrer Ehre getroffen: Sie, die bisher wirklich jeden rumgekriegt hat, lässt sich von einem Mann ausstechen? No way!

Um die Schmach wieder auszubügeln, bläst Cara zum Kampf – und versucht nun Bernd zu verführen. Einerseits aus Rache, andererseits, um Florian eifersüchtig zu machen. Die anderen Girls warnen sie zwar – so was kann nur schlecht enden, und außerdem sind Bisexuelle ja wohl die Risikogruppe Nr.1 – aber Cara hört nicht auf sie. Als sie es dann auch tatsächlich schafft, Bernd alleine ins Bett zu kriegen, geht der Schuss nach hinten los. Bernd sieht die Nummer nämlich nur als Dankeschön bei ihr – denn er kennt die ganze Geschichte: Florian hatte Bernd damals deswegen zum Dreier mitgebracht, weil er schon lange scharf auf ihn war und ihn auf diese Weise herumbekommen wollte. Und das hat ja nun auch geklappt. Danke, Cara – und Tschüss! Die Schulmädchen kriegen sich kaum ein – endlich ist Cara mal richtig aufs Kreuz gelegt worden. Und sie wirft die Liste ihrer sexuellen Erlebnisse in den Papierkorb: Man muss ja nicht *alles* ausprobieren ...

(Die anderen drei Plotvorschläge müssen aus Platzgründen leider entfallen. Anm. des Autors.)

Statement Philip Voges

Eine Hauptinspiration für die Idee zu *Schulmädchen* war für mich *Ricky und Ihr Popsofa*. In den späten 90ern war ich ein regelmäßiger Zuschauer der Brainpool Produktion *Die Wochenshow*[8]. Und vor allen Dingen Anke Engelkes Interpretation des kleinen, naiven Mädchens, das sich als Star fühlte – sei es auch nur für einen Augenblick –, hatte es mir angetan. Plötzlich sah ich sie überall: diese gepiercten, bauchfreien, Hirschgeweih-tätowierten jungen Schülerinnen, die – ob dick oder dünn, hässlich oder schön, arm oder reich – mit einem beispiellosem Selbstbewusstsein ihr Äußerstes sexy und möchtegern-glamourös zur Schau stellten, als ob es keinen Morgen gäbe. Diesen Mädchen wollte ich eine Serie widmen. Und so war die Comedy-Serie *Schulmädchen* geboren. Dass diese Mädchen komisch waren, hatte die parodistische Variante *Ricky* ja schon hinlänglich unter Beweis gestellt. Dass für Ricky sogar das Bandmitglied Ricky von Tic Tac Toe Pate stand, wussten allerdings die wenigsten. Ich hatte jedenfalls das Gefühl, einen Trend entdeckt zu haben, der schon seit einiger Zeit in vollem Gange war und sich bis heute in den diversen Castingshows (*Deutschland sucht den Superstar*, Heidi Klums *Germany's Next Top Model* etc) gehalten hat, nämlich die Erfüllung der Teenagersehnsucht Nummer 1 – ein mal ein Star zu sein.

Und genau das war unser Konzept: Wenn du es an der schicksten Münchener Schule, dem Franz-Josef-Strauß-Gymnasium, schaffen willst, dann schaffst du das nur, wenn du populär bist. Viele Eltern und Sozialpolitiker wünschen sich zwar, dass es in den Schulen heute anders zugeht, aber dieser Zustand ist die Realität. Und das war selbst zu meiner Schulzeit in den frühen 80er-Jahren in Hamburg der gelebte Teenager-Alltag. Einziger Unterschied war, dass es damals das Höchste der Gefühle war, zu einer der coolen Popper-Cliquen dazugehören zu dürfen.

Meine zweite wichtige Inspirationsquelle war die HBO[9]-Serie *Sex and the City*, die bei Erstellung des *Schulmädchen* Konzepts 1999 zwar noch nicht im deutschen Fernsehen lief, aber bei uns TV-Schaffenden in aller Munde war. Das Prinzip war Folgendes: Frauen reden frei und ohne ein Blatt vor den Mund zu nehmen über ihren – meist schlechten – Sex. Die Männer wollten es sehen, weil sie wissen wollten, was ihre Ehefrauen zu ihrer Performance zu sagen hatten die Frauen wollten es sehen, weil sie mindestens eine Freundin hatten, die auch so frech und unbekümmert über Sex redete. Ich dachte mir, dass schlechter Sex ideal zu unseren naiven, selbstbewussten Schulmädchen passen würde.

---

8   *Die Wochenshow* (D 1996–2002)
9   Abkürzung für »Home Box Office«, ein US-amerikanischer TV-Anbieter

Eine weitere Inspiration für mich waren eine Unmenge von High-School-Filmen von John Hughes wie *Ferris Bueller´s Day Off* oder *Pretty in Pink*, *Weird Science* oder *Risky Business* von Paul Brickman, die ich als Jugendlicher in mich hineingefressen hatte. Keine Inspiration war übrigens definitiv die Kinospielfilm-Reihe *Schulmädchen-Report*. Obwohl mir während der gesamten Ausstrahlungszeit immer wieder unterstellt wurde, dass das die Idee zu unserer Serie sei, können Sie sich sicher sein, dass in den gesamten 15 Folgen *Schulmädchen* nicht ein einziger Busen zu sehen ist.

Das wilde Treiben am imaginären Franz-Josef-Strauß-Gymnasium wurde durch die Augen unserer halbwegs vernünftigen Hauptfigur Laura aus Passau betrachtet und witzig kommentiert, denn sie war unser moralisches Gewissen vom Lande, das versucht, bei der Hip-Crowd Fuß zu fassen.

Entwickelt haben wir das Konzept 1999. 2001 wurde der Pilot gedreht und erst 2003 die erste und 2004 die zweite Staffel fertig gestellt. Sie sehen also, dass es von der ersten Idee bis zur ersten, kompletten Staffel fast fünf Jahre gedauert hatte. Trotz der langen Zeit schien die Idee immer noch populär gewesen zu sein, denn die dann bei RTL erzielten Marktanteile waren überdurchschnittlich. So viel Zeit von der Idee bis zur Ausstrahlung der ersten Staffel verging unter anderem auch deshalb, weil man sich von vielerlei Seiten nicht sicher war, wie weit man gehen kann in der Parodie einer nach Popularität gierenden, deutschen Jugend. Ebenso war man sich unsicher, wie weit man den jungen Leuten im Primetime-Fernsehen »aufs Maul schauen« dürfe. Wir haben Nächte lange Diskussionen sowohl mit Autoren als auch Redakteuren und sogar mit dem Programmchef persönlich über dieses Thema geführt.

Schulmädchen ist heute ein Programm, das als Comedy-Show in weite Teile der Welt verkauft wurde und offensichtlich universell verständlich ist. Noch vor einem Jahr habe ich *Schulmädchen* auf dem russischen MTV zur Primetime in meinem Hotelzimmer bewundern dürfen.

Das Phänomen der jungen, sich nach schneller und teilweise auch unverdienter Anerkennung und Bestätigung sehnenden Teenager scheint bis heute anzuhalten und sich eigentlich nur noch zu steigern. Die britische Serie *Skins* zeigt z.B., wie *Schulmädchen* heute aussehen würde.

Beispiel *Männer allein zu Haus*

Nicht nur für fiktionale Formate werden Serienkonzepte geschrieben. Auch für Doku- bzw. Reality-Formate werden Konzepte erstellt, in denen der Kern und der Aufbau des Formats, die Figuren und Handlungsabläufe dargestellt werden. Die Konzepte für fiktionale wie non-fiktionale Stoffe unterscheiden sich gar nicht so sehr, wie das folgende Beispiel zeigt, denn schließlich muss jedes Konzept den Leser beeindrucken, fesseln und neugierig machen.

Autor (des Konzeptes): Annett Neukirchen
Produzentin: Michaela Hummel
Producerin: Annett Neukirchen
Produktionsfirma: Studio Hamburg Produktion Hannover GmbH, Kompetenzcenter Entertainment
Redaktion kabel eins: Rainer Lücht

Männer allein zu Haus – Serienkonzept

(Fünfteilige Doku-Reihe à 45 Minuten)

Was wäre wenn...
... alle Frauen verschwunden wären?

Ein idyllisches Dorf mitten in Deutschland. 400 Einwohner, eine Kirche, ein Wirtshaus, ein Bolzplatz. Hier scheint die Welt noch in Ordnung zu sein. Auf den ersten Blick wirkt alles normal. Doch auf den zweiten Blick fällt eines auf: keine Frauen weit und breit!

Zwei Wochen lang werden alle Frauen, die in dem Ort zu Hause sind, ausziehen und ihre Männer samt Kindern allein zurücklassen.

Was passiert nun, wenn Männer ohne die Hilfe von Ehefrauen, Freundinnen und Müttern auskommen müssen? Werden Sie die Abwesenheit der Frauen beklagen oder glücklich die Zeit nutzen, genau das zu machen, was sie sonst nicht machen durften? Werden Sie die Herausforderung meistern? Oder es sogar besser machen?

Background
Ein Doku-Experiment mit Hintersinn
Die Ergebnisse wissenschaftlicher Untersuchungen legen nahe, dass Frauen es immer besser verstehen, Job, Haushalt und Kindererziehung unter einen Hut zu bekommen. Während Frauen mehr und mehr Positionen in der Berufswelt für sich erobern, kann man dasselbe von den Männern im häuslichen Bereich nicht behaupten.

In puncto soziale Kompetenz liegen die Männer ebenfalls weit hinten. Während Frauen sich als Teil einer Gemeinschaft begreifen und für den sozialen Zusammenhalt sorgen, ist es bei Männern nicht ungewöhnlich, dass sie nur spärlichen bis gar keinen Kontakt zu ihren Nachbarn pflegen.

Auch in der Familie scheinen die Aufgaben traditionell klar verteilt. Nicht nur der Haushalt, auch die Erziehung der Kinder liegt oft in den Händen der Frauen – egal, ob sie berufstätig sind oder nicht. Der fremde Mann, der im Urlaub Papa spielt, ist leider kein Einzelfall. Es gibt immer noch Väter, die mit ihren Kindern noch nie 24 Stunden allein verbracht haben – ganz zu schweigen von zwei Wochen.

Was erwarten wir von dem Experiment?
Was wird passieren?

Es geht bei diesem überraschenden und emotional aufgeladenen Experiment um Rollenverständnisse von Männern und Frauen, die wir auf unterhaltsame Weise sowohl entlarven als auch vermitteln wollen. Wir konfrontieren die Männer durch die Abwesenheit ihrer besseren Hälfte mit einem provozierenden Rollenspiel.

Die Männer sind auf sich allein gestellt – sie sind auf sich selbst zurückgeworfen und müssen sich in der Gruppe neu organisieren. Da wir Männer mit ganz unterschiedlichen Hintergründen beobachten, werden sie mehr oder weniger gut mit der neuen, ungewohnten Situation umgehen.

Wir klären Fragen, wie emanzipiert die Männer im häuslichen Bereich sind oder wie souverän im Umgang mit Kindern. Unsere Protagonisten sollten idealerweise einen ganz unterschiedlichen beruflichen (angestellt, selbstständig), familiären (ledig, verheiratet, geschieden) und finanziellen Hintergrund haben.

Unser Fokus liegt natürlich bei den Vätern. Sie haben die schwerste Aufgabe zu meistern – das Wort Familienoberhaupt bekommt nämlich eine ganz andere Bedeutung, wenn man der Familie allein vorsteht. Was ist eigentlich eine richtige Familie? Worin liegt ihr Wert? Was hält die Familie emotional und sozial zusammen? Wie manifestiert sich das, wenn der Mann allein zu Hause ist? Welche Rolle spielt er als alleinerziehender Vater? Wie stellt er sich dabei an? Was finden wir über sein Rollenverhalten, sein soziales Verhalten in dieser frauenlosen Situation heraus? Solchen Fragen wollen wir bei diesem Experiment auf den Grund gehen. Da Männer unterschiedlichen Alters an dem Experiment beteiligt sind, erfahren wir darüber hinaus etwas über Generationsunterschiede. Wie flexibel reagiert ein Mann über 50 auf die neue, ungewohnte Situation? Gibt es eine neue Generation von »familientauglichen« Männern?

In Krisen bilden sich Notgemeinschaften. Die zurückgebliebenen Männer werden feststellen, dass sie miteinander kommunizieren müssen. Zum einen, um ihren Haushalt zu organisieren, zum anderen, um Gemeinschaftsprojekte – dazu später mehr – voran zu treiben. Werden durch die neue Situation und die ungewohnten Aufgaben auch alte Hierarchien untereinander aufgebrochen? Zugespitzt formuliert: Werden Männer, die vorher als Windeln wechselnde Weicheier belächelt wurden, zu Leitwölfen überforderter Testosteron-Machos? In unserem Experiment gibt es also bedeutend mehr zu erfahren, als nur, ob ein Mann bügeln kann oder nicht. Sicher interessieren uns die großen und kleinen Siege und Niederlagen des Alltags. Doch noch mehr interessiert uns, was dahinter steckt. Warum können Männer das eine – das andere aber nicht? Wie kommunizieren sie? Wie ehrlich sind sie zu sich selbst?

Wir bieten einen Blick in die Psyche des deutschen Mannes – ohne ihn auf die Couch legen zu müssen. Wir konfrontieren ihn einfach nur mit »dem bisschen Haushalt«...

Wir wollen Geschichten erzählen, die das Leben schreibt. Die Helden unserer Doku-Serie sind im Alltag Scheiternde oder Triumphierende und damit Identifikationsfiguren für alle Männer und auch für die Frauen, die sich oder ihren Partner in der einen oder anderen Rolle erkennen können.

Das Format

Wir verbinden bei diesem Format das Dokumentarische mit einer Spielanordnung, Elementen von »Real-Life«-Formaten und dem Erzählprinzip der Serie.

Die Erzählform ist die der klassischen Doku-Serie, in der man dokumentarisches Beobachten mit den Erzähldramaturgien der fiktionalen Serie verbindet. Die Geschichten unserer Protagonisten werden parallel erzählt, d.h. wir stoßen verschiedene Geschichten an, die wir gleichzeitig fortführen. Die einzelnen Handlungsstränge werden in dramaturgische Spannungsbögen gesetzt. Wir platzieren *Cliffhanger*, um auf die nächste Folge hinzulenken. Die Geschichten folgen häufig einer Ereignisdramaturgie, einer Abfolge von Höhepunkten. Einheit von Zeit und/ oder Ort sind dabei wichtig.

Die Kameraarbeit erfolgt konsequent nach den Regeln der Dokumentation. Der Off-Kommentar bindet alles pointiert zusammen.

Setting und Protagonisten

Das Setting unserer Doku Serie und das Casting unserer Protagonisten sind von entscheidender Bedeutung für den Erfolg der Serie.

Das Setting

Ein ganzes Dorf muss hinter dem Projekt stehen. Denn nur durch Begeisterung, also positiven sozialen Druck wird es uns gelingen, die Männer zu überzeugen, an dem Experiment teilzunehmen.

Unsere ausgewählte Gemeinde sollte im besten Sinne typisch deutsch sein. Es muss sich um einen Ort handeln, in dem man gerne lebt, wo aber auch Gegensätze aufeinander prallen. Hier sollten noch traditionell Landwirte ansässig sein, hier sollten sich aber auch Pendler, die in der nahe gelegenen Großstadt arbeiten, niedergelassen haben. Es ist ein starkes Gemeinschaftsgefühl vorhanden. Man kennt sich und respektiert sich. Die Generationen leben eng aufeinander. Von der Mentalität her sollten die Bewohner unseres Dorfes offen und gesprächsfreudig sein. Ihre Sprache ist zwar mit einem Dialekt gefärbt jedoch für den Rest der Republik nicht unverständlich. Als Region kämen u. a. das Rheinland oder der Spessart in Betracht.

Die Protagonisten

Unsere Protagonisten folgen während unseres Doku-Experiments keinen Regieanweisungen. Die großen und kleinen Krisen, in die sie geraten, basieren nicht auf einem Drehbuch und werden auch nicht gespielt.

Das Casting ist daher entscheidend. Wer sind unsere Helden? Welche Geschichten kann man mit ihnen potentiell erzählen? Welches Verhältnis haben sie zueinander? Wo liegt das größte Konfliktpotential? Wir wollen ganz unterschiedliche Typen casten, die am Ende idealerweise wie Figuren einer fiktionalen Serie zueinander aufgestellt sind. Im Vorfeld wird recherchiert, was auf die Männer im Zeitraum des Experiments voraussichtlich zukommt. Haben sie Pläne für die Zeit ohne Frauen?

EB-Teams[10] begleiten fünf gecastete Protagonisten (und deren Anhang) während der gesamten Zeit. Wir bleiben so nah wie möglich an unseren Protagonisten dran, zeigen ungestellte und reale Situationen, die sie durchleben, und lernen die Hauptfiguren so von Folge zu Folge immer besser kennen. Ihre Selbstauskünfte und Reaktionen bleiben unkommentiert. Unsere Protagonisten werden dem Zuschauer dadurch im Laufe der Folgen vertraut. Er wird seine persönlichen Lieblingshelden finden, an denen er interessiert ist und sich mit der einen oder anderen Figur identifizieren. Diese unmittelbare menschliche Ebene ist – wie in fiktionalen Serien auch – das vorrangige Element unserer Doku-Serie. Dabei bemühen wir uns um ein Höchstmaß an Authentizität der eingefangenen Situationen, in die – soviel bleibt klar – unsere Protagonisten nicht geraten wären, hätten wir sie nicht zu einem Spiel für die TV-Kamera eingeladen.

Die Spielregeln

Bevor die Frauen gehen, geben sie eine Prognose ab, wie ihre Lebensgefährten die Situation ohne sie meistern werden. Sie müssen ihre Heime im Normalzustand verlassen – d.h. es darf für die Zeit der Abwesenheit nicht »vorgekocht« oder »vorgeputzt« werden.

Die Männer müssen mit einem fest gelegten Haushaltsetat klar kommen – je-

---

10 Ein EB-Team (EB = Elektronische Berichterstattung) setzt sich zumeist aus Kameramann und EB-Techniker (zuständig für Ton, Drehmaterial, Assistenz und Equipment) zusammen.

den Tag Pizzaservice, essen gehen oder teuer an der Tankstelle einkaufen sind damit ausgeschlossen. Zuvor vereinbarte Termine – wie etwa der Zahnarztbesuch mit den Kindern – dürfen nicht verlegt werden.

»Men only« gilt für den gesamten Zeitraum. Das heißt, es dürfen auch keine Frauen von außerhalb engagiert werden, die für die Männer arbeiten sollen. Über die gesamte Zeit herrscht Kontaktsperre.

Nach einer Woche treffen sich die Frauen zu einem Bergfest. Hier erhalten sie dann als Zwischenbilanz einen Zusammenschnitt dessen, was bisher geschah. Sind sie überrascht von dem, was sie sehen? Vermissen sie ihre Männer, Kinder? Was erwarten sie vorzufinden, wenn sie wieder daheim sind? Wird das Experiment Langzeitwirkung zeigen?

Des Weiteren müssen die Männer zwei Gemeinschaftsprojekte angehen. Während das eine Projekt von den Frauen vorgegeben wird (siehe Beispieltage), dürfen sich die Männer ein zweites selbst auswählen (noch offen).

Die zwei Wochen, in denen die Frauen auszogen und so die Männer das Fürchten lernten.

Sonntag, Tag 1

An einem Sonntagmorgen im Mai warten am Ortsausgang Busse auf die Frauen des Dorfes. Nach tränenreichem Abschied tritt eine nach der anderen mit gepackten Koffern auf die Straße hinaus und zieht Richtung Freiheit. Zwei Wochen lang dürfen sie nicht heimkehren. Jede von ihnen hat vor der Abfahrt eine Prognose abgegeben, ob und wie der Herr des Hauses die Lage in den nächsten Tagen meistern wird. In den Bussen ist die Stimmung aufgekratzt. Alle sind gespannt, was die nächsten Tage bringen werden und freuen sich auf die Auszeit. Für einige unter ihnen wird es der erste Ausflug ohne Mann und Kindern seit Jahren.

Die Männer sind nach Abfahrt der Busse nun tatsächlich allein. Sie haben für den Nachmittag ein Treffen im Dorfkrug vereinbart, bei dem sie ihre gemeinsam anzupackende Pflichtprojekte besprechen wollen. Sie öffnen den Umschlag der Frauen. Deren Wunsch: Die Männer sollen im Gemeindehaus eine kleine Theateraufführung organisieren, Thema »Beziehungskisten«. Die Männer ziehen lange Gesichter. Ausgerechnet Theater und dann auch noch ein Mann-Frau-Thema ...

Während die Männer ohne Kinder nun auch den Rest des Sonntags im Wirtshaus ausklingen lassen, müssen die Väter nach Hause. Unter ihnen auch der Versicherungsvertreter **Klaus Kerner** (40), der sonst mit seinen Freunden am Wochenende Skat klopft. Die Runde fällt für ihn aus: Das Abendbrot muss vorbereitet und die Kinder ins Bett gebracht werden. Für Klaus wird das die erste echte Herausforderung des Tages.

Und so könnte es weitergehen...

Montag, Tag 2

Eine schlaflose Nacht liegt hinter dem Landmaschinenschlosser **Thomas** (39). Er ist allein Zuhause mit dem 20 Monate alten Baby Ben. Obwohl er Windeln wechseln kann, eskaliert die Situation am Frühstückstisch, als die dreijährige Maya auch noch die volle Aufmerksamkeit ihres übernächtigen Vaters einfordert.

Dirk (47) läuft die Zeit davon. Seine beiden Teenager Mareike (13) und Tim (15) sind nicht rechtzeitig aus den Federn gekommen. Ohne Frühstück geht es jetzt mit Vollgas zur Schule. Beide kriegen von ihm Geld in die Hand gedrückt. Das sollte für den Tag reichen. Als Anzeigenleiter einer großen Regionalzeitung muss Dirk in die Stadt pendeln. Abends ist er oft noch mit Kunden unterwegs. Auch heute wird es wieder spät. Er weiß nicht so recht, ob er die beiden Teenager alleine zu Hause lassen kann. Die beiden beruhigen ihren Vater ... sie seien schließlich erwachsen.

Bankangestellter **Herbert** (45) bietet für den Nachmittag einen Kochkurs für die Männer an, die noch nie selbst ein Ei in die Pfanne gehauen haben. Sein 12-jähriger Sohn Marcus wird dazu verdonnert, solange auf die Nachbarskinder aufzupassen. Dem wächst die Horde zwar ein wenig über den Kopf – der Kochkurs wird für die Männer trotzdem ein voller Erfolg – nicht allein wegen der Weinverkostung. Anzeigenleiter Dirk kommt erst weit nach Mitternacht nach Hause. Seine beiden Teenager sind aber immer noch wach. Sie hängen vor der Glotze im Wohnzimmer ab. Die herum liegenden Pizzakartons und vor allem die leeren Bierdosen bringen Dirk auf die Palme. Das ist so gar nicht der Anblick, den er von seinen »erwachsenen« Kindern erhofft hatte. Es kommt zum Krach. Mit schwerem Kopf geht's ins Bett. Morgen um sechs klingelt wieder der Wecker.

Dienstag, Tag 3

Großbauer **Stadler** hat es besonders hart getroffen. Normalerweise packen Mutter und Ehefrau auf dem Milchviehhof mit an. Jetzt ist er mit Knecht Erich und dem Hilfsarbeiter Miloš Häckchen allein. Als wenn die Viecher nicht schon genug Arbeit wären – seine drei Kinder Moritz (10), Lisa (8), und Anton (4) muss er nun auch noch versorgen. Während Moritz (10) und Lisa (8) in der Schule sind, bleibt Anton zu Hause. Normalerweise passen die Frauen auf den Kleinen auf. Stadler muss sich um die Abfüllanlage kümmern. Anton spielt allein auf dem Hof. Und ist plötzlich verschwunden...

Automechaniker **Jürgen** (39) nutzt die neu gewonnene Freiheit dazu, gegen ein Gebot seiner Frau zu verstoßen: Er will an einem Stockcar-Rennen teilnehmen. Mit seinen Kumpels in der Werkstatt baut er ein Auto entsprechend um. Die Theatergruppe trifft sich das erste Mal – es muss das Stück besprochen und die

Aufgaben verteilt werden. Wer macht die Ausstattung? Wer kümmert sich um die Kostüme? Frühpensionär **Peter** (58) entdeckt ungeahnte Talente in sich. Er bietet an, die Regie zu übernehmen.

Mittwoch, Tag 4

Die Vorräte im Haus der Familie Kerner gehen zu Ende. Die Einkaufstour mit drei Kindern gestaltet sich selbst für den geduldigen Klaus zu einer ungeahnten Herausforderung. Während die Zwillinge Matthias (7) und Thomas (7) die Regale durchstöbern und immer neue, sinnlose Sachen in den Korb werfen, hilft Maria (13) ihrem Vater den Einkaufszettel abzuarbeiten. Beim Bezahlen an der Kasse bekommt Klaus einen Schock – das Haushaltsgeld für die gesamte Woche ist jetzt schon aufgebraucht. »Jetzt müssen wohl die Sparschweine geschlachtet werden«.

Schon wieder dicke Luft bei Dirk zu Hause. Tims Zimmer ist ein Saustall. Da es auch um die schulischen Leistungen nicht gerade bestens steht – Tims Klassenlehrer hat um einen Termin gebeten – steht ein ernstes Vater-Sohn-Gespräch an, das jedoch schnell in Streit übergeht. Tims Vorwurf »Du bist doch nie da« – hatte Dirk so bisher nur von seiner Frau gehört. Tim verschanzt sich in seinem Zimmer. Dirk bleibt ratlos zurück.

Bauer Stadler bittet Thomas um Hilfe. Stadler war früher mal Thomas Chef – Freunde sind sie nicht – aber der Schreck über Antons Verschwinden sitzt Stadler noch in den Knochen. Zwei Stunden hatte er verzweifelt den Kleinen gesucht und erst dann auf dem Heuboden entdeckt ... wenn er da runter gefallen wäre. Thomas willigt ein, Anton ein paar Stunden mit zu beaufsichtigen – auf ein Kleinkind mehr oder weniger kommt es nun auch nicht mehr an. Außerdem spielen die dreijährige Maya und der vierjährige Anton gern zusammen.

Während Putzen bisher kein Thema in den Männerhaushalten war – erregt das Essen zunehmend die Gemüter. Fast Food, Tiefkühl- und Dosennahrung bestimmen bisher den Speisezettel.

Donnerstag, Tag 5

Thomas ist nervlich am Ende. Baby Ben zahnt. An Schlaf ist kaum zu denken. Und die kleine Maya fragt ständig nach ihrer Mama. Dabei ist es noch nicht mal hell draußen...

Klaus Kerner weiß nicht, was los ist. Maria will nicht zur Schule gehen. Sie habe Bauchschmerzen. Klaus hat keine Zeit, mit ihr zum Arzt zu fahren. Ein wichtiger Termin steht an. Er schickt die Zwillinge zur Schule, geht zur Arbeit. Maria bleibt allein zu Haus.

Kerner gibt Anton wieder bei Thomas ab. Die Mini-Spielgruppe hat sich bewährt. Zum Ausgleich wird Thomas mit Lebensmitteln vom Hof versorgt. Die Männer tauschen ihre Erfahrungen mit dem unbekannten Wesen Waschmaschine aus. Stadler musste erst miterleben, wie aus seiner süßen Lisa eine wilde Furie wurde, nur weil der Lieblingspulli drei Nummern zu klein wieder aus der Maschine kam.

Peter schreibt mit Hochdruck an dem Theaterstück. Morgen will sich die Gruppe erstmals zum Proben treffen, bis dahin muss das Stück fertig sein. Für ihn wird es ein langer Tag und eine lange Nacht.

Als Klaus von der Arbeit nach Hause kommt, warten gleich zwei Überraschungen auf ihn. Zum einen hat Maria das Abendessen vorbereitet – Kartoffelbrei und Fischstäbchen – zum anderen klärt sie ihn über ihre »Krankheit« auf – nachdem der Papa die OB-Schachtel im Bad übersehen hatte ... Klaus trinkt darauf einen Korn und fängt unbeholfen ein Gespräch über Verhütung an, worüber Vater und Tochter am Ende herzlich lachen können. Später im Wirtshaus schmeißt Klaus eine Runde – sein kleines Mädchen ist jetzt eine Frau.

Apropos Frauen ... Vermisst die jemand? Nur wenige geben es zu.

Freitag, Tag 6

Klaus wacht mit dickem Schädel auf. Zum Glück ist heute der letzte Tag der Arbeitswoche. Die Zwillinge Matt und Tom ärgern ihre Schwester. Als die Jungs sie am Frühstückstisch mit Tampons bewerfen, geht Klaus dazwischen. Er bekommt eine Ahnung davon, was seine Frau meint, wenn sie sagt, die Buben bringen sie ins Grab. Mareike hat nichts mehr anzuziehen. Keiner hat sich um die Wäsche gekümmert. Dirk verdonnert seine beiden Kinder zum Großreinemachen am Samstag. Doch da will Tim zum Fußballturnier fahren. Und Mareike zum Reitunterricht.

Bauer Stadler schlachtet ein Schwein. Für morgen ist ein Bergfest geplant. Eine Woche ohne Frauen ist um. Das soll ordentlich gefeiert werden. Peter ist gar kein schlechter Regisseur. Mit ihm ist die Theatergruppe ganz gut vorangekommen. Es fängt an, allen Spaß zu machen. Am Abend lädt Bauer Stadler die Männer zum Bergfest auf seinen Hof ein, was für ein großes Hallo sorgt. So großzügig ist der Bauer selten...

Samstag, Tag 7

Jürgen steht schon um 8.00 Uhr morgens in der Werkstatt. Sein Stockcar soll schließlich für das Rennen am nächsten Samstag fertig sein. Angemeldet hat er sich bereits. Es wäre eine Blamage, wenn er nicht antreten könnte. Auch Thomas ist mit Baby Ben und Maya wieder früh auf den Beinen. Diesmal geht es zur Abwechslung mal zum Bauern auf den Hof. Das Bergfest wird vorbereitet.

Stadler hat sogar einen Cateringservice engagiert – nur das Schwein ist selbstverständlich Chefsache. Beim Anblick des Bratens bekommt Maya erst Mal einen Heulkrampf.

Ein versprengtes Häuflein hat sich im Dorfkrug zum Frühschoppen versammelt. Ein Novum. Normalerweise ständen heute mit 99-prozentiger Sicherheit anstrengende Shoppingtouren mit den Frauen auf dem Plan. Dirk fährt Tim und seine Sportfreunde zum Turnier. Zwischen beiden ist immer noch dicke Luft. Erst auf dem Sportplatz entspannt sich die Lage. Tims Mannschaft gewinnt. Gut gelaunt fahren sie zu Stadlers Bergfest. Also sie dort ankommen, ist die Party schon im vollen Gange. Die Kinder toben auf dem Hof. Die älteren Geschwister wurden dazu verdonnert, auf die Kleinen aufzupassen. Nur wer hütet sie tatsächlich? Einige machen erstmals Bekanntschaft mit dem Teufel Alkohol ... und werden erwischt.

Am Ende stellen sich alle für einen Gruß auf – Gruppenbild ohne Damen.

Sonntag, Tag 8
Szenenwechsel: Die Frauen treffen sich zum Bergfest in einem Hotel. Heute sehen sie, was zu Hause geschah. Lachen und Weinen liegen nah beieinander. Die Frauen vermissen ihre Männer und Kinder, sie haben aber auch viel Spaß miteinander. Einige von ihnen werden mit Szenen der vergangenen Woche konfrontiert und geben ihre Kommentare ab. Was glauben sie, wird weiter geschehen?

In unserem Männerdorf ist es dagegen relativ ruhig. Es regnet in Strömen – Katerstimmung. Jürgen werkelt schon wieder wie ein Besessener an seinem Stockcar. Klaus klingelt bei seinem Nachbar Herbert – die Milch ist alle. Das Haushaltsgeld übrigens auch. Obwohl sich Dirk vorgenommen hat, sich nicht über Tim zu ärgern, fliegen schon wieder die Fetzen. Tim vermisst seine Freundin sehr. Auch Mareike ist das erste Mal verliebt.

Die Männerhaushalte rüsten sich für eine weitere Woche ohne Frauen.

Was weiter passieren könnte:
Dirk gerät mit Tim schwer aneinander. Tim haut von Zuhause ab. Als Dirk seine 13-jährige Tochter beim Knutschen erwischt, reagiert der anders, als Mareike gedacht hätte.

Großbauer Stadler schafft den Haushalt nicht mehr allein. Er stellt eine zusätzliche Hilfskraft ein. Lisa bekommt zum Geburtstag ein Pony geschenkt. Doch schon in ihrer ersten Reitstunde wird sie aus dem Sattel geworfen.

Automechaniker Jürgen schafft es, das Auto für sein Rennen fertig zu bekommen. Er ist stolz und glücklich – auch wenn er bei dem Rennen nur vorletzter wird.

Peter müht sich mit der Theatergruppe. Die Männer lassen ihn nach der überraschenden anfänglichen Begeisterung plötzlich ganz schön in Stich. Keiner will ihm wirklich unter die Arme greifen. Erst als die Aufführung zu platzen droht, finden sich Freiwillige.

Statement Anett Neukirchen

Die Idee, Männer eines Dorfes ohne ihre Frauen ihrem Schicksal zu überlassen, haben wir uns bei dem BBC 3 Format *The Week the Women Went* abgeschaut. Wir wollten wissen, ob sich die Deutschen genauso schwer tun wie ihre englischen Geschlechtsgenossen, wenn sie mit Haushalt und Kindererziehung allein gelassen werden. Unsere Vermutung, dass sie das tun würden, hat sich tatsächlich bestätigt.

Zunächst einmal mussten wir hierzulande eine Sendeanstalt von unserer Idee überzeugen, das TV-Experiment in Deutschland zu wiederholen. Tanja Deuerling, Chefredakteurin bei *kabel eins*, war sofort begeistert. Unsere Thesen, die wir in einem Konzeptpapier mit den Ergebnissen aktueller, soziologischer Untersuchungen untermauerten, haben ihr direkt eingeleuchtet. Jetzt kam es darauf an, einen geeigneten Ort für unsere Dokumentation zu finden.

Für das Casting haben wir Parameter festgesetzt – sowohl für den Ort, als auch für die Protagonisten. Eine Versuchsanordnung – ähnlich wie bei einem naturwissenschaftlichen Experiment – musste gefunden werden. Wie sieht unser idealer Ort aus – Größe, Lage, Historie? Wer sind unsere Protagonisten – Alter, Beruf, sozialer und familiärer Background? Und welche Geschichten wollen wir erzählen? Da wir streng authentisch, dokumentarisch arbeiten, ein geskriptetes »Und-Bitte«-Fernsehen vermeiden wollten, war das Casting die entscheidende Hürde für den Erfolg unserer Serie. Um am Ende so realistisch wie möglich zu sein, sind wir allerdings den Umweg über die Fiktion gegangen. Wir haben Archetypen mit fiktiven Lebensläufen definiert und deren Geschichten in idealtypische Erzählstränge montiert. Dies war die Matrix, auf deren Grundlage wir unser ideales Dorf gesucht haben. Nach über 80 Anläufen haben wir in Jühnde in der Nähe von Göttingen unser Dorf gefunden. Ausschlaggebend für die Entscheidung, hier zu drehen, war neben der Erfüllung bestimmter Kriterien die gute Stimmung vor Ort. Auch die Bewohner, die nicht mit Kameras durch ihren Alltag begleitet wurden, haben das Projekt unterstützt. Wir haben nun unsere idealtypischen Vorstellungen der Realität angepasst. Jeder einzelne Protagonist wurde genauestens befragt. Wie würde die Woche bei ihm zu Hause aussehen, wenn die Frau fortgeht? Welche Herausforderungen erwarten ihn? Wo liegen mögliche Konflikte? Wie würde er sich in der Zeit entwickeln? Was ist seine Geschichte? Eine detailgenaue Recherche, die Analyse jeden Charakters ergab ein neues, realistisches Bild, auf dessen Grundlage wir dann arbeiteten. Je genauer die Beobachtungsgabe und die Vorrecherche der Autoren über ihre einzelnen Protagonisten waren, umso weniger Überraschungen gab es beim Dreh, die es erforderlich gemacht hätten, Handlung zu initiieren. Der kontinuierliche Abgleich mit dem, was wir erwarteten und dem, was tatsächlich geschah, war nötig, um die Dynamik des dokumentarischen Erzählens nicht zu verlieren. Welche Thesen bestätigten sich wirklich? Welche mussten verworfen werden? Ergaben sich neue, überraschende Geschichten? Hier mussten wir offen sein, ohne unser Ziel aus den Augen zu verlieren, spannende, amüsante oder auch nachdenkliche Geschichten aus dem Alltag unserer Helden zu erzählen. Am Ende hat sich mal wieder ein bekanntes Sprichwort bestätigt: Das Leben schreibt immer noch die schönsten Geschichten. Oder wie in unserem Fall: Die Realität ist von der Fiktion nicht zu toppen.

6. Die Autorenbibel

Eine Autorenbibel dient dazu, neuen Drehbuchautoren, die sich an einem bestehenden Format versuchen wollen, Halt, Orientierung und Hilfestellung zu geben.

In der **Autorenbibel** werden

- Gesetzmäßigkeiten des Formates definiert. Es werden die Regeln formuliert, nach denen
  - die Figuren funktionieren
  - die Fälle aufgebaut sind
  - die zu bespielenden Schauplätze festgelegt werden und
  - bestimmt wird, welchen Anteil diese etwa im Gesamtzusammenhang haben müssen.
- bestehende Probleme des Formates thematisiert. Es kann zum Beispiel sein, dass sich bestimmte Themengebiete als nicht optimal für das Format erwiesen haben, dass es einfach schwierig ist, den geforderten hohen Anteil von Szenen im Standardset zu erreichen oder dass sich bestimmte Handlungen der Hauptfigur ausschließen, weil z.B. der Schauspieler aufgrund seines Alters nicht mehr in der Lage ist, eine Actionsequenz zu drehen. Gerade letzteres würde aber sicherlich verklausuliert dargestellt, um niemanden vor den Kopf zu stoßen.
- eventuell Entwicklungen nachvollzogen, die man im Laufe der Serienentwicklung gemacht hat. Die sich daraus ergebenden sich Lerneffekte werden aufgezeigt, sie dienen schließlich als Begründungen für bestimmte »No Gos«, die man für die Serie festgelegt hat.
- Stoffgebiete und Milieus für mögliche Plots angesprochen. Damit setzt man Themenfelder, anhand derer sich der Autor bei der Ideenfindung orientieren kann. Hat er einen Stoffidee gefunden, wird er die Autorenbibel weiter nutzen.
- bestimmte Ermittlungsmethoden oder Plotabläufe beschrieben. Wie ermittelt ein Kommissar? Oder welcher Aufbau liegt den Streitigkeiten zwischen Pfarrer und Bürgermeister zugrunde?
- Möglichkeiten zur weiterführenden Recherche geboten. Vielleicht gibt es bestimmte Internetforen und -seiten oder Fachliteratur zum Thema.
- bestehende Gedanken der kreativen Köpfe der Serie zusammengefasst. Die Autorenbibel soll Fragen vorbeugen, allerdings kann sie keinesfalls allumfassend sein.

Beispiel *Der Kriminalist*

Die vorliegende Autorenbibel für die erfolgreiche ZDF-Serie »Der Kriminalist« mit Christian Berkel in der Titelrolle beinhaltet neben den obigen Punkten eine beinahe wissenschaftliche Auseinandersetzung mit dem speziellen erzählerischen Grundprinzip der Serie – der Viktimologie. Der »Leitfaden« ist solide, fundiert und bietet neuen Autoren eine gute Orientierung.

Autorin: (des Leitfadens) Claudia Schneider u.a.
Producerin: Tina Fürneisen, Katja Mosler
Produzenten: Claudia Schneider, Hans Joachim Mendig
Produktionsfirma: Monaco Film GmbH
Redaktion ZDF: Annette Reisse, Jutta Kämmerer

Der Kriminalist – Leitfaden für Autoren

(Fassung vom 4. November 2005)

Inhalt

1. Das Format und der Sendeplatz
Der Kriminalist ist ein 60minütiges, wöchentliches Krimiformat für den Freitagabend (Primetime, 20.15 Uhr) im ZDF. Im Mittelpunkt dieser Krimiserie steht die Figur Bruno Schumann, 44. Er ist Hauptkommissar beim LKA Berlin. Sein

Kommissariat liegt im Westteil der Stadt. Dieses LKA-Präsidium ist zuständig für »Delikte am Menschen«. Darunter fallen:

- Tötungsdelikte, Entführungen, erpresserischer Menschenraub und ärztliche Kunstfehler mit Todesfolge
- vorsätzliche Brandstiftung, Explosionen und Gefährdungsdelikte im Zusammenhang mit Bahn-, Schiffs- und Luftverkehr
- Vermisstensachen und Identifizierung von unbekannten Toten
- Misshandlung von Schutzbefohlenen und Sexualdelikte.

1.1 Das Besondere dieser Serie

- *Der Kriminalist* ist ein schnelleres Format als einige der derzeit laufenden »älteren« Krimi-Reihen oder Serien wie *Tatort* oder *Polizeiruf* etc. *Der Kriminalist* interpretiert neue, ungeübte Sehgewohnheiten, die bei z.B. *Kommissar Beck* schon erfolgreich etabliert wurden.
- Nicht das Auffinden sondern das Auswerten von Indizien und Hinweisen steht im Mittelpunkt. Es gibt keine langen Wege, Anfahrten oder dialoglastigen Einkreisungen.
- Die Kamera folgt den Akteuren sehr unmittelbar und »belebt«, sie verweilt nicht in statischen Dialog- oder Studiosituationen. Die Szenen im Kommissariat, aber auch draußen bei Befragungen und an Tatorten, sind von hoher Effizienz der Kripo-Leute geprägt.
- Es herrschen eine spürbare Kollegialität und ein gegenseitiger Respekt unter den Kommissaren. Alle Figuren sind in ihren Bereichen kompetent und agieren professionell und selbständig.
- Das Kommissariat wird prominentes Schlüssel-Motiv und bildet den Look-prägenden Mittelpunkt des Formats. Auf gewisse Weise wird dieses Set neben der Figur Schumann eine Art zweiter Hauptdarsteller. Wir müssen das Motiv als Zuschauer interessant finden. Das wird über den Set-Bau erreicht, aber auch über die Art und Weise, wie das Kommissariat dramaturgisch genutzt und bespielt wird. Das klassische Gegenübersitzen (Konversation über den Schreibtisch) soll vermieden werden.
- Unsere Fälle sollten psychologisch interessant sein und beleuchten im besonderen Maße die schicksalhafte Verbindung zwischen Täter und Opfer, das Milieu und das Wesen der Opfer und ggf. die forensische Herleitung der Tat. Warum wurde eine Person an diesem Tag zum Opfer? Und wie konnte ein anderer Mensch zum Täter werden? Erst dann interessiert sich das ermittelnde Kommissariatsteam im »klassischen Sinn« für den Täter und seine Motive oder Affekte. Hier gibt es Zuständigkeiten unter den Kommissaren – mehr hierzu unter Figuren.

- Unsere Hauptfigur ist ein Gentleman-Ermittler. Einer, der seine Wirkung kennt. Schumann ist charismatisch und sexy und zu intelligent, um sich auf den ersten zwei Eigenschaften auszuruhen.
- Schumann hat zwei besondere Ansätze in der Aufklärung von Fällen. Das ist zum einen die Viktimologie (hierzu mehr unter Viktimologie) und zum anderen seine Faszination an Intuitions- und Assoziations-Ketten. (Hierzu mehr unter »Wie ermittelt Schumann?«)
- *Krimi-Berlin* (so der Ursprungstitel) ist ein klassisches Whodunit. Linear erzählt, ohne Flashbacks und strikt aus der Perspektive des Kommissars.
- Private Nebenstränge der Hauptfiguren, die nichts mit dem Fall zu tun haben, sind auf ein Minimum reduziert. Alles »Menschelnde« findet im Kommissariat, im Kollegenkreis statt, d.h. die Gefühle zeigen sich während der Arbeit. Sie sind Teil der Ermittlungsarbeit, Auslöser und Katalysator für das Vorantreiben der Lösung eines Falls.
- Das LKA 1 klärt »Delikte am Menschen«. Es gibt Täter, Opfer und die Angehörigen von Opfern und Tätern. Das Drama dieser Menschen interessiert uns. Die sprichwörtliche »Action« soll im besten Sinne im Kopf entstehen und nicht durch Verfolgungsjagden durch Berlin.

1.2 Das Kommissariat

Der Anteil, den das Präsidium in jeder Folge einnimmt, soll höher sein als bisher üblich. Das Präsidium ist auf keinen Fall als Pausenraum für die Ermittler zu behandeln, sondern es ist ihr wichtigster Arbeitsplatz. Hier werden Beobachtungen und Ermittlungsergebnisse zusammengetragen, Informationen verarbeitet und weitergesponnen. Es ist ein Ort der hochkonzentrierten, professionellen Aktivität. Das funktioniert vor allem deshalb, weil dieses Kommissariat technisch und architektonisch ein optimales Arbeiten möglich macht. Simpel gesprochen: Es fehlt an nichts! Es gibt großflächig beleuchtbare Schaukästen, Computer, Videobeamer und bei Bedarf auch forensisches Gerät. Der Besprechungsraum dient dazu, bestimmte Problemstellungen im Team zu lösen. Außerdem kann es vorkommen, dass der Hauptkommissar und seine Assistenten Situationen gemeinsam nachstellen und verschiedene Varianten durchspielen.

Das Präsidium ist zentrale Schaltstelle der Serie. Seine Präsenz verdeutlicht die Perspektive, die wir einnehmen wollen, wenn wir den Fall betrachten. Das heißt:

Die Serie soll einen hohen Realitätsgrad vorgeben. Wir sind gerne hier, denn hier erfahren wir Neues, hier werden Recherchen, Ergebnisse, Fragen, Konflikte, Unstimmigkeiten und private Storylines miteinander kollidieren. Die Ermittler bespielen das Präsidium nicht im Sitzen, sondern im Stehen und Gehen. Das hat Konsequenzen für die Auswahl / Bau des Motivs aber auch für die Drehbücher.

Das Kommissariat liegt direkt am Kottbusser Tor in Berlin-Kreuzberg. Architektonisch interessant aufgebaut, bietet es durch seine Glaszwischenwände einen immer gewährten Einblick in die Arbeit der Kommissare. Man sieht alle Anwesenden in ständiger Bewegung und im Dialog.

*   EINGANG
Eine breite Treppe führt von der Straße hinauf ins Kommissariat.

*   BESUCHER
Hier warten Opfer, Verdächtige oder Zeugen auf ihre Vernehmung.

*   TEEKÜCHE
Ort für private Gespräche unserer Kommissare.

*   VERNEHMUNGSRAUM
Hier werden Opfer, Verdächtige oder Zeugen vernommen. Der Raum ist mit Mikrofon und Videokamera ausgestattet.

*   BESPRECHUNGSRAUM
Hier finden Besprechungen unserer Kommissare statt. Der Raum ist mit der neusten Technik ausgestattet. Inter-Wall: Großes Touchscreen Display, auf dem mittels eines Beamers Internetseiten, Videos, Bilder, usw. angezeigt werden können.

*   PRÄSIDIUM
Hier sitzen die Kommissare.

*   SCHUMANN BÜRO
Solange der Täter nicht gestellt ist, verlässt Schumann nicht das Kommissariat. So hat er neben der üblichen Büroausstattung auch ein Sofa für den kurzen Regenationsschlaf. An Fernseher und Musikanlage fehlt es ebenso nicht.

*   TECHNIKRAUM
Hier läuft alle Technik zusammen. Kemal macht von hieraus Audioaufnahmen bei Verhören. Findet dabei auch Unterstützung eines weiteren Beamten.

*   TOILETTEN
Es gibt großflächige beleuchtete Schaukästen, Computer mit Flatscreens, Videobeamer, Ein hochmodernes Kommissariat, wie es sich sicherlich jeder Kriminalbeamte wünscht.

1.3 Episodenstruktur, Erzählweise

Jede Episode sollte drei wesentliche Kriterien erfüllen: a) einen spannenden Fall/ Plot bieten, b) ein relevantes Thema aufgreifen und c) ein interessantes Milieu abbilden, in dem es spielt. Die Prolog-Titel-Sequenz ist fertig konfektioniert und ändert sich während einer Staffel nicht. Sie zeigt die Welt, in der unsere Serie spielt, nämlich Berlin. Danach steigen wir sehr direkt in die linear erzählte Story ein. Die Fälle sollen immer ein Rätsel oder ein Geheimnis beinhalten, welches es zu lösen gibt. Hier interessiert uns vor allen Schumanns Perspektive. Egal ob wir im Kommissariat oder am Tatort oder an einem anderen Spielort in die Geschichte einsteigen, wir sind in den meisten Fällen ab Minute eins an Schumann dran. Er führt sein Team und er führt uns Zuschauer durch die Geschichte. Das heißt nicht, dass es nicht auch Szenen geben kann, in denen Schumann nicht auftaucht. Nur sollte diese Szene dann unmittelbar mit Schumann oder dem Thema oder der Aufklärung des Falles zu tun haben.

Schumann muss zu Beginn jedes Films schnell zum Tatort kommen. Alles sollte unter dem Diktat der Schnelligkeit stehen: Der »erste Angriff« zählt. Es besteht immer die Chance, in 48 Stunden den Fall zu lösen. Danach wird es schwer, den Täter zu überführen. Denn dann gewinnt er Zeit, sich wieder zu »fangen« oder Abwehrstrategien zu entwickeln, sich an seine neue Rolle als Täter zu gewöhnen.

Der Erzählgestus der Serie sollte der Weltsicht des Protagonisten folgen: Mit Bruno Schumann beobachten wir den Alltag in der Millionenstadt Berlin – auf eine unaufdringlich-nachdenkliche Weise. Mit ihm nehmen wir Anteil am Schicksal von Menschen, die in eine existentielle Krise geraten sind – die sie zu Straftätern werden lässt.

1.4 Wie ermittelt Schumann?

- Schumann kommt informiert zum Tatort, zu den Zeugen oder dem Täter. Nötige Sachinformationen hat er vorher (eventuell im »Off«) von seinen Mitarbeitern, dem Polizeiapparat bekommen. Um diese Dinge (»Wo waren Sie?« »Was haben Sie gesehen?« etc.) muss er sich nicht kümmern – obwohl das auch möglich sein sollte.

- Schumann denkt und ermittelt gerne nach seinem Spezialgebiet, der Viktimologie. Hier interessiert ihn immer das sog. »magische Dreieck«. Die interaktive Verknüpfung zwischen Tat, Täter und Tatsituation zur Erstellung einer Tatanalyse. Sehr vereinfacht gesprochen gibt es bei jedem Mordfall nur zwei Leute, die den Hergang genau schildern könnten: das Opfer und der Täter. Unsere Hauptfigur Schumann nimmt in seinen Überlegungen sehr häufig die Warte des Opfers ein. Hierzu braucht er Informationen aus dessen Umfeld. Leute, die den Toten oder die Tote kannten. Diese Informationen wären kein Deut besser als andere Informationen, würde unser Protagonist nicht über die Empathie und das Einfühlungsvermögen verfügen, sie neu zu interpretieren. In der Regel geschieht dies so, dass wir etwas über das Opfer erfahren. Nicht selten Tatbestände, die noch nicht mal nächste Angehörige wussten.

- Schumann kennt die »Kraft des Augenblicks«. Er weiß, dass er mit Intuition kein gerichtstaugliches Beweismittel in der Hand hält. Er weiß aber auch, dass ihn seine Intuitionsbegabung schon sehr nah an brauchbare Beweise geführt hat. Hier schult und ermutigt er sich und seine Kollegen vom Schema F abzuweichen, sich in Opfer und Täter, ja sogar in Tatorte hineinzuversetzen. »Ihre Sprache zu sprechen«, wie er sagt.

- Schumann hat den Anspruch, dass seine Ermittlungstätigkeit auf dem neuesten technischen Stand bleibt. Er lässt vom Tatort Videos anfertigen oder macht das oft selbst. Er erstellt und nutzt immer ein ganzes Album an digitalen Fotografien. Hierzu hat er stets das richtige Gerät dabei. Digitalfotografie, Videokamera, MP3 Recorder, Laptop. Diese technischen Werkzeuge sind da, stehen den Beamten zur Verfügung, sie werden kaum thematisiert. Sie müssen nur ihren Dienst tun.
- Schumann baut sich einen »Schrein«/»Altar« im Büro auf, der ihm die Annäherung an das Opfer oder den Tatort leichter macht. Das sind Tatortfotos, Bilder, Requisiten, Notizen etc. ...
- Schumann versucht in manchen Fällen so zu denken und zu agieren wie das Opfer. Es kommt vor, dass er sich in der Kreideumrandung auf dem Boden verrenkt, um selbst zu erfahren, ob vielleicht das Opfer, abgesehen vom Täter, sonst noch etwas Wichtiges gesehen haben könnte, bevor er oder sie ermordet wurde.
- Mitunter interessieren ihn merkwürdige Details, die jedoch später immer eine Rolle spielen, und wenn sie nur dazu dienen, ihn auf eine neue Idee zu bringen.
- Wenn Schumann einen Verdächtigen hat, muss er dran bleiben; er lässt die Person nicht mehr los, nimmt sie in die Zange, bleibt an ihr kleben.
- Prinzipiell ist Schumann Vertreter der sog. »Viktimologie«, d.h. er widmet sich zunächst immer dem Opfer und seinem Leben. Dort muss der Schlüssel für die Tat und zum Täter versteckt sein. Gab es Dispositionen, die das Opfer anfälliger, exponierter, prädestinierter für solch eine Tat werden ließen?
- Die Mit-Kommissare ermitteln eigenständig und/oder tragen ihre Ergebnisse an Schumann heran, bringen sie in Diskussionen ein oder bringen sie zu gegenteiligen Ansichten/ Schlussfolgerungen/ Verdächtigungen wie Schumann.
- Waffengebrauch? – Schumann benutzt seine Waffe. Er kann damit umgehen und nimmt auch regelmäßig an dem vorgeschriebenen Schießtraining teil.

2. Die Hauptfigur Bruno Schumann, 44, Hauptkommissar

Er verfügt über eine außergewöhnliche Beobachtungsgabe und nimmt Details wahr, die anderen verborgen bleiben. Weiterhin besitzt er ein fotografisches Gedächtnis und kann bereits nach einem einmaligen Aufenthalt einen Ort detailgenau wieder geben.

Für ihn gibt es nichts, dass es nicht gibt. Insofern gelten auch keine fixen Regeln, alles ist offen und in Bewegung. Jede Situation erfordert ihre individuelle Sichtweise. Sensibel wählt er die passende Verhörtechnik für jeden Zeugen – von einfühlsam bis einschüchternd. Letzteres überlässt er aber meistens gern seinem Kollegen. Es kommt auch vor, dass Bruno Schumann Fragen in den Raum stellt, die vordergründig gar nichts mit dem Fall zu tun haben und deshalb den Gesprächspartner irritieren. Aber er fordert sie damit heraus, etwas von sich preiszugeben, einen Einblick in ihr Denken zu liefern. Schumann vermag aus den Assoziationen, die Menschen zu bestimmten Begriffen und Situationen haben, Rückschlüsse auf deren Charakter und Funktionsweise zu ziehen. Schumann »gibt« sich voll in die Fälle hinein, d.h. er ist manchmal mehr in das Leben und die Geschichte der Opfer involviert, als es für ihn gut ist. (Ähnliche Probleme wie sie auch Ärzte, Seelsorger, Anwälte haben können.)

Schumann ist nach außen cool, im Inneren aber sensibel. In seinen Augen sieht man, dass die Coolness nur Fassade, Schutz ist. Er ist immer in Bewegung, geht, läuft, fasst Dinge am Tatort an, stellt sich so in die »Aura« des Opfers oder Täters. Durch seine Biografie kann es für ihn kein Schwarz-Weiß in der Beurteilung des Lebens allgemein oder der Menschen/Opfer/Täter geben. Alles ist nachvollziehbar, d.h. aber nicht, dass er auch alles entschuldigt. (Das setzt ihn in Gegensatz zu seinem Mitarbeiter Weber, für den es eine klare Ordnung, klare Moral oder klare Entscheidungen gibt.)

Schumann arbeitet gern und ist als Chef seiner Abteilung unumstritten. Seine Kompetenz und Professionalität stehen außer Frage und er wird allseits bewundert für seine beruflichen Erfolge. Auch seine Vorgesetzten wissen, was sie an ihm haben. Schumann ist das uneingeschränkte Zentrum der Abteilung. Er setzt die Flut von Informationen in der richtigen Reihenfolge und Ordnung zusammen, setzt sie in Beziehung zueinander, spinnt die Fäden weiter, delegiert Aufträge und lässt seine Mitarbeiter seine Intuitionen und Ahnungen verifizieren. Schumann ist immer derjenige, der die Fälle löst.

Schumann ist ein außergewöhnlicher Mensch, denn er besitzt einen feinen Geist und eine außergewöhnliche Intelligenz, ohne dabei arrogant zu sein. Er ist ein freier Mensch, dem wir gern bei der Arbeit zu sehen.

3. Seine Kollegen und deren Kompetenzen
3.1 Jana Wagner, 31, Kommissarin

Jana Wagner ist eine patente, pragmatische und sehr autarke Ost-Berlinerin. Sie ist humorvoll und schlagfertig. Wenn ihr einer sexistisch kommt, regt sie sich gar nicht erst auf. So jemanden – und das musste sie wirklich erst lernen – hebelt sie heute mit wenigen Worten aus. Ihre Pubertät fiel praktischerweise mit der Wende zusammen. So konnte sie sich nicht nur gut von ihren Eltern ablösen, sondern auch noch gleich den neu dazugekommenen Westen mit erobern. Jana weiß, was sie will und was sie tut. Das Kind mit 24 zu bekommen, war kein ungewollter Ausrutscher. Sie liebte ihren Freund und konnte sich das gut mit ihm vorstellen. Sie ist weder ein Heimchen, noch eine bis zur Unattraktivität patente Frau. Ihr Lebenspartner Markus, ein mäßig ehrgeiziger und unterbeschäftigter Architekt, kümmert sich als Hausmann um die fünfjährige Tochter Lina und den Haushalt. Sie sind unverheiratet, was Weber nicht versteht. In seinen Augen sollten sie heiraten, schon weil das Kind eine Ordnung braucht. Aus dieser Lebenssituation können Probleme für Jana entstehen, z.B. wenn der Mann sich unterfordert fühlt und fremdgeht, oder wenn sie sich keinen verständigen Hausmann, sondern einen Macho als Mann wünscht und ihrerseits fremdgeht. Wenn der Mann plötzlich im Beruf gefordert ist und sie neben ihrem Job auch noch das Kind und den Haushalt versorgen muss. Wenn sie das Gefühl hat, dass sie ihr Kind vernachlässigt, es aber nicht ändern kann (und in Wahrheit wahrscheinlich auch nicht ändern will). Mordfälle betrachte Jana gelegentlich wie Bügelwäsche: »Das muss weg«, sagt sie gern. »Weil alles, was liegen bleibt, nehmen wir mit nach Hause.« Natürlich kann sie genau das – ihren Kollegen ergeht es genauso – nicht vermeiden. Doch behagt es ihr nicht, allein schon wegen Lina. Die Kommissarin macht sich Vorwürfe, dass ihre Tochter bereits fachsimpelt. Der mütterliche Stolz darauf bleibt geheim.

Ihre Fähigkeiten standen außer Frage. Bruno Schumann holte sie in sein Team, weil er etwas an Jana sehr mochte. Sie hatte so eine Unverdrossenheit, etwas unverkniffen Tapferes. Wie die Frauen bei Erich Kästner. Na gut, wie seine Mutter. Er würde sich nicht schämen, das zuzugeben.

3.2 Henry Weber, 28, Kommissar

Henry Weber ist ein Schwarz-Weiß-Denker. Er ist nicht mit sich im Reinen, da seine Weltbilder des »Gut-und-Böse«, der Sinnhaftigkeit menschlichen Handelns, der moralischen Gewissheiten durch seinen Beruf ständig erschüttert werden. Er ist von seinem Denken und seinem Leben älter als Schumann, obwohl er wesentlich jünger ist.

Weber ist katholisch gläubig, daraus speist sich sein konservatives Lebensbild. Er ist kein Revoluzzer, sondern jemand, der sich anpasst und deshalb auch Schumanns Intimitäten mit der Staatsanwältin oder Jana Wagners »wilde Ehe« nicht gut heißt. Weber interessiert sich mehr für die Täter als Schumann. Er ist so was wie die »Alte-Schule-Fraktion« im Kommissariat. Alles, was wir von den Kommissaren aus den 1990ern kennen, macht Weber heute noch mit größter Überzeugung und natürlich auch mit Erfolg. Es ist auf gar keinen Fall falsch, was er tut.

Tatsächlich wurde Henry schon alt geboren – mit dem Wissen einer alten Seele, findet Bruno Schumann. Diese Kombination der Eigenheiten jedenfalls hat Schumanns Entscheidung, Weber zum Mitarbeiter zu machen, maßgeblich beenflusst. Denn ein guter Ermittler, der zuweilen unterschätzt wird und uneitel genug ist, das auszuhalten, kann von größtem Nutzen sein. Weber sucht immer nach dem Sinn in dem, was passiert. Er ist überzeugt, dass alles einen Sinn hat, denn alles ist Gottes Wille. Das Chaos des Lebens ist ihm ein Gräuel, das er ablehnt – im Gegensatz zu Schumann, der überzeugt ist, dass das Leben keinem Plan, erst recht keinem göttlichen Plan folgt. Für Schumann ist Leben Chaos. Wenn Weber mit totaler Sinnlosigkeit konfrontiert ist, kann ihn das aus der Bahn werfen. Dann kann er explodieren und ungerecht vorgehen. Aber er wird es später bereuen. Weber sucht also sogar in der völligen Sinnlosigkeit immer noch einen Sinn.

Weber stammt aus dem Köln/Bonner-Raum, seine Eltern sind im Zuge der Berliner Hauptstadt-Werdung mit ihm als Kind vom Rhein an die Spree gezogen. Nicht nur der Glaube, sondern auch ein heiles Elternhaus, sagt er, haben ihn zu einem stabilen Menschenkind gemacht. Seinem Vater und doch vor allem der Mutter dankt Henry dies mit Anteilnahme und häufigen Besuchen. Wann immer es geht, ist der Sonntag für alles andere tabu.

Frauen sind wie fremde Länder, sagt Henry, und keiner weiß, ob er schon jemals eine von ihnen wahrhaftig entdeckte. Bekannt jedoch ist sein Ruf als talentierter Tröster. Für die Hinterbliebenen von Mordopfern findet er immer die richtigen Worte. Nun ja, fast immer.

Was Henry nicht weiß, ist, dass Bruno Schumann ihn studiert wie ein seltenes Insekt. Dass dieser in ihm eine Antwort auf die Frage sucht: Gibt es einen intakten Menschen? Oder versteckt sich nicht doch in jedem ein Schatten, eine Disposition? Ein Geheimnis, das im Verborgenen dunkle Blüten treiben kann? Jana Wagner und Henry Weber sind also die Vorhut des Chefs. Für ihn, Bruno Schumann, sammeln und bündeln sie die Informationen. Wenn er sich einem Tatverdächtigen zuwendet, kennt er ihn schon in- und auswendig. Und immer führt ihn der Weg über die Geschichten der Opfer und die Frage, was sie dazu machte.

3.3 Lara (Vladimirovna) Solovjev, 38, Dr. jur., Staatsanwältin

Beim LKA und bei Gericht geht die Mär, dass die Staatsanwältin Lara Solovjev, Sibiriens frostigste Eisblüte, zwei Tränen zu ihrer Verfügung hält: Die eine soll dereinst bei ihrer Berufung zum Bundesgerichtshof fließen, die andere – so sagt man – ist schon geflossen. Bruno Schumann soll es angeblich gelungen sein, sie zum Weinen zu bringen – aber nur angeblich und nur einmal. In Wirklichkeit spielen sich dergleichen Rührseligkeiten zwischen den beiden nicht ab. Was niemand ahnt, und was niemand je erfahren wird, ist, dass sie ihm hin und wieder eine Mail mit zwei Terminvorschlägen schickt. Meistens nachmittags, von einer Stunde Dauer. Er kreuzt an, sie reserviert das Hotelzimmer. Im Foyer besprechen sie möglicherweise in Kürze den Fall, aber er trägt schon ihre Aktenmappe. Was auch immer sie im Hotelzimmer dann treiben – danach ist Laras eisige Hülle geschmolzen. Aber schon wenn sie auf der Straße nach einem Taxi schreit, ist sie wieder ganz die Alte.

4. Die Viktimologie – die Lehre vom Opfer (von Wolfgang Lebe)

Opfer zu werden bedeutet immer, einen physischen oder psychischen, einen materiellen oder immateriellen Schaden oder eine Verletzung zu erleiden. Dieses kann auf sehr vielfältige Art geschehen. So kann man im Straßenverkehr, in der Ausübung seines Berufes, aber weit mehr noch bei Tätigkeiten im eigenen Haushalt zum Opfer werden, auch die besondere Thematik »Opfer der Gesellschaft« ist in diesem Zusammenhang zu erwähnen. Aufgrund der großen Bandbreite, auf die sich der Opferbegriff bezieht, werde ich mich im Rahmen dieser Darstellung nur mit dem ursprünglichen Ansatz befassen, nämlich mit dem Opfer durch Straftaten und dem Prozess des Opferwerdens. Eine Antwort auf die Frage zu finden, wie es eigentlich dazu kommt, dass gerade die eine bestimmte Person zum Opfer geworden ist, nicht aber eine andere, ist für die aus diesen Untersuchungen heraus entwickelten Präventionskonzepte von entscheidender Bedeutung.

Begriffserläuterung: Wie viele Worte in unseren modernen Sprachen auch, leitet sich das Wort »Viktimologie« aus dem Lateinischen ab. Es bezieht sich auf das Wort »victima« (das Opfer), dessen Wortstamm von den Worten »vincire« (binden) oder »vincere« (siegen) herrührt. Damit kommt zum Ausdruck, dass sich ein Opfer »gebunden« auf den Opfergang begeben musste, bzw. es bezeichnet auch die Opfer nach einer gewonnenen Schlacht.

Die Viktimologie befasst sich sowohl mit der Opferwerdung und den darauf folgenden Reaktionen als auch mit deren prozesshaften Voraussetzungen. Man untersucht die Interaktionen zwischen Tätern und Opfern, zwischen Opfern und den sozialen Kontrollinstanzen wie Justiz, soziales Nahfeld und Institutionen. Bei der Erstellung einer Tatanalyse kommt es zur Darstellung der interaktiven Verknüpfungen zwischen Tat, Täter und Tatsituation (»magisches Dreieck«). So wird beispielsweise ein tatbegünstigendes Opferverhalten aus rechtlicher Sicht (z.B. im § 213 StGB), aber auch unter kriminologischen Aspekten (Opferdisposition zur Tatzeit, eventuell auch Beziehungstat) analysiert. Der Gegenstand der Viktimologie ist nicht eindeutig, vielmehr gibt es in der wissenschaftlichen Diskussion zwei unterschiedliche Auffassungen:

* Die Viktimologie ist eine eigenständige Wissenschaft (weite Auffassung): Die Vertreter dieser Richtung begreifen die Viktimologie neben der Kriminologie als eine eigenständige Wissenschaft, die sich ausschließlich mit den Opfern von Straftaten, Unfällen oder Katastrophen beschäftigt. Es wird der Versuch unternommen, die Opfer unter sozialen, psychologischen und biologischen Gesichtspunkten zu erfassen. Aus diesen Erkenntnissen heraus sollen präventive Maßnahmen entwickelt werden, um die Opferwerdung

potentiell zu verhindern. Häufig wendet man hier die Erkenntnisse aus der Täterforschung an. Eine vielschichtige kriminologische Analyse unterbleibt weitgehend.

- Die Viktimologie ist eine Teildisziplin der Kriminologie (enge Auffassung): Dieser weiter verbreiteten Ansicht zufolge befasst sich die Viktimologie als wichtiges Teilgebiet der Kriminologie mit der Verknüpfung bzw. Interaktion zwischen den Variablen Täter, Opfer und Tatsituation unter Berücksichtigung der Entstehungs- und Kontrollprozesse im Zusammenhang mit Straftaten. Will man Einfluss auf ein mögliches Tatgeschehen nehmen, so kommt dem Verhalten des Opfers unter präventiven Gesichtspunkten eine besondere Bedeutung zu, da das Opfer durchaus auch Bedingungen zur Opferwerdung setzen kann.

Folgt man dem engen Viktimologiebegriff (der das heutige viktimologische Denken ganz überwiegend bestimmt), dann hat die Viktimologie die Aufgabe, alle individuellen, sozialen und gesellschaftsstrukturellen Prozesse aus der Sicht des Opfers zu analysieren, zu bewerten und Strategien zur Prävention zu entwickeln. Besondere Bedeutung kommt dabei dem Verhalten des Opfers in der Vortatphase zu. Ganz besonders gilt das für Beziehungstaten, wo es darum geht, die Kommunikation und die Fähigkeit zu verbessern, Konflikte verbal zu lösen. Unabdingbar sind dazu Kenntnisse über die Persönlichkeit und das Verhalten des Opfers.

Das Opfer in seiner historischen Entwicklung

Die Entwicklung der Opferlehre steht in einem direkten kausalen Zusammenhang mit der Geschichte des Opfers. Zu Beginn der Menschheitsgeschichte wird die Reaktion auf das Tatgeschehen ausschließlich durch die informelle soziale Kontrolle bestimmt – diese Reaktion wird getragen von Sühnegedanken und von sozialem Ausgleich. Oftmals bestraft das Opfer den Täter selbst oder ein Sippenmitglied übernimmt diese Aufgabe. Daneben steht stets als Sühne eine Forderung nach Entschädigung. Vergeltungs- und Rachegedanken sowie der Entschädigungswille sind zu dieser Zeit vorherrschend. Da jedoch die jeweiligen Partikularrechte sehr unterschiedlich und äußerst willkürlich sind, erhält das Opfer zwar Genugtuung, eine allgemein gültige Rechtssicherheit existiert jedoch nicht. Erst als sich Staaten herausbilden, tritt eine Änderung ein: Man erlässt allgemeingültige Gesetze, damit wird die Macht der einzelnen Sippen eingeschränkt und die Macht der Herrschenden gestärkt. Damit einher geht allerdings auch eine Einschränkung der Stellung des Opfers.

Früheste gesetzliche Regelungen finden wir zur Zeit der Herrschaft des babylonischen Königs Hammurabi. Hier erfolgt erstmals die Abschaffung des Vergeltungsrecht der Sippen, erste Entschädigungsregelungen werden eingeführt und Richter mit deren Durchsetzung beauftragt. Die bis dahin übliche und überall verbreitete Blutrache wird eingeschränkt. Als politischer Effekt tritt eine starke Stellung des Herrschers ein. Bei den germanischen Stämmen (noch keine Staaten) regeln Buß- und Wehrsysteme die Entschädigung und die Genugtuung. Diese Völkerstämme haben dafür festgelegte Taxen, deren Höhe sich nach dem Rang und der Stellung des Opfers richten. Aus der Zeit des späten Mittelalters sind als Rechtsinstitutionen der Sachsenspiegel und die »constitutio criminalis carolina« (CCC von 1532) zu erwähnen. In der CCC finden wir in dem Notwehrartikel erste viktimologische Überlegungen, der Sachsenspiegel fasst die damals herrschenden Rechtsgewohnheiten zusammen und fordert, dass das Opfer sein Recht bis zum Morgen des auf die Tat folgenden Tages einklagen muss, andernfalls entstehen Beweisschwierigkeiten. Eine sehr große Anzahl von Rechtsverletzungen wird mit Leibesstrafen, den so genannten peinlichen Strafen, belegt, von denen sich die Täter häufig durch Zahlung hoher Ablösesummen freikaufen können. Diese Ablösesummen und zusätzlich verhängte Geldstrafen erreichen aber nicht die Opfer, vielmehr sind sie gute Einnahmequellen für die Gerichtsbarkeiten. Insofern gibt es für die Opfer nur bedingte Entschädigung oder Genugtuung. Die Stellung des Opfers verändert sich. In der Folgezeit tritt die Entschädigung immer stärker in den Hintergrund, auch der Sühnegedanken zugunsten der Opfer tritt zusehends zurück. Reste davon finden wir heute noch in dem so genannten Adhäsionsverfahren des § 403 Abs. 1 StPO, in dem in bestimmten Fällen ein zivilrechtlicher Anspruch auf Entschädigung im Rahmen des laufenden Strafverfahrens vor dem Strafgericht beantragt und unmittelbar eingeklagt werden kann. Gleichzeitig rückt der Täter immer stärker in den Vordergrund der strafrechtlichen Betrachtung. Das heutige Strafrecht vernachlässigt die Opfer und drängt sie in eine passive Rolle. Im Prozess der Rechtsfindung haben die Opfer überwiegend nur insofern eine Bedeutung, dass und in wie weit sie zum jeweiligen Tatgeschehen mit beigetragen haben. Diese Bedeutung finden wir in unserem heute geltenden Strafrecht in der Notwehr, in bestimmten minderschweren Fällen des Totschlags, bei der Tötung auf Verlangen, bei der Einwilligung in eine Körperverletzung oder in eine Entführung. Das bedeutet jedoch keinesfalls, dass die Viktimologie die Täter entschuldigt oder gar die Opfer diskreditieren und kriminalisieren will. Der Viktimologie geht es ausschließlich darum, das Verhalten der Opfer zu beschreiben und im Hinblick auf die Konsequenzen deren Verhalten zu würdigen.

Entwicklung der Viktimologie: Bis in die Mitte des 20. Jahrhunderts wird der Opferbegriff eher statisch aufgefasst: die tatsächliche Situation, nämlich das Vorhandensein einer wie auch immer gearteten Interaktion mit dem Täter, gelangt erst allmählich in das Bewusstsein der Wissenschaft. So ist Hans von Hentig (er emigrierte 1941 in die USA) der erste deutsche Kriminologe, der sich hiermit auseinandersetzt. Nach ihm macht Benjamin Mendelsohn 1947 deutlich auf die Opferwissenschaft aufmerksam. 1948 nimmt von Hentig erneut einen entscheidenden Einfluss auf die weitere Entwicklung und 1954 versucht Henri Ellenberger, unter besonderer Berücksichtigung von Täter-Opfer-Beziehungen zu erklären, dass Menschen, die in einer sozialen Isolation leben, besonders opferanfällig sind. 1963 wird in Neuseeland erstmalig ein Gesetz zur Opferentschädigung erlassen, gefolgt von England, einzelnen Staaten der USA, Provinzen Kanadas und Australiens. In Deutschland tritt erst 1976 ein Opferentschädigungsgesetz in Kraft. Diese Entwicklung wird durch internationale Symposien für Viktimologie begünstigt, die alle drei Jahre durchgeführt werden. 1979 wird in Münster die World Society of Victimology gegründet, 1983 nimmt der Ministerrat des Europarates in Straßburg die Europäische Konvention über die Entschädigung für Opfer von Gewalttaten an. Hier werden nun gültige Grundsätze für die staatliche Entschädigung in den europäischen Staaten festgelegt. Daneben entstehen nichtstaatliche Initiativen und Vereinigungen zur Unterstützung von Verbrechensopfern (in Deutschland z.B. der Weiße Ring).

Viktimisierungstheorien

Im Vordergrund aller opferbezogenen Überlegungen stehen immer die Fragen, warum jemand überhaupt zum Opfer wird und warum gerade derjenige oder diejenige zum Opfer einer Straftat wird. Dies ist der Versuch, die Komplexität des einzelnen Tatgeschehens zu systematisieren und zu ordnen und daraus Theorien abzuleiten. Sämtlichen Opfertypologien liegt der Gedanke zugrunde, dass es Menschen gibt, die eher dazu bestimmt sind, zum Opfer von Straftaten zu werden als andere Menschen. An dieser Stelle soll nachdrücklich betont werden, dass die Typisierung menschlichen Handelns äußerst problematisch ist. Dieses Handeln wird von einer kaum bestimmbaren Vielzahl von Variablen und Faktoren bestimmt. Weiterhin besteht als negativer Effekt die große Gefahr, dass Menschen durch Einteilung in Typen etikettiert oder sogar stigmatisiert werden. Genau dieses jedoch beabsichtigen Opfertypologien nicht, sie implizieren keine negativen Beschreibungen. Opfertypologien verfolgen vielmehr das Ziel, anhand bestimmter Merkmale diese Personenkreise auf ihre Disposition als Opfer hinzuweisen und eröffnen damit die Möglichkeit, im Wege der Eigenprävention ihre künftigen Verhaltensweisen derart auszurichten, dass sie sich erst gar nicht in tatbegünstigende Situationen begeben.

Die Viktimologie ist sich darüber im Klaren, dass sie hier durchaus kritisiert werden könnte, es geht ihr jedoch ausschließlich darum, Wege der Gefahrenvermeidung aufzuzeigen, wobei die endgültige Entscheidung selbstverständlich jedem Einzelnen überlassen bleibt. Die Typisierungen stellen die Problematiken in grobem Umfang dar und haben eher den Charakter von Orientierungshilfen, über die Quantitäten der einzelnen Opfergruppen treffen sie keine Aussagen.

Darstellung einzelner Opfertypologien

Die im Ausland angestellten Überlegungen hatten auch für Deutschland erhebliche Auswirkungen (vgl. Schneider). Die nachfolgend näher vorgestellten Typisierungsmodelle stammen aus der Anfangszeit der modernen Viktimologie und gehen alle von sehr verschiedenen Ansätzen aus: Hans von Hentig (1948) stellt die jeweiligen Opfergruppen in den Vordergrund, Benjamin Mendelsohn (1956) berücksichtigt die rechtlichen Gesichtspunkte, Ezzat Abdel Fattah (1967) untersucht die jeweiligen Beteiligungsformen der Opfer an der Straftat, Marvin E. Wolfgang und Thorsten Sellin (1964) sind kriminalpolitisch ausgerichtet. Wichtige Kriterien sind u.a. die soziale Rolle des Opfers und die Interaktion zwischen Täter und Opfer.

• Hans von Hentig legt seiner Typologie familiäre, räumliche, zeitliche und Altersgesichtspunkte zugrunde und versucht dadurch, die jeweiligen besonderen Opferneigungen zu erfassen. Zwischen den einzelnen Gruppen gibt es teilweise mehrere Überschneidungen, aus denen sich Prädispositionen zur Opferwerdung ableiten lassen. Ziel seiner Arbeit ist es, Hilfsangebote für diese gefährdeten Personengruppen anzubieten – insofern spielt die Beratung bei ihm eine ganz wesentliche Rolle. Bei den Opfergruppen unterscheidet von Hentig in »Junge Menschen« (sie sind Opfer aus Unerfahrenheit, z.B. bei Betrug und Sexualdelikten), »Alte Menschen« (Opfer aufgrund altersbedingter Probleme), »Frauen« (Opfer aufgrund biologischer Gegebenheiten / konstitutioneller Schwäche), »Behinderte und geistig Kranke« (unter die er auch Opfer im Zusammenhang mit Suchtproblemen einordnet), »Immigranten« (Probleme der gesellschaftlichen Anpassung, Kulturkonflikte), »Minderheiten und dumme Normale« (Menschen mit einer schwierigen sozialen Anpassung), »Depressive« (Störung im Instinkt der Selbsterhaltung), »Gewinnsüchtige« (sie zeichnen sich durch eine hohe Risikobereitschaft aus, z.B. bei Betrugsopfern), »Wollüstige« (hohe Risikoschwelle im Sexualbereich), »Einsame« (hilfesuchend, daher verletzlich, z.B. bei Heiratsschwindelei) und »Quäler und Blockierte« (z.B. Familientyrann oder in Verlustsituation Verstrickte).

• Benjamin Mendelsohn stellt in seinen Ausführungen das Verhalten der Opfer in den Vordergrund. Die Einteilung der Opfergruppen erfolgt auch unter schuldorientierten und rechtlichen Gesichtspunkten. Er unterscheidet in das »Unschuldige oder ideale Opfer« (z.B. Kinder, Bewusstlose), das »zum Delikt beitragende Opfer in den Ausprägungsformen provozierendes, williges oder unvorsichtiges Opfer, aber auch Opfer aus Unwissenheit« und in das »Opfer, das selbst ein Delikt verübt« (so genanntes falsches Opfer, z.B. in Fällen unechter Notwehr).

- Ezzat Abdel Fattah stellt auf die Interaktion zwischen Täter und Opfer ab und teilt die Opfergruppen nach ihren jeweiligen Beteiligungssituationen ein. So unterscheidet er in »nichtteilnehmendes Opfer« (unschuldiges Opfer), »latentes oder disponiertes Opfer« (aus der jeweiligen Lebenssituation heraus, z.b. durch Leichtgläubigkeit, Naivität, Aberglauben, Randseiterstellung, Isolation, Sucht, Schwäche, Blindheit), »provozierendes Opfer« (es reizt den Täter oder verschafft sich tatbegünstigende Umstände) mit den zwei Unterkategorien »aktiv provozierendes Opfer« (z.b. Tötung auf Verlangen) und »passiv provozierendes Opfer« (durch Sorglosigkeit oder Aggressivität, auch Notwehropfer). Weiterhin nennt er das »teilnehmende Opfer« (es wirkt bei der Tatausführung selbst mit, z.b. der betrogene Betrüger) und das »falsche Opfer« (Opferwerdung durch eigenes Verhalten begründet, z.B. Selbsttötung, selbstverschuldeter Unfall).

Während in der Viktimologie stets davon ausgegangen wurde, dass nur natürliche Personen Opfer werden können (dieses kommt in den vorangehenden Modellen klar zum Ausdruck), brachten die Amerikaner Thorsten Sellin und Marvine E. Wolfgang in die viktimologische Diskussion ein, dass auch Personengemeinschaften oder der Staat von dem Rechtsbruch betroffen und durchaus auch Ziele von Straftaten sein können. Deshalb unterscheiden sie folgerichtig in »primäre Opfer« (das ist jede natürliche Person, die unmittelbar betroffen ist), »sekundäre Opfer« (hier handelt es sich um juristische Personen wie Firmen, Religionsgemeinschaften) und »tertiäre Opfer« (der Staat, die Regierung, die Gesellschaft).

Bedeutung der Opfertypologien: Die Theorien von Mendelsohn, von Hentig, Fattah und Sellin/Wolfgang zeichnen sich durch einen praktischen Bezug aus, wobei Fattah die viktimologischen Elemente stärker einbezieht, indem er auf die Interaktion zwischen Täter und Opfer abstellt. Sein Modell hat in leicht abgewandelter Form eine erhebliche Bedeutung in der Kriminalphänomenologie, wo es um die Erscheinungsformen, die Ausprägungen der einzelnen Kriminaldelikte und ihre Analysen geht und findet seine Anwendung in folgender Kategorisierung:

- Unschuldiges Opfer (wie bei Mendelsohn, aber in gewisser Weise auch bei Fattah)
- Disponiertes Opfer (wie bei Fattah)
- Prädisponiertes Opfer (weist mehrere Opfereigenschaften auf, z.B. Polizei, Wachschutz, Politiker in herausgehobener Stellung, Manager. Dispositionen und leichtfertiges Verhalten können ebenfalls zu Prädispositionen führen)
- Provozierendes Opfer (wie bei Fattah, auch mit Unterteilung in aktives und passives Opfer).

Werden die einzelnen Kriminalitätsphänomene unter Einbeziehung dieser Kategorien untersucht, so lassen sich z.B. das Problem des provozierenden Opfers beim Ladendiebstahl (wie aggressive Werbung, Anordnung der Verkaufsprodukte in den Verkaufsräumen) oder die Problematik des unschuldigen Opfers bei Sexualdelikten an Kindern darstellen. Durch das Erkennen der Opferdisposition können geeignete Präventionskonzepte aufgestellt und gezielt eingesetzt werden. Die Opfereinteilung nach Sellin/Wolfgang berücksichtigt hingegen, dass in den Delikten der Umwelt- und der Wirtschaftskriminalität weniger natürliche Personen zu Opfern werden, selbst wenn sie in Vertretung einer juristischen Person handeln. Das gleiche gilt auch für Subventionskriminalität oder Hochverrat, wenn nämlich der Staat als Ganzes zum Opfer wird. Die Erkenntnisse der Viktimologie gelten also auch für das sekundäre und das tertiäre Opfer. Insofern umfasst der Opferbegriff das unmittelbare und das mittelbare Opfer und die Viktimologie wird in die Lage versetzt, sinnvolle Präventionskonzepte erstellen zu können. Die Unterscheidung in unmittelbare und mittelbare Opfer wird ganz deutlich, wenn man sich vor Augen führt, dass in Fällen von eingetretenen Schäden Versicherungsleistungen erbracht werden müssen (dann ist die Gemeinschaft der Versicherten mittelbares Opfer) oder wenn Störungen im sozialen Nahbereich infolge Aufsehen erregender Kapitaldelikte eintreten. In letzteren Fällen handelt es sich um mittelbare Schäden, die sowohl ausschließlich materieller als auch psychischer Natur sein können.

Neuere viktimologische Konzepte:
Sämtliche bisherigen konzeptionellen viktimologischen Überlegungen leiten sich aus den bekannten kriminologischen Theorien ab, von denen nachfolgend beispielhaft zwei Konzepte etwas näher erläutert werden.

Konzept des Lebensstils
Das Lebensstilkonzept berücksichtigt unterschiedliche tatbegünstigende, eventuell auch tatverursachende Örtlichkeiten und individuelle Verhaltensweisen. Die Wahrscheinlichkeit, an sog. gefährlichen Orten (dieser polizeiliche Begriff bezeichnet geografische Orte, an denen eine auffällige Häufung von Straftaten – überwiegend von Delikten der Straßenkriminalität – festzustellen ist) zum Opfer einer Straftat zu werden, ist relativ hoch einzuschätzen. Dasselbe gilt für Großveranstaltungen wie überregionale Sportveranstaltungen, Messen oder kulturelle Freiluftveranstaltungen. Auch bei Reisen mittels Trampen ist ein höheres Opferrisiko festzustellen als bei Reisen per Bus oder Bahn, da die Täter in diesen Fällen selbst eine tatbegünstigende Örtlichkeit auswählen können. Daneben ist Trampen auch noch in anderer Hinsicht viktimologisch interessant: Der Täter interpretiert das Handeln seines potentiellen Opfers falsch. So nimmt er z.B. fälschlich bei Tramperinnen die Bereitschaft zu sexuellen Abenteuern an, handelt in Verkennung der tatsächlichen Situation und entschuldigt sein Handeln mit dieser Annahme. Hier kann wohl von Provokation des Opfers im Sinne der Viktimologie (aber nur in diesem Sinne) gesprochen werden. Auch Personen der Öffentlichkeit,

die häufig in den Medien auftreten, rufen gelegentlich Neid- oder Ohnmachtsgefühle hervor. Die sich beim Täter aufstauende Aggression kann sich dann in Anschlägen gegen diese Personen entladen, wie z.b. bei Attentaten auf Politiker oder andere Personen des öffentlichen Lebens, die einen hohen Bekanntheitsgrad haben. An dieser Stelle ist zu betonen, dass natürlich jeder Mensch das Recht dazu hat, für sich selbst auch ein hohes Opferrisiko einzugehen. Die Viktimologie entschuldigt nicht das Täterverhalten, sie verfolgt vielmehr ausschließlich das Ziel, auf mögliche Gefahren hinzuweisen, um disponierten Opfern die Möglichkeit zu geben, Vorsorge zu treffen und sich durch ein möglichst umsichtiges Verhalten nicht unerwartet in Gefahrensituationen zu begeben. Das Karrieremodell: Reaktionen auf eine erfolgte Viktimisierung ziehen sehr häufig weitere Viktimisierungen nach sich. Das kann sowohl durch informelle Reaktionen (z.b. durch Berichterstattung in den Medien) als auch durch formelle Reaktionen (z.b. durch den Verfahrensablauf im Strafprozess) erfolgen. Hier unterscheidet man zwischen primärer, sekundärer und tertiärer Viktimisierung, wobei zu beachten ist, dass diese Dreiteilung nicht mit der Opfertypologie von Wolfgang / Sellin identisch ist.

- **Primäre Viktimisierung:** Sie erfolgt direkt durch die Tathandlung unter Einbeziehung der Vortat- und der Nachtatphase. Die Schädigung bezieht sich auf das direkte Opfer und auf sein soziales Umfeld – sie kann materieller Art (Sachschäden, Eigentumsschäden), physischer Art (körperliche Schädigungen) oder psychischer Art (Ängste, Depressionen, Schuldgefühle) sein.

- **Sekundäre Viktimisierung:** Durch Reaktionen des sozialen Umfeldes, aber auch durch Verhaltensweisen von Polizisten, Anwälten, Ärzten wird die primäre Viktimisierung verstärkt. Opfer erleben das, was nach der eigentlichen Tat auf sie einwirkt, häufig als äußerst belastend und teilweise sogar entwürdigend (z.b. das Anzweifeln des erlebten Tatgeschehens, sensationelle Aufmachung in den Medien).

- **Tertiäre Viktimisierung:** Sie entsteht aus den Erlebnissen der beiden ersten Viktimisierungsphasen und führt nicht selten zu dem Glauben des Opfers, dass es eigentlich hilflos seiner Umwelt ausgeliefert ist.

Theorie der erlernten Hilflosigkeit

Einige Menschen machen im Laufe der Zeit die Erfahrung, dass es ihnen nahezu unmöglich erscheint, durch überlegtes und gezieltes eigenes Handeln eine negative Wirkung oder das Entstehen einer Opfersituation verhindern zu können. Sie verinnerlichen diese Wahrnehmung und reagieren bei drohenden Gefahren eher passiv. Eine derartige erlernte Hilflosigkeit kann wohl bei vielen Fällen von häuslicher Gewalt angenommen werden, wobei hier häufig noch Scham über die Situation selbst und auch über die eigene Schwäche hinzutreten dürften. Diese

Theorie weist enge Bezüge zur tertiären Viktimisierung auf. Ähnlich verhalten sich auch Minderheiten: Obdachlose oder auch Süchtige nehmen mit der Zeit ihre Rolle an und verhalten sich der Mehrheitsgesellschaft gegenüber eher passiv, wobei sie dieses Verhalten nahezu regelmäßig auch in Gefahrensituationen beibehalten. Mit Einschränkungen trifft dieses auch auf ethnische Minderheiten zu: Während sich die Generation der Zuwanderer eher angepasst und passiv verhält und somit auch opferanfälliger ist, versuchen die nachfolgenden Generationen einen Ausbruch aus dieser für sie wohl eher unerträglichen Situation. Infolge ihrer Schwierigkeit (teilweise sogar Unmöglichkeit), Zugang zu den Bildungsressourcen der Mehrheitsgesellschaft zu finden und daran zu partizipieren, verlegen sie sich großenteils auf auffällige Handlungen, wie z.B. Aggression oder auch Gewalt, und finden ihren sozialen Mittelpunkt, ihre Anerkennung und somit auch ihr soziales Gleichgewicht in ethnischen Gruppen. In gewisser Weise kann in diesem Zusammenhang auch von einer Opfersituation gesprochen werden, in der versucht wird, diese Situation durch Handlungsaktivitäten zu kompensieren.

Das Opfer im Augenblick der Straftat
Die neueren viktimologischen Konzepte haben die älteren Opfertypologien dem Grunde nach übernommen und weitestgehend ergänzt. Die Tat und der Täter werden als Handlungskomponenten einer Straftat aus der Sicht des Opfers analysiert, man arbeitet die Beziehungen zwischen Täter und Opfer heraus und untersucht speziell den Tatbeitrag des Opfers.

Beteiligung des Opfers
Die Beziehungssituation zwischen Täter und Opfer ist immer abhängig von der gesamten Umgebung, der spezifischen Tatsituation, dem psychischen Zustand des Opfers, vom Auftreten und der Wirkung des Täters und von konkreten oder latenten Abhängigkeiten des Opfers. Diese Umstände berücksichtigen die genannten Typologien. Je nachdem, um welches Delikt es sich handelt (z.B. Kapitaldelikt, Betrugsdelikt oder Sexualdelikt) und wie die Beziehungssituation zum Täter in jedem Einzelfall aussieht, verhält sich das Opfer stets ganz unterschiedlich:

- das Opfer handelt über die eigentlich notwendige Notwehr hinaus (Putativnotwehr) und macht sich damit selber strafbar,
- das Opfer wehrt sich gegen den Angriff, bis dieser beendet ist,
- das Opfer provoziert den Täter zu der endgültigen Tat,
- das Opfer ist mit einer latenten Gefährdung seiner Person stillschweigend einverstanden (z.B. bei Drogen),
- das Opfer ergreift die Flucht,
- das Opfer ist ohnmächtig oder hilflos,
- das Opfer erkennt die Straftat überhaupt nicht.

Jedes Opferverhalten im Augenblick der Tat ist eine Reaktion, insofern versucht das Opfer instinktiv, aus seiner Notsituation herauszukommen. Daneben ist allerdings auch noch von entscheidender Bedeutung, ob und wie das Opfer bereits vor der Tat mit dem Täter verbunden war.

Täter-Opfer-Beziehung

Bei den allermeisten Straftaten sind (mindestens) zwei Personen beteiligt: das Opfer als Geschädigter und der Täter als Schädiger, nur bei den fälschlich so genannten opferlosen Delikten ist alleine der Täter agierend (z.B. bei Delikten in lange bestehenden sozialen Beziehungen oder in Beziehungen, die der Täter bewusst und gezielt aufgebaut hat – anders bei Falschaussagen, denn hier ist das gesamte Rechtssystem, also der Staat das tertiäre Opfer). Daneben gibt es noch andere Straftaten, bei denen die handelnden Personen gleichzeitig Opfer und Täter sind. Insofern stellt sich hier die Frage, ob die Auswahl eines Opfers rein zufällig erfolgt oder ob es hier eine irgendwie geartete Beziehung zwischen den beiden Personen gibt. So sind wechselseitige Konfrontationen vorstellbar, die sich im Laufe der Zeit immer mehr steigern, so dass es im Ergebnis dieses Prozesses eher ein Zufall ist, wer nun zum Opfer und wer zum Täter einer Straftat wird.

Derartige Handlungssituationen findet man besonders häufig im Familienkreis und im engeren Verwandtenbereich (Stichwort »Familientyrann«). Eine etwas anders gelagerte Vortatphase existiert häufig bei vornehmlich noch sehr jungen Eltern, die mit ihrer Situation aus den verschiedensten Gründen überfordert sind und die gegenüber ihren Kindern überreagieren.

Besonders disponierte Opfergruppen

- Alte Menschen: Aufgrund ihres psychischen und physischen Zustandes werden alte Menschen häufig zu einer bevorzugten Zielgruppe, leben sie doch häufig von ihrem sozialen Umfeld relativ isoliert. Sie bemerken vielleicht überhaupt nicht, dass sie zu einem Opfer geworden sind, auch bieten sie dem Täter wenig Gegenwehr und scheuen darüber hinaus oftmals den Kontakt mit der Polizei und der Justiz. Daneben sind sie wegen ihrer Ersparnisse und Wertgegenstände, die zudem ganz überwiegend noch recht ungesichert aufbewahrt werden, für die Täter besonders interessante und lohnenswerte Ziele. Daher werden alte Menschen vermehrt zu Opfern von Raubdelikten, vornehmlich in der speziellen Form des Handtaschenraubes, aber auch Opfer von Betrügern und Trickdieben. Daneben gibt es gerade in der Gruppe der alten Menschen noch ein anderes, ganz spezielles Problem: Aufgrund ihrer Unsicherheiten haben sie oftmals real kaum zu begründende Ängstlichkeiten, die sehr häufig auch in Kriminalitätsfurcht münden.

- Minderjährige: Kennzeichnend für diese Opfergruppe ist, dass sie wegen ihrer Naivität und Hilflosigkeit als schwächste Opfer anzusehen sind. Dieses begründet sich auf ihrer noch nicht abgeschlossenen biologischen Entwicklung, aber auch auf dem bisher sozialisationsbedingt erreichten Sozialisationsgrad. Sexueller Missbrauch, Kindesmisshandlung, Kinderpornografie und Kinderhandel sind hier als die vornehmlichen Straftaten zu nennen. Außerdem ist der bewusste und gezielte Einsatz von Kindern durch Erwachsene bei bestimmten Straftaten, wie z.b. bei Taschendiebstahl oder bei Einbruchsdelikten, als so genannte willenlose Werkzeuge an dieser Stelle zu erwähnen. Bei Gewaltdelikten zum Nachteil von Kindern kommt den Erziehenden, dem sozialen Umfeld und vor allem den Ärzten eine Schlüsselrolle zu, denn sie sind sehr häufig die einzigen, die entsprechende Straftaten erkennen können. Präventionsaktivitäten sollten hier vorrangig im Schulbereich verfolgt werden: Über die in Teilbereichen bereits vorhandenen Streitschlichter- und Konfliktlotsenmodelle, über bereits geschlossene Kooperationsverträge einzelner Schulen mit der Polizei oder auch mit der Wirtschaft hinausgehend, sollte die Prävention zu einem allgemeinen und festen Bestandteil von Schule werden. Anzustreben ist eine enge und verlässliche Einbeziehung aller am Sozialisationsprozess wesentlich beteiligten formellen und informellen Sozialisationsträger, wie z.B. Eltern, Polizei, Jugendämter, aber auch beruflicher Ausbildungsbetriebe der freien Wirtschaft. Derartige Präventionsaktivitäten sollten sich über die eigentliche Schulunterrichtszeit hinaus deutlich in den Freizeitbereich erstrecken und durch Kooperationsverträge geregelt werden.
- Frauen: Bei den Sexualdelikten sind nahezu ausschließlich Frauen die Opfer, wobei hier die Konstitution und der Wille des Täters für sein Handeln entscheidend sind. In den allermeisten Fällen tragen Frauen keine Mitschuld an der Straftat, d.h., es kann in diesem Zusammenhang nicht von einem provozierenden Opfer gesprochen werden. Tatsächlich jedoch finden wir gerade bei diesen Delikten, dass immer wieder die Frage einer möglichen Mitschuld diskutiert wird, was besonders auch im Verlauf eines Strafverfahrens zum Ausdruck kommt. In derartigen Situationen ist wohl auch immer die Gefahr der sekundären Viktimisierung gegeben.
- Ausländer und Minderheiten: Die potentielle Opfergruppe der Ausländer beherrscht häufig nicht oder nur unzureichend die Sprache ihres Gastlandes, zudem haben Ausländer und Minderheiten in der Mehrheitsgesellschaft oft keinen überzeugenden sozialen Rückhalt. Ihre mangelhaft ausgebildete Vertrautheit mit den sie umgehenden Lebensumständen und ihre Unerfahrenheit wird von dem Täter für seine Zwecke ausgenutzt. In diesen Fällen handelt es sich um interethnische Probleme. Davon zu unterscheiden sind

die intraethnischen Probleme und Konflikte, die sich innerhalb dieser Gruppen herausbilden. So sind Gewaltdelikte und Schutzgelderpressungen bekannt, die ausnahmslos im selben ethnischen Milieu verübt werden. Besondere Bedeutung kommt hier den Einrichtungen der Ausländerbeauftragten oder Migrationsbeauftragten zu. Aus kriminologischer Sicht ist es durchaus sinnvoll, von diesen Einrichtungen ausgehend verstärkt auf ethnische Tätergruppen einzuwirken und auch auf diesem Wege zu einer erfolgreichen Integration mit beizutragen.

5. Literaturvorschläge und Web-Links

»Kriminologie« 5. Auflage. München: Beck 1997.

Kerner, Hans-Jürgen: »Kleines kriminologisches Wörterbuch« 3. Auflage. Heidelberg: C.F. Müller 1993.

Weschke, Eugen: »Kriminologie Lexikon« 4. Auflage. Heidelberg: Kriminalistik Verlag 1991.

Weschke, Eugen: »Kriminologie für den Weiterbildungslehrgang der Berliner Polizei«, FHVR Berlin in Zusammenarbeit mit der Landespolizeischule, Lehrbrief Nr. 1, 2. veränderte Auflage, August 1999.

»Einführung in die Kriminologie« 3. Auflage. Berlin, New York: de Gruyter 1993.

Web-Links

Reddy's Forensic Home Page - US Forensische Institute/ Gesellschaften, Zeitschriften; Kriminalistik etc.

Justice Information Center (NCJRS) - Justiz, Strafverfolgung, Prävention, Statistiken, Gerichte, Viktimologie

Carpenter's Forensic Science Resources

Criminal Justice MegaLinks von Dr. Tom O'Connor

David Willshire's FORENSIC PSYCHOLOGY & PSYCHIATRY LINKS

Psychwatch: Forensic Page - Links zu US Organisationen; umfangreiche Zeitschriftenliste

Zeno's Forensic Page - Umfangreiche Links zu vielen Forensischen, polizeipsychologischen Themen

Criminal Justice Mega-Sites

Forensic Psychology - Suite101.com

Forensic and Psychological Assessment and Expert Witness

Carpenter's Forensic Science Resources: Forensic Psychology and Psychiatry

Forensic Psychiatry Resources – weblaw links – Schweiz – aber auch viele Informationen zu Deutschland u. International

ThePsych.com – Forensic/Legal Psychology

Crime Spider - Links zu vielen Themen um das Gebiet Kriminalität

Clinical Criminology Home Page – Einige Verweise mit Schwerpunkt Israel
Linkliste der Sektion Rechtspsychologie im BDP
ZPID-Verweise: Rechtspsychologie – Man muss sich noch bis zur Sparte Rechtspsychologie durchklicken
Subject Related Information: Criminology – Prävention bis Viktimologie, Schwerpunkt England
Hooper's Forensic Psychiatry
Forensic Science Society – Forensic WebLinks Search
www.berlin.de/polizei/index.html
www.polizei-newsletter.de/Deutsch_index.htm
http://psychologie.fernuni-hagen.de/krimlink/Krimlinksneu.html#Themen
www.alligatorpapiere.de/krimitip1.html

Statement Claudia Schneider

Einem Autorenleitfaden gehen unzählige Gespräche voraus. Gespräche mit den
Autoren, mit Schauspielern und Regisseuren. Er ist nicht nur eine niederge-
schriebene Vision, sondern das Ergebnis zahlreich diskutierter Überlegungen
und Vorstellungen. Diese Arbeitsgespräche fördern immer wieder Neues zutage und sind stark abhängig von der Ansicht der Beteiligten. Sie sollten sich
immer an der Wahl des Serienhauptdarstellers orientieren, um die Besetzung
auch sichtbar werden zu lassen, d.h. das Individuelle der Kommissarsfigur/en
zu erhalten. Der Schauspieler verleiht der Serie ihr Gesicht.
Denn hat man dieses Gesicht gefunden, kommt etwas sehr Entscheidendes
hinzu: Mit wem habe ich es eigentlich zu tun, was will mein Gegenüber?
Die vielen Gespräche mit dem Serienhauptdarsteller sind weitaus wichtiger
als man annehmen könnte. Hier nämlich gilt es festzuhalten, welche Eigenschaften der Schauspieler mit sich bringt, und welche Vorstellung er von seiner
neuen Rolle hat. Die Offenlegung dieser Gedanken ist wichtig für die Kreation
der Serienfigur. In der Begegnung mit dem Schauspieler erwächst die Kenntnis
über Mögliches und Unmögliches. Welche Charaktereigenschaften sollten verstärkt werden und welche nicht?
Mit wem haben es die Autoren, die die Geschichten erfinden, zu tun? Der
Schauspieler verleiht dem Helden, der dramaturgischen Variable X, seinen Körper. Gegen diesen Körper anzuschreiben wird vergebens sein, man muss ihn
kennenlernen.
Auch den Look, die Ästhetik des Formates gilt es festzulegen. Er sollte einem
Autor und einem Regisseur eine erste Orientierung geben. Niemals ersetzt ein
Autorenleitfaden das persönliche Gespräch. Und niemals ist er wirklich fertig.

Ein guter Autorenleitfaden sollte so präzise wie nur möglich ein Format benennen können.

Die ersten Versionen müssen noch ohne eine visuelle Vorlage auskommen. Ist die erste Staffel gedreht, können diese Bilder und die gewonnenen Erfahrungen einfließen in das bereits Formulierte. Damit ist auch klar, dass die Wahl des Regisseurs der ersten Folgen der Serie wichtiger ist, als es ein geschriebenes Konzept je sein kann. Der Regisseur am Set ist maßgebend für das sichtbare Ergebnis. Auch daran muss sich ein Autorenleitfaden messen können.

Manchmal glaube ich, alle Entwicklung läuft über das Gespräch, aber ich weiß auch, dass diese Gespräche festgehalten werden müssen. Aber das einmal Fixierte muss offen bleiben, es muss ständig erneuert, ergänzt erweitert und verändert werden. Auch wir sind mittendrin.

7. Der Weg ist nicht das Ziel.
Oder: Ein Nachwort

Film ist Teamwork. Aber keine Demokratie.

Es gibt immer jemanden, der bei einem Projekt die Entscheidungsgewalt hat. Sei es, weil er der Geldgeber ist oder weil er die künstlerische Vision entwickelt und geprägt hat oder aus anderen strukturellen Gründen. Nicht immer wird mit dieser Macht rücksichtsvoll und angemessen umgegangen, aber genauso wenig ist ein Buch, das gänzlich ohne Fremdanmerkungen bleibt, gleich ein Meisterwerk. Teamarbeit bezieht sich im Film und im Fernsehen eben nicht nur auf das große Ganze, sondern auch auf die Stoffarbeit.

Es ist ein weiter Weg von der Idee bis zum fertigen Produkt und manchmal kann man sich dabei verirren. Und selbst ein gutes Buch bedeutet noch lange keinen guten Film – zahllose Stoffe sind fehlinszeniert worden und spätestens dann braucht der Autor eine gewisse emotionale Distanz zu seiner Geschichte, die er eigentlich schon im Stoffentwicklungsprozess entwickelt haben müsste. Denn hier gibt es manchmal aufreibende Diskussionen, gegenteilige Meinungen und auf den ersten Blick absurde Vorstellungen, die der Autor erst einmal aushalten muss. Von ihm wird ein Spagat gefordert: Einerseits muss er für den Stoff »brennen« und es muss ein Herzensprojekt sein, in das er seine ganze Energie und Kreativität steckt. Andererseits darf er aber nicht zu starrsinnig auf seiner eigenen Meinung beharren, sondern sollte anderen Einflüssen gegenüber offen sein und diese dann kongenial umsetzen, obwohl er selbst vielleicht eine andere Richtung einschlagen würde.

Hinzu kommt das generelle Prozedere der Projektentwicklung, das oft mit anstrengenden Pausen, plötzlichen Hindernissen und neuen Wendungen überrascht. Im Grunde ist dies nichts anderes als die emotionale Reise, die auch ein Film bei seinem Zuschauer auslöst. Der Großteil aller Filme hat ein Happy End. Das kann man bei der Stoffentwicklung leider nicht immer sagen.

Die hier abgedruckten Beispiele schmücken sich allerdings – zu Recht – mit einem glücklichen Ende. An dieser Stelle sei allen Beteiligten herzlich gedankt.

Dennis Eick

Literatur

Benke, Dagmar und Routh, Christian: Script Development. Im Team zum guten Drehbuch. Konstanz: UVK 2006.

Douglas, Pamela: Writing the TV Drama Series. Seattle: Michael Wiese Productions 2005.

Goldberg, Lee und Rabkin, William: Successful Television Writing. Hoboken: John Wiley & Sons 2003.

Weiterlesen

Dennis Eick
Exposee, Treatment und Konzept
2005, 182 Seiten, broschiert
ISBN 978-3-89669-527-7

»In Exposee, Treatment und Konzept […] erklärt der Autor Dennis Eick anschaulich und detailliert die Anforderungen dieser Textformen und widmet sich Fragestellungen wie: Was muss ein Serienkonzept beinhalten? Wie verfasse ich ein aussagekräftiges und lebendiges Exposée? Wie soll mein Treatment aufgebaut sein? Gibt es formale Einschränkungen? Wie kann ich durch meinen Stil den Leser begeistern? Wie entwickle ich auf so wenigen Seiten runde Figuren? Wie einen spannenden Plot? Welche Informationen sind überflüssig, welche notwendig? […] Dr. Eick, Redakteur bei RTL und Dozent an den Unis Köln und Düsseldorf, zeigt Autoren, Filmstudenten, Producern und Dramaturgen wie sich Struktur, Stil oder Figurenführung in den Texten unterscheiden, wie man seinen Stoff konsequent weiterentwickelt und wie man mit der richtigen Präsentation überzeugen kann.«

www.kino-zeit.de

Klicken + Blättern

Leseprobe und Inhaltsverzeichnis unter

www.uvk.de

Erhältlich auch in Ihrer Buchhandlung.

UVK
UVK Verlagsgesellschaft mbH

Katharina Bildhauer
Drehbuch reloaded
Erzählen im Kino des 21. Jahrhunderts
Mit einem Vorwort von Thomas Schäffer
2007, 288 Seiten, broschiert
ISBN 978-3-89669-648-9

Dennis Eick
Drehbuchtheorien
Eine vergleichende Analyse
Mit einem Vorwort von Thomas Schäffer
2006, 370 Seiten, broschiert
ISBN 978-3-89669-553-6

Dennis Eick
Exposee, Treatment und Konzept
2005, 182 Seiten, broschiert
ISBN 978-3-89669-527-7

Michael Schneider
Vor dem Dreh kommt das Buch
Die hohe Schule des filmischen Erzählens
2., vollst. überarb. Auflage
2007, 376 Seiten, broschiert
ISBN 978-3-89669-680-9

Christina Kallas
Kreatives Drehbuchschreiben
2007, 208 Seiten, broschiert
ISBN 978-3-89669-678-6

Heidrun Huber
Filmrecht für Drehbuchautoren
2004, 118 Seiten, broschiert
ISBN 978-3-89669-436-2

Philip Parker
Die Kreative Matrix
Kunst und Handwerk des Drehbuchschreibens
Aus dem Englischen von Rüdiger Hillmer
2005, 350 Seiten, broschiert
ISBN 978-3-89669-516-1

Dagmar Benke, Christian Routh
Script Development
Im Team zum guten Drehbuch
2006, 294 Seiten, broschiert
ISBN 978-3-89669-670-0

Georg Feil
Fortsetzung folgt
Schreiben für die Serie
2006, 264 Seiten, broschiert
ISBN 978-3-89669-668-7

Eugene Vale
**Die Technik des Drehbuchschreibens
für Film und Fernsehen**
Herausgegeben von Jürgen Bretzinger
Aus dem Englischen von Gabi Galster
6. Auflage
2004, 288 Seiten, broschiert
ISBN 978-3-89669-688-5